한국 교회에서 전도가 죽어가고 있다. 아니 눈살 찌푸리게 하는 전도행위들은 많지만, 참된 회심으로 이끄는 전도는 사라지고 있다. 이런 현실에서 『전도의 유산』은 한여름의 시원한 한 바가지 우물물을 만난 것 같다. 이 책은 전도의 원동력은 복음이며, 이 복음을 표현하는 것은 그리스도인 공동체라는 사실을 강조한다. 그렇기 때문에 복음을 살아내면서 복음을 전파하는 그리스도인 공동체가 진정한 회심의 열매를 거둘 수 있다는 사실을 신학적이고 교회사적으로 탁월하게 설명하고 있다. 한국 교회가 진정으로 살아있는 교회가 되기 위해서는 복음 전도의 비밀과 영광을 회복해야 한다. 모더니즘에서조차 제대로 복음 전도를 실행하지 못했던 우리 교회가 포스트모던으로 빠른 속도로 이행해 나가는 이 시점에, "오래된 유산"이며 우리의 "미래"가 될 "복음전도"의 본질을 붙잡는 것은 우리 교회의 생존이 달린 문제이다. 이 귀한 책을 어찌 그냥 지나칠 수 있겠는가.
_김형국 목사(나들목교회 대표목사, 『풍성한 삶으로의 초대』 저자)

김선일 교수의 저서 『전도의 유산』은 오늘날 위기와 한계에 직면한 한국 교회의 전도운동에 큰 자극제가 되리라고 확신한다. 전도는 하나님의 방법대로 하되 역사의 흐름을 간과해서는 안 된다. 저자는 철저하게 성경 중심의 전도를 제창하되 항상 복음 적용의 역사적 문화적 필요의 강조를 소홀히 하지 않는다. 비교적 쉬운 표현으로 집필되어 누구나 부담 없이 읽고 유익을 얻을 수 있기에 이 책을 적극 추천한다.
_박형용 박사(웨스트민스터신학대학원대학교 총장)

요즘 서점에 전도에 대한 책들이 참 많이 있습니다. 주로 복음을 전하는 기교나 기술에 대해 설명합니다. 또는 충동적이고 자극적이며 감동적인 이야기를 만들어 사람들을 끌어들이라고 가르칩니다. 그러나 이러한 방법은 인간적인 지혜와 열심만 남게 하고 결국 교회를 교회되지 못하게 만듭니다. 복음 전도자는 긍휼의 마음을 가지고 자신에게 일어났던 복음의 사건을 그대로 솔직하게 고백해야합니다. 이런 맥락에서 이 책은 우리가 성경과 교회의 역사에서 재발견해야 할 복음의 메시지와 방법을 바르게 소개하고 있으며 시종일관 하나님나라의 전도 유산을 강조하고 있습니다. 초대교회의 그리스도인처럼 복음이 나를 이끌고, 복음으로 다른 사람을 예수 그리스도께로 인도하는 복음적인 사람으로 살아가는 데, 이 책은 좋은 통찰과 도움을 줄 것입니다.
_곽요셉 목사(예수소망교회 담임목사, 새세대아카데미 원장)

이 책이 출간된다는 소식을 들었을 때 매우 반가웠다. 그 이유는 선교의 지평과 사역이 확장되어가지만 정작 선교의 기초로서 전도에 대한 이해는 부족하다는 생각을 많이 했는데, 이 책이 그 아쉬운 부분을 충족해주고 있기 때문이다. 이 책은 복음서에서부터 시작된 전도사역의 핵심을 교회사의 중요한 사건과 함께 명쾌하게 잘 짚어주고 있다. 복음적 교회를 꿈꾸고 있다면 이 책과 함께하는 "오래된 복음"의 "미래 여행"을 적극 추천한다.

_김세광 박사(서울장신대학교 신학대학원장)

오랜만에 신학적인 이론의 바탕위에서 기독교 복음의 본질을 꿰뚫는 속 시원한 책이 출판되었다. 흔히 복음 전도라 하면 방법적인 면이나 기술적인 면에서만 다루려 하고, 그러다 보니 복음 전도의 동력이 되는 이론적인 틀을 세우지도 못하고 본질적 의미도 희석되어 기형적인 모습으로 흘러가버린 경우들이 많이 있었다. 그러나 본 저서는 명확한 복음 전도의 개념위에 신학적인 틀을 가지고 예수로부터 시작하여 초대교회와 중세, 종교개혁기, 그리고 근세와 현대에 이르는 복음 전도의 특징들을 망라하여 정리하였으며, 우리가 가지고 있는 복음의 유산이 무엇인지, 그리고 그것을 어떻게 효율적으로 전달할 수 있을지에 관하여 그 답을 제시하고 있다. 복음의 유산이 무엇인지 알고 싶은가? 어떻게 효율적으로 복음을 전달할 수 있을지 알고 싶은가? 그렇다면 이 책을 보라!

_하도균 박사(서울신학대학교 전도학 교수)

이 책은 제목에서 저자의 깊은 고민이 묻어난다. 전도는 당위이지만, 오늘날 교회 성장의 방편으로 제시되는 일회성 이벤트가 아니다. 따라서 전도는 복음의 유산이다. 복음은 천지창조 이래, 아니 영원전 창조주의 작정 때부터 이루어진 행위이므로 오래되었다. 그러므로 복음은 오래된 유산이다. 그러나 이 유산은 지나간 과거의 유물로만 남는 것이 아니다. 그러므로 전도는 오래된 복음이라는 유산을 어떻게 현재와 미래에 적용하느냐를 고민해야 하는 교회의 과제다. 이 책의 최고의 장점은 종합적이고 균형 잡힌 신학의 조화다. 전도학이라는 학문을 깊은 이론 성찰 없이 행동 방식만을 제공하는 가벼운 실천신학이라 생각하는 이들의 생각을 전환시킨다. 조직신학적으로는 풍성한 교회론, 성경신학적으로는 풍성한 하나님 나라 신학, 역사신학적으로는 교회사에 풍성한 전도의 역사적 유산, 선교학적으로는 오늘날 대두된 성경적 하나님의 선교 개념과 선교적 교회 패러다임이라는 각 신학 영역의 핵심 유산을, 장인의 손길로 어느 하나 어색한 돌출 없이 매끈하게 빚어냈다. 한국 신학계에서 전도학이라는 학문 발전사에 하나의 이정표가 될 만한 책이다.
_이재근 박사(광신대학교 역사신학 교수)

"전도학"을 공부했다고 하면 으레 돌아오는 질문은 "어떤 방법이 효과적인가요?"였다. 질문에 담긴 절박한 의중을 모르는 것은 아니지만, "전도"를 "방법"과 "효과"로 평가하는 한, 기업의 마케팅 전략을 묻는 것과 다를 바가 없다고 생각했다. 전도의 진정한 의미는 "복음을 전하는 것"이지 "사람들을 모으는 것"이 아니기 때문이다. "복음을 전하는 것"으로서의 전도는 사회, 문화, 정치, 경제, 예술 등 다양한 체제와의 접점에서 기독교의 자리를 살펴보고, 무엇을 할 수 있을지 고민하고, 실천하는 것을 의미한다. 전도는 부흥을 일으키는 방법이 아니라 기독교의 실존을 고찰하는 과정이라 할 수 있다. 『전도의 유산』은 국내에서는 유일하게 이러한 내용을 담고 있는 책이다. 초판이 세상에 나온 지 10년이 넘었지만, 여전히 그 내용은 유효하다. 아니, 10년 전에 나왔음에도 여전히 마케팅 전략과 같은 전도 방법이 주를 이루는 것을 보면 더 많은 기독교인들이 이 책을 읽을 필요가 있겠다 싶다. 소셜 미디어에 올릴 교회 홍보용 릴스나 이미지를 만들고 있다면, 잠시 손을 놓고, 이 책을 먼저 읽어보길 바란다. 전도 축제나 노방 전도를 준비하기 전에 읽어봐도 좋겠다. 부담은 낮아지고, 의지는 높아지는 은혜가 임하리라 믿어 의심치 않는다.
_이민형 박사(성결대학교 교수)

21세기 한국교회가 직면한 가장 중요한 과제 중 하나는 전도의 회복이다. 한국교회의 폭발적인 성장 이면에는 수많은 전도자들의 열정과 땀, 눈물의 기도가 있었다. 오늘날 교회는 훨씬 더 부요하고 세련된 모습을 갖추었지만, 전도는 구호만 남아 있는 듯하다. 목회자들과 신실한 그리스도인들은 여전히 전도자의 삶을 살기를 소망하지만, 방향을 잃고 표류하고 있다. 전도에 특화된 선교단체들도 상황은 크게 다르지 않다. 이러한 시대적 흐름 속에서 본서 『전도의 유산』은 우리를 시간여행으로 안내한다. 2천 년 전 예수님과 바울의 전도로부터 시작하여, 초대교회와 중세, 종교개혁 시대를 거쳐 20세기와 오늘날의 포스트모던 시대까지 전도의 역사를 개괄한다. 이는 단지 과거를 회상하려는 것이 아니다. 오히려 부제 "오래된 복음의 미래"처럼, 독자들은 전도의 역사 속에서 감출 수 없는 복음의 능력과 그 미래를 새롭게 마주하게 된다. 전 인격을 통해 증인의 삶을 살아가기를 소망하는 모든 그리스도인에게 이 책을 기쁨으로 추천한다.

_구병옥 박사(개신대학원대학교 전도학 교수)

저자는 예수님의 가르침과 사역에서부터 현재의 포스트모던까지의 역사를 서술해 간다. 전도라는 과제가 우리에게 어떻게 이어져 왔는지, 단순한 밖에서 안으로의 '교회 울타리 넘기'가 아니라 공동체를 이루고 교회를 끊임없이 하나님 나라의 관점에서 갱신해 나가는지를, 전도라는 키워드와 그 관점으로 이야기한다. 이 책의 하이라이트는 포스트모던 시대의 전도에 대해 설명하는 것이다. 여기서 저자의 통찰력이 빛난다. 그는 이제 설득하며 논리적으로 설명하는 전도는 어렵다고 본다. 그러면서 제시하는 것이 '공동체 중심의 여정 전도'이다. 여정이라는 것은 사람들과 삶에서 동행하는 것을 의미한다. '교회로 사람들을 끌어들이는 것이 아니라 사람들의 생활 리듬 속으로 들어가 그들과 의미 있는 관계를 만들며 영적 여정의 동반자가 되는 선교적 교회의 전도'를 강조한다. 즉 선교적 교회로서 공동체를 이루고, 그 공동체가 개인의 삶에 동행하는 것을 의미한다. 이러한 과정을 통해 일회적 결신이 아니라 점진적으로, 그러나 온전하게 기독교에 동화되는 신앙의 형성이 일어나기를 기대하는 것이다.
이 책을 읽다보면 우리가 무엇을 믿고, 무엇을 전해야 하는지가 명확해진다. 그리고 그것이 개인과 교회라는 공동체를 넘어 하나님 나라와 이어지는 것을 경험하게 될 때 전도의 새로운 지평을 열어줄 것이다.

_조성돈 박사(실천신학대학원대학교 목회사회학 교수)

전도의 유산

오래된 복음의 미래

전도의 유산
오래된 복음의 미래

초판1쇄 발행 2014년 1월 15일
초판3쇄 발행 2025년 8월 6일

지은이 김선일
펴낸이 허태영
펴낸곳 에스에프씨(SFC)출판사
등 록 서초구 제 2024-000047호
주 소 (06593) 서울특별시 서초구 고무래로 10-5 2층 SFC출판부
　　　　Tel. (02)596-8493
홈페이지 www.sfcbooks.com
이메일 sfcbooks@sfcbooks.com

기획·편집 편집부
디자인편집 최건호
ISBN 978-89-93325-68-3 (03230)

값 20,000원

잘못 만들어진 책은 언제든지 교환해 드립니다.

전도의 유산

오래된 복음의 미래

SFC

차례

프롤로그 11

1장_ 전도, 영혼 구원 그 이상 21
선교, 전도의 숲 44
온전한 회심, 전도의 목표 47
선교와 전도, 무엇이 다를까? 50

2장_ 예수와 바울에게 전도의 길을 묻다 57
예수 그리스도의 정치적 복음 58
복음 전도의 수용성 68
공동체 중심의 전도 86

3장_ 복음 전도의 첫 열매: 초대교회 95
바울의 첫 열매 비전 97
초대교회는 어떻게 복음을 전했는가? 99
초대교회는 어떻게 새로운 신자를 양육했는가? 129

4장_ 중세 전도의 보석: 켈트 전도 143

중세시대의 전도 145
켈트 기독교의 지속적 성장 172
켈트 전도의 여정 174

5장_ 종교개혁 시대의 전도 179

중세 가톨릭의 공적주의 신앙 181
종교개혁운동의 영성적 혁신 183
가톨릭의 대응: 예수회와 바로크예술 199
종교개혁의 전도적 의의 206

6장_ 전도특화의 시대: 부흥주의와 구도자교회 219

현대 전도의 원형 220
근대의 부흥전도자들을 어떻게 보아야 할까? 244

7장_ 포스트모던 시대와 한국 교회의 전도 과제 253

포스트모던 전도에 이르는 길 254
한국 교회의 전도, 어디로 가야 할까? 270
복음은 한국의 문화와 어떻게 만났을까? 275

에필로그 289

주 296

프롤로그

오래된 우물에서 전도의 생수를 얻다

성경을 제외하고, 삶에서 가장 검증된 지혜를 얻을 수 있는 방법은 무엇일까? 한동안 철학이 모든 학문의 중심이었다가, 현대사회에서는 사회학이나 심리학이 인생과 사회를 가장 정확하게 분석한다고 보고 신봉하는 이들이 많다. 모두 필요하긴 하지만, 나는 가장 검증된 지혜의 원천은 역사에 있다고 믿는다. 인간은 아무리 달라도 늘 비슷한 심성과 행동 패턴을 보이게 마련이고, 어느 문화에나 공통된 주제가 있기 때문이다. 역사를 공부함으로서 우리는 현재 골몰하고 있는 사안을 더 넓고 오랜 시각으로 바라볼 수 있다.

지금 한국 교회는 전도라는 화두를 심각하게 다루어야 할 시점에 있다. 복음 전도는 교회의 사명이자, 그 자체로 교회의 생명력이다. 수적인 교회성장이나 교세 관리 차원을 넘어서 교회가 이 세상에 존재하는 이유와 목적이 복음 전도의 의미와 밀접히 관련되어 있기 때문이다. 그러나 요즘 전도라는 단어를 교회 밖에서 사용하기가 여간 불편한 게 아니다. 전도 내지 선교라는 단어는 다른 사람에게 자신의 종교를 강요하는 무례한 것이라 여겨진다. 또한 문화적, 종교적 다원주의 시대에 오직 기독교 신앙만이 유일한 해답이라는 배타적인 자세를 노골적으로 드러낸다고 비판받기도 한다. 갈수록 개인주의화되어가는 시대에 남의 삶에 간섭하거나 민폐를 끼치는 행위는 금기사항인데, 전도하려면 이러한 사회적 예의를 위반해야 할 것만 같다.

우리는 이와 같은 전도의 딜레마를 안고 있다. 사회적으로 전도 행위를 달가워하지 않는 시대에 전도를 해야 하는 딜레마다. 기독교계 내부에서도 전도를 기피하는 움직임들이 많이 보인다. 전도는 그만하고 사회봉사에 주력하자는 주장들도 많이 나온다. 그러나 복음으로 교회가 세워졌고 그 복음을 증거하는 일이 교회의 존재 이유인데, 전도를 소홀히 여기는 것은 교회됨을 부인하는 일이다. 문제는 전도의 본질과 '건강한' 방법을 고민하는 것이다. 한국 교회는 지난 세기 동안 눈부신 성장을 해왔으며, 신앙의 헌신도와 신학적 성숙도에서 세계 교회의 선진 대열에 위치해있다. 이제는 사회 각 분야에 그리스도인들이 포진해있으며, 교회와 그리스도인들이 우리 사회에 미치는 영향력도 상당하다. 그럼에도 불구하고 희한하게도 전도에 관해서만큼은 우리는 아직 근대 시기의 유물을 벗어나지 못하고 있다. 대부분의 전도 활동들이 비인격적인 일방향 커뮤니케이션(대본전도, 독백전도)에 의존하거나, 호전적인 이분법적 자세와 용어들(전도특공대, 불신지옥)을 거침없이 사용하기도 한다. 사회와 문화의 변화를 가장 반영하지 못하는 교회의 관행으로 머물러있는 셈이다. 나는 교회의 역사 속에서 우리에게 계승되어야 할 전도의 유산을 재발견함으로써 우리가 마주하고 있는 전도의 딜레마를 풀어보려는 의도에서 이 책을 쓰게 되었다.

요즘 전도의 한계와 위기를 타개하기 위한 여러 묘책들이 등장하고 비법을 전수하는 세미나들이 많이 개최된다. 여기서는 전도와 교회성장을 위한 구체적인 방법론과 노하우가 소개된다. 이러한 전도 프로그램들의 상당수는 실제로 효과를 본 경험에 근거하기 때문에 귀가 솔깃해지기도 한다. 시대의 발전에 맞춰 좀 더 세련되고, 좀 더 호감을 가질 만한 기법들이 전수된다. 이러한 세미나와 프로그램에 목마른 목회자들을 대상으로 마케팅을 한다고 의심하는 비판적 시선들도 있긴 하지만, 현장에서 적용 가능한 매뉴얼은 나름 유용한 면이 있다. 복음 전도는 구체적인 실천이기 때문에 프로그램이 필요하다. 교회의 모든 실천에는 신학적 원리가 있어야 한다. 그 어떤 실천 원리도 현장에서 적용할 수 있는 프로그램이 없으면 행동화 되기 힘들다.

전도사역을 기관차에 비유해보자('구원 열차 타고서 하늘나라 간다.'는 어린이 찬송도 있으니 적합하지 않을까?). 기관차의 구성요소로는 먼저 전체 몸통이 있을 것이고, 기관차를 움직이게 하는 엔진이 있을 것이다. 그러나 몸통과 엔진만으로 기관차가 움직이지는 못한다. 연료를 채워서 엔진을 가동시켜도, 기관차라는 몸통을 앞으로 나아가게 하는 장치, 즉 바퀴가 필요하다. 프로그램은 바퀴와 같다. 전도사역을 수행하는 주체인 기관차의 몸통 역할을 하는 곳을 교회라고 한다면, 엔진은 복음의 말씀이며(연료는 성령 충만한 삶이라 할 수 있겠다), 그 사역을 구체적 행동으로 움직이게 하는 것은 프로그램이라는 말이다. 그래서 프로그램은 필요하다. 하지만 프로그램이라는 바퀴는 반드시 견고한 신앙 공동체와 복음의 추동력을 위해서 존재하는 것이다. 프로그램이 우선이 되어서는 안 되고, 프로그램에만 집중하는 것도 공허한 일이다.

위기에 놓인 전도사역과 교회성장을 위한 여러 가지 해법들을 소개하는 프로그램들에도 분명 효용성이 있다. 그러나 더 근원적인 문제를 찾아야 한다. 아무리 프로그램을 세련되게 문화적 눈높이에 맞춘다 할지라도, 복음의 의미와 복음을 전파하는 주체가 누구인지를 정립하지 않는 한 복음 전도의 위기는 해결되지 않는다. 프로그램이 우선이 아니다. 기관차가 바퀴만으로 움직이는 것은 잠시 뿐이듯, 지속가능한 전도사역을 위해서는 기관차를 추동하는 핵심적인 힘, 즉 엔진이 튼튼해야 한다. 복음 전도가 단순히 테크닉으로 전락되지 않으려면 핵심적 생명력이 넘쳐야 한다. 그 생명력이란 바로 기독교 신앙의 핵심인 복음이다. 전도는 복음을 전하는 실천 행위가 아니던가? 건강한 전도사역에는 올바른 복음의 선포가 필수적으로 수반된다.

간과하지 말아야 할 점은, 복음이 들리게 전파되어야 한다는 것이다. 역사적으로 모든 전도의 갱신이 일어날 때는 '복음이란 무엇인가?'라는 질문과 '이 복음을 우리 시대에 어떻게 듣게 할 것인가?'라는 질문이 깊이 있게 탐구되었다. 그리고 이를 바탕으로 복음이 신선하게 제시되었다. 복음 전도가 다시금 활발해지기 위해서는 새로운 프로그램의 도입이 아니라 복음의 신선한 재발견이 선행되어야 하며, 이를 토대로 대안적 비전을 담은 신앙 공동체가 제시되어야 한다. 영국의 주목받는 젊은 교회 지도자인 팀 체스터(Tim Chester)는 진정한 교회됨의 양대 축을 '복음'과 '공동체'라고 정의하였다. 복음은 관념이 아니라 사회적 실체다. 왜냐하면 이 복음은 우리의 눈으로 본 바요, 귀로 들은 바요, 손으로 만진 바이기 때문이다(요일 1장 1절). 그런 의미에서 효과적 전도는 진정한 교회됨에 달려있다 해도 과언이 아니다. 교회 역사에서 복음 전도의 위대한 터닝 포인트는 모두 복음을 새롭고 신선하게 제시했던 시기였으며, 대안적 공동체로서 교회의 매력이 최적으로 발휘되던 시기라 볼 수 있다.

전도라는 기관차의 엔진이 복음의 생명력이자, 신선한 복음의 제시라고 한다면, 그 복음이 표현되고 드러나는 양식, 즉 기관차의 몸통은 바로 교회 공동체라고 할 수 있다. 객실에 사람들이 승차하듯이 불신자들이 예수 그리스도를 믿고 신앙의 공동체로 들어와야 한다. 교회는 바로 기관차의 몸통과 같다. 그리스도의 말씀을 따라 헌신하고 삶을 공유하는 사람들의 모임을 통해 복음의 실체가 어떤지가 드러난다. 기관차의 몸통이 바로 기관차 그 자체로 보이듯이, 교회 공동체는 복음을 접하는 첫 번째 만남의 장이다. 복음은 단지 몇 가지 구원의 원리를 듣는다고 알게 되는 것이 아니라, 복음을 살고 복음을 이야기하는 사람들의 공동체를 경험하면서 제대로 접하게 된다.

아인슈타인이 이런 말을 했다. "어떠한 문제도 그 문제를 일으킨 것과 동일한 차원의 의식으로는 해결될 수 없다." 현재 우리가 안고 있는 전도의 위기를 시대적 변화에 대한 이해 없이 과거의 방식을 고집하며 행동주의적 열정의 회복으로 해결하자는 것은, 아무래도 신뢰할 만한 방향으로 보이진 않는다. 단순히 시대의 변화를 따라 문화적 욕구에 부응하자는 말은 아니다. 다만, 복음을 전할 때 우리가 감당해야 할 중요한 한 가지 과제는, 메시지가 상대에게 들리게끔 해야 한다는 지극히 당연한 커뮤니케이션 원리를 존중하는 것이다. 우리는 사람들로 하여금 예수를 주로 고백하게 만들 수 없다. 그것은 오직 성령께서 하시는 일이다. 그러나 복음을 적절하게 소통하고 제시하는 일은 우리의 몫이다. 그러한 면에서 예수님의 말씀처럼 시대를 분별하는 일은 중요하다.

시대를 분별한다고 해서 문화의 흐름을 추종하며 그때그때 교회와 복음을 사람들의 필요에 변형시키라는 의미는 아니다. 시대를 분별하는 데 가장 필요한 역량은 역사적 안목이라고 생각한다. 인간의 삶과 행동은 늘 반복되기 마련이다. 물론 오늘날 우리는 전례 없는 디지털 문명의 엄청난 변화를 목도하고 있지만, 인간됨이 본질적으로 필요한 것은 바뀌지 않는다. 고전을 읽고 역사를 알아야 하는 이유가 여기에 있다. 고전에는 인류가 겪는 공통의 고민에 대한 성찰이 담겨있고, 역사를 공부함으로써 우리는 인간사에서 비슷한 문제들과 그에 대한 해결들이 비슷한 패턴으로 반복되었음을 확인할 수 있다. 아놀드 토인비는 문명의 흥망성쇠를 도전과 응전으로 보는 역사관을 전개했다. 인류 문명의 발전은 인간 사회에 가해진 도전에 대응하여 이를 극복하고자 응전했던 것을 통해서 성립되었다는 것이다. 이러한 도전과 응전의 역사관을 한국 교회가 안고 있는 전도의 위기에 적용할 수 있다. 현재 한국 교회는 교세가 위축되고, 기독교 신앙과 전도에 대한 거부감이 늘어나는 도전에 직면하고 있다. 전도의 위기라는 도전에 어떻게 응전할 것인지 함께 지혜를 모아야 하는 상황이다. 이러한 응전을 위해 가장 검증된 교훈은 역사로부터 얻을 수 있다.

인류 역사는 기독교 복음에 늘 거절과 동조의 이중적 자세를 오갔다. 한국 사회에서 비호감 종교로 전락하고 있는 개신교의 현 상황보다 훨씬 더 열악한 여건 속에서 전도의 열매와 교회의 성장이 이루어진 적도 있었다. 이른바 포스트모던 문화 현상과 거의 비슷한 환경 속에서 복음 전달의 문제를 놓고 고민해야 했던 고대의 전도자들이 있었다. 우리만 유별난 시대를 사는 것은 아니다! 이러한 인식을 갖고 나는 지난 2,000년 기독교 역사 속에서 나타난 위대한 전도의 유산, 아쉽게도 잊히고 간과되어온 신앙 선배들의 소중한 전도의 지혜를 다시금 조명하고자 한다.

그러나 전도의 역사를 단순 나열하고 과거를 회상하는 것은 반쪽의 의미밖에 전달하지 못한다. E. H. 카가 역사를 '과거와 현재의 끊임없는 대화'라고 정의한 것은 아주 유명한 고전적 정의가 되었다. 지난 2,000년 교회 역사에서 전도의 위대한 유산들을 탐구하면서, 지금 여기에서 우리에게 주어지는 전도의 과제와 방향을 재구성하는 것이 전도의 역사를 연구하는 올바른 귀결점이 될 것이다. 그리고 이 위대한 전도의 유산은 바로 우리 주 예수 그리스도께서 하나님 나라를 선포하신 일로부터 시작된다.

1장
전도, 영혼 구원 그 이상

　우리가 정말로 전도를 제대로 알고 있는 것일까? 흔히 전도의 명분을 강조할 때마다 구령 사업의 당위성을 역설하곤 한다. 그런데 과연 '영혼 구원'이라는 말이 성경적으로 전도를 의미할까? 성경이 인간을 육신과 영혼으로 분리해서 말하고 있을까? 인간은 현세에서만 일시적으로 육신을 안고 살다가, 죽으면 영혼이 분리돼서 다른 세계(천국, 또는 지옥)로 가서 영원히 사는 것일까? 그래서 어차피 육신은 썩어 없어질 테니 영혼만 구원받는 것이 궁극적으로 가치 있다는 생각일까? 과연 성경이 이러한 영혼 구원을 복음 전도의 핵심으로 가르치고 있을까?

그렇지 않다. 성경은 역사 속에 임한 하나님의 나라를 명백하게 강조하며, 인간의 육체를 포함한 '전인적 부활'을 강력히 소망한다. 성경적 구원이란 예수 그리스도의 죽음과 부활로 말미암은 창조세계의 갱신을 말한다. 인간 개인의 구원이란 바로 이러한 새 창조에 새로운 신분으로 참여하는 것이다. 이 세상은 멸망해서 없어질 곳이고 예수를 믿는다고 고백한 우리들은 구원의 방주를 타고 우주 어딘가, 혹은 다른 차원의 세계에 있는 천국에서 영생복락을 누리며 살 것이라는 기대는, 엄밀히 말해서 성경이 아니라 오히려 2세기 기독교 신앙을 위협했던 영지주의의 가르침에 가깝다.

물론 나는 영혼 구원이라는 표어에 담긴 핵심 의도에 공감한다. 만일 영혼이라는 단어가 하나님과 교제하도록 지음 받은 인간의 참 자아, 또는 근원적 본성을 가리키고, 영혼 구원이 그리스도의 공로로 말미암아 하나님과의 바른 관계를 세우는 의미라면, 이 용어 사용에 적극적으로 동의할 수 있다.[1] 베드로 사도가 권면한 것처럼 '믿음의 결국은 곧 영혼의 구원'이니 말이다(벧전 1:9). 하지만 베드로는 여기서 영혼 구원을 유체이탈 차원으로 말하지 않는다. 그는 영혼이라는 단어를 하나님을 경외하고 순종하는 성향을 가리키는 데 사용한다. 베드로전서 2장 11절에서 그는 핍박 가운데 있는 성도들에게 "영혼을 거슬러 싸우는 육체의 정욕을 제어하라."라고 권면한다. 육신에 속한 생각과 욕구만 추구하지 말고, 눈에 보이지 않는 진정한 세계의 주인과 대면하라는 의미에서 말이다. 요한복음에서도 육과 영을 구분할 때, 육은 세상적 욕망과 가치관에 집착하는 죄악 된 성향을 말하고 영은 하늘에 속한 생각과 가치관을 가리키기 때문이다. 그러한 차원에서 영혼 구원이 인간의 근본적인 삶의 방향이나 절대적인 충성의 대상을 바꾸는 삶이라면 충분히 관용적으로 쓰일 수 있다.

그러나 과연 우리가 영혼 구원이라는 단어를 통해 그와 같은 총체적인 뜻을 내포했던가? 영혼 구원이라는 말로 예수를 믿는다는 의미를 지극히 사적인 구원관과 죽은 뒤의 영생을 위한 보험으로 대체하지 않았던가? 이 땅에서 사는 동안의 삶을, 기껏해야 하나님의 사랑을 받았으니 선을 베풀며 가급적 착하게 살아야 한다는 옵션 정도로 여기지 않았던가? 실제로 교회에서 영혼 구원이라는 단어가 쓰이는 경우는, 대체로 세상을 무가치하게 보며 사후 행로를 보장받으려는 관심에만 과도하게 집중하는 때였다. 한국 교회의 가장 대표적인 전도 프로그램에서 복음을 제시할 때 사용하는 첫 문장이 바로 "당신이 오늘 밤에 죽으면 천국에 갈 수 있겠습니까?"가 아니던가.[2]

성경이 일관되게 우리에게 강조하는 바는 하나님께서 우주와 역사, 그리고 우리의 인생을 지금 여기서 다스리신다는 것이며, 그 하나님의 통치는 예수 그리스도의 죽음과 부활을 통해서 구현되고 있다는 것이다. 구약성경 이사야 52장 7절은 "좋은 소식을 전하며……네 하나님이 통치하신다 하는 자의 산을 넘는 발이 어찌 그리 아름다운가?"라고 선언한다. 여기서 '좋은 소식'이라는 단어가 헬라어로 기록된 70인 역에서는 '복음(유앙겔리온)'으로 번역된다. 복음은 '하나님이 통치하신다'는 사실 그 자체이다. 예수님의 일관된 메시지는 하나님 나라의 선포였으며, 바울이 로마의 감옥에서까지 담대하게 전한 것도 하나님 나라와, 예수가 (그 나라의) 주인이라는 사실이었다 (행 28:31). 이것이 복음의 명료한 핵심이다. 그러나 우리는 오랫동안 예수 안에서 세상이 갱신되고 회복된다는 하나님 나라의 복음을, 세상으로부터의 구출이라는 '내세적 구원'으로 둔갑시켰다. 이 때문에 복음 전도의 의미와 사역이 대폭 축소되는 현상이 불가피했다.

전도에 대한 오해 1: 영혼 구원과 예수 천당(축소된 복음 전도의 문제)

80년대 중반 이후 한국 교회에서 복음과 은혜의 교리를 그 누구보다 신선하고 탁월하게 설명했던 강해설교자가 수년 전에 인터뷰한 기사 중에서 다음과 같은 내용이 나온다.

청소년 시절 구원 확신과 전도 열풍이 한국 교회에 몰아쳤다. 그때 교회는 '예수천당 불신지옥'만 읊조리고 이 세상에서 어떻게 살아야 하는지 가르쳐주는 말이 없었는데, CCC나 네비게이토 등 선교단체로 인해 구원의 확신이 들어 전도에 힘써야 한다는 해답을 얻었다. 선교단체 프로그램을 따르지 않는 교회가 드물 정도로 열광했다. 사실 이것 아니면 할 것이 없었다. 그러나 난 그게 답이 아니라고 생각했다. 성경이 정말 구원의 확신과 전도만 말하고 있는지 의심했다. 결국 회의가 들어 신학교에 들어갔다. 서신서가 전부 교회론이라고 해도 과언은 아니다. 그러나 나는 서신서에는 전도하라는 말이 한마

디도 없다고 주장했다. 전도는 당연히 필요하다. 하지만 전도가 신앙의 전부라고 보는 풍토에 화가 치밀어 던진 문제 제기였다. 구원받은 이들이 어떻게 살 것인가에 대한 답이 성화다. 그런데 한국 교회는 성화를 종교적 영역에만 국한시킨다.[3] (강조는 필자)

위 설교자의 주장처럼 사복음서의 말미에 나오는 예수님의 대위임령 외에, 신약에서 '뚜렷한' 전도의 명령은 나타나지 않는다. 서신서들은 전도에 대한 권고보다는 복음에 합당한 삶을 살 것을 더욱 강조한다. 신약성경이 세상으로부터 개인을 구출한다는 의미에서의 영혼 구원보다 성화나 신실한 삶을 더욱 조명한다는 사실은, 천국, 즉 하나님 나라에 대한 우리의 관점을 다시 정리하게 한다.

성경에서 말하는 천국, 혹은 하나님의 나라는 근본적으로 '하나님께서 통치하시는 삶'이다. 이는 예수 그리스도께서 주인 되심을 철저하게 고백하는 삶이다. 그러나 우리가 흔히 생각하는 천국은 죽어서 가는 파라다이스로만 머물러 있지 않던가? 물론 천국은 현세뿐 아니라 내세에도 하나님과 함께 하는 영원하고 완전한 세상이기도 하다. 그러나 단순히 죽은 뒤에만 경험하는 세계는 아니다. 성경은 항상 성령의 임재 안에서 교회와 성도들 안에 구현되는 하나님 나라의 실재를 강조한다. 예수님께서 완전히 통치하시는 완성된 하나님 나라(천국)가 역사 속으로 들어올 것이다. 복음 전도는 내세뿐 아니라 지금 여기서의 새롭고 풍성한 삶을 증언하는 것이기도 하다.

그렇다면 지금 여기서의 변화된 삶, 즉 하나님 나라의 삶이란 무엇인가? 단순히 죽은 뒤에 천국 갈 때까지 버티고 믿음을 버리지 않도록 인내하며 살아가는 삶일까? 아니면 지금 여기서 내 인생의 참된 정체성과 존재 이유를 발견하고, 세상의 모든 삶, 즉 정치, 경제, 이웃관계, 교육, 환경 등에서 새로운 소망과 가치를 추구하며 전혀 다른 기쁨과 평강을 누리며 증거하는 것일까? 하나님께서 다스리시고 그리스도께서 다시 오시는 완전히 회복된 세상을 소망하며 살아가는 삶을 가르치는 전도일까, 아니면 마치 추락하는 비행기에서 탈출하도록 도와주는 낙하산 전도일까? 예수님께서 우리에게 대위임령, 또는 지상명령을 주시면서, 그분은 과연 무엇을 전하라고 하셨던 것일까? 그분의 죽음과 부활이 인류를 위해 이루신 실체가 무엇일까?

우리는 전도를 좀 더 확대된 관점에서 봐야 한다. '구령 사업'이라는 전도의 나무에만 매달리지 말고, 하나님 나라의 삶이라는 전도의 숲을 조망해보자. 그렇지 않으면 신구약 성경이 일관되고 치열하게 보여주는 이 세상을 향한 하나님의 계획을 놓치고, 전도에 오직 인간의 욕망과 기대만이 남을 것이다. 우리 모두는 편안한 삶을 원하며, 삶의 행복한 결말을 갈망한다. 그러다보니 복음 전도가 세상에서의 행복 내지는 내세의 복락을 약속하여 욕망이나 불안을 해소하는 것으로 귀결될 위험성이 있다. 성경은 하나님 나라의 삶과 가치('그 나라와 그 의')를 통해서 진정으로 행복하고 의미 있는 길을 보여준다. 우리는 예수님을 믿고 그분의 가르침과 삶을 따름으로써 하나님 나라의 삶을 사는 것이다. 성경은 그 길로 모든 사람을 초대하며, 교회는 이 하나님 나라의 여정을 위한 공동체이다.

전도에 대한 오해 2: '때를 얻든지 못 얻든지' 좌우지간 전도하라?

> 너는 말씀을 전파하라. 때를 얻든지 못 얻든지 항상 힘쓰라. 범사에 오래 참음과 가르침으로 경책하며 경계하며 권하라. 때가 이르리니 사람이 바른 교훈을 받지 아니하며 귀가 가려워서 자기의 사욕을 따를 스승을 많이 두고 또 그 귀를 진리에서 돌이켜 허탄한 이야기를 따르리라. 그러나 너는 모든 일에 신중하며 고난을 받으며 전도자의 일을 하며 네 직무를 다하라(딤후 4:2~5).

바울이 디모데에게 했던 이 권면은 오늘날 교회들에서 전도를 강조할 때 가장 자주 인용되는 구절이다. 특히 사람들이 들으려 하든, 듣지 않으려 하든 상관없이 전도하라는 의미로 쓰인다. 신학생 시절, 이 구절을 놓고 어느 학우와 논쟁을 한 일이 있었다. 내가 길거리에서 아무에게나 막무가내로 전도하는 것은 효과도 없을뿐더러 결례일 수도 있다고 했더니, 그 상대 학생은 바로 이 디모데후서 4장 2절을 인용했다. 그는 나의 생각이 인간적이라며 성경 말씀을 제대로 보라고 꾸짖기까지 했다. 이 말씀이 '시도 때도 없이' 사람들의 사정과는 상관없이 복음을 전하라는 명령일까.

이 말씀에서 '때를 얻든지 못 얻든지 힘쓰라'(2절)는 것은 말씀 선포에 대한 명령이다. 밖에 나가서 사람들에게 전도지를 돌리라는 말이 아니다. 오히려 바른 교훈(3절)과 진리(4절)를 가르치라는 교육적 명령에 더욱 가깝다. 이를 '전도자의 직무'(5절)라고 한다. 이 직무는 '신중하여 고난을 받으며' 감당해야 할 성격의 일이다. 특히 바울은 앞서 4장 1절에서 이를 "하나님 앞과 살아 있는 자와 죽은 자를 심판하실 그리스도 예수 앞에서 그가 나타나실 것과 그의 나라를 두고 엄히 명하노니"라고 장엄한 단서를 달고 있다. 죽음을 예견하고 있는 바울이 영적인 아들 디모데에게 이처럼 비장한 권면을 주는 이유는 무엇일까?

성경의 개별 구절은 항상 그 구절을 담고 있는 더 큰 문맥에서 조명해야 하며, 더 나아가서는 그 서신서 전체의 맥락과 신약 성경의 흐름에 비추어서 이해해야 한다. 먼저 4장 바로 앞의 3장을 보자. 여기서 바울은 크게 두 가지 사실을 강조한다. 첫째로, 말세에 사람들이 진리를 거부하며 자기 욕심대로 살게 될 것이라는 것이다. 이는 4장 3절부터 4절까지에서 말하는 것처럼 사람들이 자기의 사욕을 따를 스승과 허탄한 이야기를 좋게 보는 현상과 같다. 둘째로, 이러한 시대에 바울은 디모데에게 시대의 유행에 휩쓸리지 말고 '배우고 확신한 일에' 거할 것을 명령한다. 그것은 바로 성경이다. 성경은 하나님의 구원의 지혜를 담고 있다. 그러므로 이제 에베소 교회에서 설교와 목양의 직무를 담당할 디모데에게 바울은 하나님의 말씀을 가감 없이 담대하게 전할 것을 주문하고 있다. 오히려 이 구절에서 우리가 발견해야 할 교훈은 막무가내로 길거리에서 전도하라는 것이 아니라, 자기 욕망을 추구하는 시대에서 하나님의 말씀을 타협시키지 말고, 사람들이 듣든지 아니 듣든지 복음의 진리를 과감하게 선포하라는 것이다.

   이는 오늘날 강단에서 말씀을 선포하는 사역에 경종을 울린다. 사람들이 좋아하고, 사람들이 재미있어 한다는 이유만으로, 얼마나 많은 기독교 신앙의 근본 진리들이 시대의 유행에 따른 신념과 쉽게 타협하고 있던가? 물질의 소유가 최고의 미덕으로 간주되는 시대에 번영의 복음이 등장해서 단순함과 청빈의 복음을 가려버렸다. 자아실현과 자기계발이 시대의 정신으로 부각되자, 긍정의 복음이 등장하여 기독교 신앙의 근본 중 근본이라 할 자기 부인의 영성을 억눌렀다.

   디모데후서 4장 2절 말씀의 명령을 때와 장소를 막론하고 사람들을 교회로 데려오라는 구절로 해석하기에 앞서, 목회자들이 준엄한 경각심을 갖고 자신의 말씀 선포 사역을 반성해야 한다. 이와 같은 이해는 디모데전후서 전체의 메시지와도 조화된다. 디모데전후서는 바울이 젊은 지도자 디모데에게 목회의 도를 가르치는 서신이기도 하다. 그런데 디모데에게는 자격지심에 빠져서, 담대하게 때를 얻든지 못 얻든지 말씀을 전파하기 어렵게 될 수 있는 조건들이 있었다. 첫째로, 디모데는 나이가 어렸다. 그래서 바울은 '연소함을 업신여기지 못하게'(딤전 4:12) 행실로 믿음의 본을 보일 것을 명령한다. 둘째로, 디모데에게는 육신의 병이 있었다. 바울이 "이제부터는 물만 마시지 말고 네 위장과 자주 나는 병을 위하여는 포도주를 조금씩 쓰라"(딤전 5:23)라고 현실적인 조언을 하는 것을 보면, 디모데가 육신이 약하다는 것 또한 목회적 관리 대상이었다. 셋째로, 디모데는 정통 유대인이 아니었다. 1세기 교회들에서 회중의 대다수가 디아스포라 유대인이었음을 감안할 때, 디모데가 비할례자 신분으로는 영적 권위를 발휘하기가 대단히 어려웠을 것이다. 그래서 바울은 헬라인 아버지와 유대인 어머니를 둔 디모데에게 할례를 행하는 융통성을 발휘했다(행 16:3). 즉, 연소함과 육신적 연약함, 그리고 혈통적 정통성이라는 한계를 안고 있던 디모데에게 바울은 영적 아버지로서 말씀 사역의 신적 권위와 담대한 충성을 되새기게 하고 있는 것이다.

이러한 분위기는 디모데전후서 전체를 관통하고 있다. 물론 복음 전도에도 이 말은 적용될 수 있다. 순전한 구원의 복음을 전해야 한다! 세상에서 잘되는 기법을 가르치는 기복적 전도나, 세상 못지않게 재밌는 곳으로 만들어 주겠다는 엔터테인먼트 전도가 아닌, 하나님을 온전히 예배하는 삶의 최고 가치를 전하는 복음 전도, 예수 그리스도를 따르는 참된 제자도의 복음 전도가 바로 그것이다. 그러한 복음을 전할 때, 시기와 사람들의 기분에 좌우되지 말라는 것이다. 즉, 이는 복음 전도에서 중요한 것은 메시지이지, 행동 유형이 아니라는 의미이다.

전도에 대한 오해 3: 강권해서 교회로 데려오라?

주인이 종에게 이르되 길과 산울타리 가로 나가서 사람을 강권하여 데려다가 내 집을 채우라(눅 14:23).

위의 구절에서 '강권하여 데려다가 내 집을 채우라'는 말씀은 중세 시대에 가톨릭교회에서 유대인이나 이교도들에게 강제로 전도하라는 근거 구절로 오용되었다.[4] 오늘날도 많은 교회에서 전도 집회 시 곧잘 이런 내용의 현수막을 내걸곤 한다. 주변의 믿지 않는 이들에게 복음을 전하고 그들을 지속적으로 권유하며 그리스도께로 초대하자는 동기부여의 차원에서는 그리 잘못 적용된 것은 아니다. 그러나 '강권하라'는 말이 앞서 '때를 얻든지 못 얻든지'와 마찬가지로 상대를 고려하지 않고 억지로 전도하여 끌고 오라는 근거 구절로 쓰이는 것이 문제다. 무례하게 복음을 강요하는 것을 정당화시켜 주는 말로 사용되기 때문이다. 과연 예수께서 그러한 의도로 위의 말씀을 주신 것일까?

이 말씀은 큰 잔치의 비유에서 나왔다. 어떤 주인이 큰 잔치를 열었는데, 잔치에 초대받은 사람들이 온갖 핑계를 대며 사양하자, 주인이 노하여 골목과 거리에서 닥치는 대로 가난한 사람들과 몸 불편한 사람들을 데려오라고 시켰다. 그렇게 해도 자리를 다 못 채우자 주인은 길과 산울타리 주변으로 나가서 사람들을 강권하여 데려오라고 했다. 이 비유는 일반적으로 예수 그리스도의 복음과 그의 구속 사역이 원래 선택받은 정통 유대인에게서는 환영받지 못하고, 오히려 죄인과 병자들, 더 나아가서는 먼 곳의 사마리아인들과 이방인들에게 전파되었다는 의미로 해석된다. 1세기의 예수 운동은 사두개인이나 바리새인들과 같은 유대인들이 아니라, 갈릴리의 소외된 자들과 세리, 창녀들 사이에서 더욱 적극적으로 전파되었다. 또한 바울에 이르러서는 이방인들이 그리스도의 복음을 수용하게 된다. 이런 사람들이 예수 그리스도 안에서 하나님 나라의 잔치에 참여하는 자들이 되었다. 이런 맥락에서 볼 때, 누가복음 14장 23절의 '강권하여'라는 말은, 원래 율법이나 혈통으로는 하나님의 언약 백성이 될 수 없는 이들도 전적으로 하나님의 은혜로 말미암아 그리스도를 믿음으로 하나님 나라의 잔치에 '적극적으로' 초대받았다는 의미로 이해되어야 한다. 잔치에 오라는 강한 권유인 것이다. 그러면 무엇으로 그토록 그들을 강력하게 이끌었을까?

고린도후서 5장 14절에서 바울은 "그리스도의 사랑이 우리를 강권하시는도다"라고 선언한다. 나는 위의 누가복음 비유가 궁극적으로 그리스도의 구속 사역을 통해 하나님 나라의 문을 활짝 열어 모든 죄인들과 인류를 초대하는 구원의 확대를 암시한다면, 사람들을 강권하여 데려오는 것은 인간의 힘이나 능이 아니라 오직 그리스도의 사랑뿐이라고 믿는다. 우리는 사람들을 교회로 데려오겠다고 윽박지르거나 화를 내며 꾸짖는 근거로 위의 구절을 사용해서는 안 된다. '강권하다'는 그리스도의 사랑을 변함없이 지속적으로, 그리고 전심으로 보여주는 행위여야 한다. 누가복음 24장을 보면 이 '강권하다'라는 단어가 다시 나온다. 이 장면은 주께서 부활하신 날 엠마오로 가는 두 제자가 예수님과 (예수님을 인식하지 못한 채) 대화를 나누며 길을 가는 상황이다. "그들이 가는 마을에 가까이 가매 예수는 더 가려 하는 것 같이 하시니, 그들이 강권하여 이르되 우리와 함께 유하사이다. 때가 저물어가고 날이 이미 기울었나이다 하니 이에 그들과 함께 유하러 들어가시니라."(눅 24:28~29) 여기서 '강권'이라는 단어도 억지로나 막무가내로 끌고 온다는 의미보다는, 적극적으로 권유하는 장면이다. 무엇을 위한 권유였는가? 바로 식사(잔치)를 위한 권유였다. 즉, 상대방을 적극적으로 환대하는 행동이었다.

"강권하여 데려다가 내 집을 채우라"라는 말씀은 결코 호전적이거나 강요하는 방식의 전도를 옹호하는 구절이 아니다. 이는 적극적이며 진실한 사랑의 권유를 말한다. 스스로 자격 없는 죄인이요, 외인이라고 생각하는 이들에게 그들 또한 하나님의 사랑받는 자녀임을 알려주고 그분의 잔치로 초대하는 것이지, 억지나 강요의 의미가 아니었다. 더군다나 누가복음 14장에서 강권하다는 말은 전도의 방식을 알려주기 위해서 쓰인 단어가 아님을 유의해야 한다. 성경은 외인에게 복음을 전할 때 강권하라는 말보다는 '온유와 두려움으로'(벧전 3:15) 할 것을 권한다. 실제로, 사도 바울은 아테네에 가득한 우상들을 보고 격분했으나, 아레오바고에서 아테네 사람들에게 복음을 전할 때는 매우 정중한 태도를 취했다(행 17:16~31). 복음을 전하는 우리의 화법에서도 "너희 말을 항상 은혜 가운데서 소금으로 맛을 냄과 같이 하라"(골 4:6)라고 분부한다. 이는 감사하는 마음으로 절제해서 표현하라는 의미이다. 더 나아가서 우리를 구원의 길로 인도하고 하나님의 자녀 된 특권으로 초대하는 것은 바로 그리스도의 사랑으로 말미암은 강권이어야 한다!

전도에 대한 오해 4: 전도는 미련하게 하는 것이다?

하나님의 지혜에 있어서는 이 세상이 자기 지혜로 하나님을 알지 못하므로 하나님께서 전도의 미련한 것으로 믿는 자들을 구원하시기를 기뻐하셨도다(고전 1:21).

내가 너희 중에서 예수 그리스도와 그가 십자가에 못박힌 것 외에는 아무 것도 알지 아니 하기로 작정하였음이라. 내가 너희 가운데 거할 때에 약하고 두려워하고 심히 떨었노라. 내 말과 내 전도함이 설득력 있는 지혜의 말로 하지 아니하고 다만 성령의 나타나심과 능력으로 하여 너희 믿음이 사람의 지혜에 있지 아니하고 다만 하나님의 능력에 있게 하려 하였노라(고전 2:2~5).

위의 구절 또한 전도는 합리적이거나 이성적으로 하는 것이 아니라, 미련해 보이더라도 우직하게 성령의 역사만을 바라며 실천하는 것이라는 주장의 근거로 자주 인용된다. 이런 주장에는 몇 가지 동의할 수 있는 진리도 있다. 일단 기독교 신앙에 이르는 길은 오직 믿음뿐이라는 것이다. 인간은 논리적이고 합리적으로 수긍이 되어서 하나님의 존재나 예수님의 죽음과 부활을 믿게 되는 것이 아니다. 우리는 이해해서 믿는 것이 아니라, 믿음으로서 이해하게 된다. 안셀무스는 '이해를 추구하는 신앙'(faith seeking understanding)이라는 말로 이를 표현했다. 인간의 모든 판단에는 믿음이 전제될 수밖에 없다. 여기서 말하는 믿음은 맹신이나 광신이 아니다. 우리는 무언가를 믿은 다음에 이성적 판단을 실행한다. 예를 들어, 생명의 기원이 오랜 과정과 우연의 복합적 결과인지, 아니면 조물주의 설계로 인한 것인지는 그 누구도 증거할 수 없다. 이는 오직 믿음의 영역이다. 어느 것을 믿음으로 받아들일 것인가의 문제다. 그런 의미에서 기독교 신앙은 근본에 믿음이라는 선택을 전제하고 있다.

그 믿음은 합리적 추론의 결과라기보다는 그냥 믿어진 것이다. 따라서 기독교 신앙에서는 근본적으로 이 믿음을 하나님의 영이 우리 안에 거하심으로 말미암아 주어지는 선물로 본다. 20세기 기독교의 최고 변증가인 C. S. 루이스도 이러한 경험을 이야기한 바 있다. 그는 예수님이 우리 죄를 대신해서 죽으셨으며, 다시 살아나심으로 우리의 구세주가 되셨다는 사실이 믿어지지 않았다. 그러다가 하루는 루이스가 형과 함께 동물원에 가게 되었다. 형이 오토바이를 몰고, 루이스는 그 옆의 사이드카에 들어가서 1시간 정도 동물원을 향해 달렸다. 그런데 루이스가 기억하기로, 분명히 자신이 동물원을 향해 떠나기 전에는 예수 그리스도가 구세주라는 사실이 믿어지지 않았는데, 1시간 뒤 동물원에 도착한 다음에는 믿어지더라는 것이다! 그 중간 과정에서 특별하게 논리적으로 추론을 했던 것은 아니다. 그냥 믿어지게 되었다. 믿음은 이와 같이 선물로 우리에게 주어진다. 따라서 인간의 지혜나 설득력 있는 말이 아니라, 성령의 능력으로 우리의 마음이 신비하게도 바뀌는 것이다. 믿음이 생기는 것이다!

그렇다고 해서 고린도전서 1장과 2장이 계획도 없고 지혜도 없는 전도방식을 무조건 옹호한다고 보는 것은 무리다. 특히 적잖은 설교자들이 고린도전서에서 바울이 말하는 '전도의 미련한 것'을 사도행전 17장에 나오는 그의 아테네 전도와 대조해서 해석하곤 한다. 바울은 아테네의 철학자들을 상대로 이성적인 기독교 변증을 시도했다. 특히 그는 아테네인들의 종교성을 칭찬하며 그들이 '알지 못하는 신에게'라고 어렴풋이 인식했던 그 신을 전해주겠다며 종교철학적 접촉점까지 활용했다. 고린도전서 1장과 사도행전 17장 사이의 연관성을 주장하는 이들은 바울이 이와 같이 논리적이고 철학적인 변증 전도를 실시했지만 아테네 선교가 실패로 돌아갔다고 선언한다. 바울의 변론을 들은 아테네 철학자들은 그를 조롱하며 나중에 듣자고 미뤘고, 바울이 전하는 예수 그리스도를 거부했다. 게다가 바울 자신도 이후에 다시 아테네를 재방문하지도 않았으며, 그곳에 교회를 세웠다는 기록도 사도행전에 남아 있지 않다. 이와 같이 아테네 전도를 실패하여 충격 받은 바울이 그다음 선교지인 고린도(행 18:1)로 가서 비로소 자신의 종교 철학적 접근을 반성하고, 이제는 오로지 예수 그리스도의 십자가 외에는 아무 것도 알지 아니하겠다(고전 2:2)고 선언한 것이 고린도전서 1장 내용의 본질이라는 것이다. 이때부터 바울은 다시 그리스도의 복음만을 전하고 인간의 지혜를 구하지 않는 쪽으로 급선회했다는 주장이다.

결국 이러한 주장에서는 복음 전도와 인간의 지혜가 대립된다. 전도는 오직 예수 그리스도의 십자가만 전하면 될 뿐, 그 어떤 전략이나 계획도 불필요하다. 과연 고린도전서는 사도행전에서 아테네 전도에 실패한 것을 반성적으로 바라본 것일까? 아니, 아테네 전도는 과연 실패한 것일까? 만일 아테네 전도가 실패한 것이 아니라면, 고린도전서에서 말하는 전도의 미련한 것은 무엇을 말할까?

먼저, 아테네 전도가 과연 실패한 전도인지에 대해서 짚고 넘어가자. 개인적인 견해를 먼저 밝히자면, 나는 아테네 전도가 실패했다고 볼 만한 근거가 매우 빈약하다고 본다. 첫째, 바울의 변론 뒤에 그 자리에 있던 모든 아테네인들이 바울의 메시지를 조롱하고 거부하진 않았다. 사도행전의 기자인 누가는 바울이 아레오바고를 떠날 때 그곳 관리인 디오누시오와 다마리라는 여성을 비롯한 여러 사람들이 믿었다고 전한다(행 17:34). 일반적으로 누가가 사도행전에서 바울의 선교 여정을 기록할 때는 대표적인 회심자를 한 명만 제시한다. 구브로에서는 총독 서기오 바울(행 13:4~12)을, 빌립보에서는 루디아(행 16:11~15)를, 빌립보 감옥에서는 간수(행 16:25~32)를, 고린도에서는 회당장 그리스보(행 18:8)를 거명한다. 그러나 아레오바고 변론 뒤에는 회심자의 이름을 예외적으로 두 명을 열거하였다. 이는 비록 아테네가 바울이 원래부터 사역하고자 했던 선교지가 아니라 실라와 디모데를 만나기로 했던 중간 기점이긴 하지만(행 17;14~16), 그곳에서의 선교 성과가 결코 다른 도시에 비해서 떨어지지 않았음을 보여주는 대목이다.[5]

둘째로, 바울이 고린도전서에서 전도의 미련한 것이라는 표현을 쓰며 인간의 지혜로 복음을 전하지 아니하겠다는 발언을 한 배경이 아테네에서 전도에 실패했기 때문이라면, 아테네에서의 사역과 고린도전서 사이에 직접적인 연관성이 있어야 한다. 그러나 바울이 아테네를 거쳐 고린도로 간 것은 사실이지만, 고린도전서가 아테네 사역의 실패 후유증을 담고 있다는 추론은 시기적으로 타당성이 매우 적다. 일단 사도행전 18장의 증언을 보면 바울은 고린도에서 최소한 1년 6개월 이상의 시간을 보내며 생업과 사역을 함께했다(행 18:11). 고린도전서의 내용을 보면 그 시기는 적어도 바울이 고린도 교회를 개척하고 떠난 뒤에 상당시간이 흐르면서, 어느 정도 교회가 정착이 되어가고 회중 안에서 여러 문제들(분파, 음행, 음식, 차별 등)이 불거진 이후의 상황임을 알 수 있다. 중요한 사실은, 고린도전서가 바울이 고린도 교회에 보내는 첫 번째 편지가 아니라는 점이다! 바울은 고린도전서에 앞서서 다른 편지를 고린도 교회에 보낸 바 있다(고전 5:9, '내가 너희에게 쓴 편지에'). 또한 고린도 교회는 바울의 편지를 받은 다음에 그들이 안고 있는 그리스도인의 윤리적 문제에 대해서 질문을 담아 편지로 왕래하였다(고전 7:1, '너희가 쓴 문제에 대하여 말하면'). 즉, 고린도전서가 집필되기 전, 이러한 서신의 왕래가 있던 점을 고려할 때 고린도전서와 아테네 사역과의 연관성은 더더욱 약해진다.

    셋째로, 누가가 과연 바울의 아레오바고 변론을 실패한 설교로 보여주고자 기록했을까 하는 점이다. 사도행전 17장의 아레오바고 법정 변론은 바울의 대표적인 3대 전도 설교로 분류된다. 사도행전 13장 16절부터 41절까지에서 나오는 비시디아 안디옥 회당에서의 설교와 14장 14부터 17절까지에서 나오는 루스드라에서의 설교, 그리고 아레오바고의 설교가 이에 속한다. 비시디아 안디옥 회당에서의 설교는 주로 유대인들과 경건한 헬라인들을 대상으로 했기에 구약의 이야기로부터 예수 그리스도로 이어지는 구원의 언약사를 전개했다면, 루스드라와 아레오바고에서의 설교는 이방인들을 대상으로 창조주 하나님으로부터 논증을 전개한다. 루스드라의 설교가 짧은데 반해, 아레오바고 설교는 긴 호흡으로 논리를 갖춘 예비적 복음 전도의 성격이 강하다. 이는 이방인 선교의 문지방을 넘어서는 바울의 사역과 메시지를 잘 보여주는 변증적 설교의 예라 할 수 있다. 바울의 아테네 선교가 실패한 것이라면 누가는 왜 아무런 언급도 없이 이렇게 긴 설교문(행 17:18~31)을 남겼을까? 오히려 아레오바고의 변론은 구약적 배경이 전혀 없는 이방인들과 어떻게 대화의 접촉점을 만들어서 복음을 전해야 하는지 가르쳐주는 좋은 지침이 된다.

그러면 이제 다시 본래의 질문으로 돌아가서 고린도전서 1장과 2장에서 바울이 말하는 바의 진의를 살펴보자. 바울은 왜 '전도의 미련한 것'(고전 1:21), 또는 '내 전도함이 설득력 있는 지혜의 말로 하지 아니하고'(고전 2:4)라는 말을 사용했을까? 이 말의 의미를 제대로 알기 위해서는 고린도전서의 배경이 되는 두 가지 상황을 염두에 두어야 한다. 하나는 고린도 교회 내부의 분파 논쟁이며, 다른 하나는 당시 고린도 시에 유행하던 후기 소피스트 학파의 영향력이다. 먼저, 바울이 예수 그리스도와 십자가 외에는 아무것도 알지 아니하겠노라고 한 것은 명백하게 고린도 교회의 분쟁에 대한 충고이자 해법이다.

고린도 교회의 교인들이 아볼로의 학식을 따르거나 베드로의 정통성을 따라 서로 나뉘고 갈라서는 모습에 대해서, 바울은 이 모든 분파들은 인간의 이름과 육신을 자랑하는 것으로서 십자가에 달리신 그리스도의 모범과 적대되는 것이라고 강력하게 질책한다. 교회의 본질은 그리스도의 주되심을 선포하며 그의 하나님 나라 복음을 전하는 일인데, 그 일은 근본적으로 인간의 학벌과 지혜가 아닌 십자가에 자기 자신을 내어주신 예수 그리스도의 무모한 희생에 기반하고 있음을 말한다. 여기서 바울이 말하는 '전도'의 의미도 교회 밖 사람들을 교회로 데려오는 특정 활동으로서의 전도가 아니라, 고린도 교회의 존립 기반인 복음의 선포, 또는 복음의 가르침으로서의 전도를 말한다. 즉, 그들이 믿고 가르치며 전하는 복음의 메시지가 인간의 지식이냐, 아니면 그리스도의 십자가로 드러난 하나님의 신비한 지혜냐 하는 것이다.

    자기 자신을 버리신 십자가의 대속적 희생에 그리스도인의 삶이 기초한다면 감히 인간의 전통을 따라 자랑하고 다른 이들을 무시할 수 있을까? 그런 의미에서 전도의 미련한 것은 십자가를 말한다. 유대인에게는 저주받아 죽은 자의 상징이기에, 헬라인들에게는 가장 수치스럽고 패역한 죽음의 상징이기에 십자가는 세상의 눈으로 보기에 미련한 것이다. 그러나 수치와 패배의 상징인 십자가를 하나님께서는 예수 그리스도로 말미암아 승리와 구원의 상징으로 바꾸셨다. 이러한 신비한 십자가의 사건이야말로 오직 성령의 능력으로만 이해되고 경험된다. '전도의 미련한 것'은 바로 이와 같은 십자가의 원리를 바탕으로 한 겸손과 섬김의 복음적 삶을 나누며 전하라는 의미이지, 무례하고 고집스러운 방식으로 사람들에게 복음을 전하라는 권면이 아니다! 전도의 미련한 것은 오히려 기독교의 이름으로, 또는 하나님의 이름으로 세상 사람들을 함부로 정죄하거나, 기독교의 이익과 명분을 위해서 세상에 기독교적 세력을 행사하지 말라는 의미로도 해석될 수 있다. 그것은 십자가의 정신이 아니라, 세상의 권력과 술수에 힘입은 전략일 뿐이다. 그러한 행동들이야말로 전도를 변질시키고 복음을 왜곡하는 행동들이다.

고린도전서 1, 2장을 이해하는 데 중요한 또 하나의 배경은 당시 그리스-로마 사회를 풍미했던 후기 소피스트들의 활동이다. 고린도전서 2장 1절부터 5절을 보면 바울은 자신이 고린도 교회 교인들에게 나아갔던 이야기와 자신의 전도 방식을 설명한다. 이는 당시 고린도에서 활발하게 자신들의 사상을 설파했던 소피스트 철학자들과 수사학 및 웅변술에 경도된 이른바 '슈퍼 사도들'의 의사소통 방식에 비추어 이해할 필요가 있다.

고린도전서 2장 1절의 '내가 너희에게 나아가'라는 구절은 단순한 움직임을 기술한 것이 아니라, 후기 소피스트 웅변가들의 행태를 지칭하는 관용구로 볼 수 있다. 소피스트 철학자들은 어느 도시를 처음 방문하면 화려한 웅변 솜씨로 자신들의 사상을 전파해서 사람들을 매료시키곤 했다. 그 당시 최고의 학문은 대중을 설득하는 수사학이었기에, 당대의 사상가들은 인간의 지혜를 설득력 있게 전하는 일을 매우 중시했다. 도시를 순회하는 후기 소피스트 사상가들의 광장 연설은 당시 그리스-로마 도시 시민들에게는 아주 인기 있는 엔터테인먼트였다. 그들은 탁월한 수사적 기술을 동원하여 자신들의 철학을 매력적으로 제시하면서 시민들의 인기를 모았고, 인기가 높아지면 한 도시에서 관원들과 계약을 맺고 돈을 받으며 가르치곤 했다. 후기 소피스트 철학자가 방문하면 철학과 수사학을 공부하는 학생들은 그를 맞이하여 접대하고 공공 강연 자리를 마련하기도 했다. 또한 소피스트들은 도시 공관이나 회합지에서 서로 웅변 경쟁을 벌이기도 했다. 사람들은 자신들을 매료시킨 소피스트들에게 돈을 지불하면서까지 그들이 전하는 이야기를 듣고 싶어 했다.

이러한 배경 속에서 당시 바울도 고린도 시민들에게는 또 하나의 웅변가로 보였을 것이다. 그러나 바울은 그의 삶과 행동이 당대의 웅변가와 설교자들과 달랐다. 우선 바울은 자신이 복음을 전한 것에 대한 대가를 거절함으로 이들과 차별을 보인다. 고린도의 명성 있는 웅변가들과 설교자들이 화려한 언변과 논리를 뽐내며 수사학적 기교에 의존하여 사람들의 찬사를 듣고 자신들이 사람들 가운데 중심이 되기를 열망했으나, 바울은 오직 십자가에 달리신 그리스도만을 알고 전하며 그를 중심으로 모시는 겸손을 의지하였다. 그는 수사학 전체를 거부한 것이 아니라 인간적 지혜와 기교로 설교를 채색하는 슈퍼 사도들과 소피스트적 영향력을 거부했다고 볼 수 있다.[6] 무엇보다도 일목요연한 논리체계와 효과적인 전달 기술에서 복음 전도의 능력을 발견한 것이 아니라, 그리스도의 십자가와 성령의 능력에 대한 확신에 전도가 달려 있음을 그는 역설한 것이다.

지금까지의 이야기를 종합해볼 때, 우리는 신약성경에서 전도의 명령이 우리가 흔히 생각하는 것처럼 억지스럽고 사회적 예의에 어긋나는 행동이 아니었음을 확인하게 된다. 전도는 사람으로 하여금 신앙에 동의하게 만드는 특정한 기법이나 교회로 사람을 동원하기 위한 행사가 아니라, 기독교 신앙의 근본인 복음을 선포하고, 가르치고, 복음적 삶을 일관되게 구현해내는 교회 공동체의 실천이었다. 예수 그리스도 안에서 성취된 하나님 나라의 복음을 전하는 전도사역은 분명 교회의 존립 근거이며, 그리스도인의 삶에서 가장 숭고한 일이다. 그러나 이 숭고함의 무게 때문에 복음 전도사역이 강박증과 초조함으로 진행되어서는 안 된다. 왜냐하면 인간의 영혼을 변화시키는 사역의 주체는 삼위일체 하나님이시기 때문이다. 예수께서 승천하신 이후로, 우리와 함께 하나님의 구원 사역을 이끄시는 분은 성령이시다. 사도행전이 성령행전으로 불린다는 사실은 복음 전도의 가장 우선되는 과제가 성령과의 동행임을 보여준다. 인간이 아무리 급하고 주도면밀하게 한다고 해도 전도의 효과가 더 높아지지는 않는다. 경험상 아무리 애쓰고 권해도 요동치 않는 불신자들이 얼마나 많은가?

물론 우리는 복음을 전할 준비가 되어있어야 하며(벧전 3:15), 세월을 아껴서 외인에게 복음을 전하는 긴박감도 지녀야 한다(골 4:5). 그러나 복음 전도의 사역은 교회의 교회됨이며, 신자의 신자됨이다. 복음 전도는 우리의 총체적 삶과 결코 분리될 수 없다. 교회의 주요 사역들인 말씀선포, 교육, 예배, 친교, 봉사가 모두 복음을 중심으로 이루어지며, 그 복음을 증거하고 선포하는 통로가 되어야 한다. 모든 교회와 신자는 증인으로 부름 받았다. 엄밀히 말해서, 이는 말로 증거하라는 것이 아니라 증인의 삶을 살라는 소명을 받은 것이다. 성 프란시스코로부터 전해지는 저 유명한 경구는 이러한 사실을 더욱 확증해준다. "항상 복음을 전하라. 필요하다면 언어를 사용하라."(Preach the gospel at all times. If necessary, use words.)

선교, 전도의 숲

사실 성경 전체는 선교적으로 해석되어야 한다. 선교란 하나님이 유일하신 통치자이시며, 그분이 지으신 이 피조세계를 회복하고 구원하시겠다는 약속이 예수 그리스도 안에서 성취되었음을 세상을 향해 증거하는 행위다. 사실 성경 전체가 바로 이러한 이야기를 힘 있게 전하지 않던가? 그래서 크리스토퍼 라이트는 "성경 전체를 선교적으로 해석하면, 대위임령 같은 위대한 선교 명령에만 사로잡히거나, 사람들이 주장하는 이러저러한 우선순위(예를 들면, 복음 전도 혹은 사회참여, 혹은 해방 혹은 교회의 명령만 유일한 '진짜' 선교라고 보는 것)를 강요하려 들지는 않을 것"[7]이라고 말한다. 우리는 복음 전도를 하나님의 선교적 계획이라는 큰 틀에서 보지 않고, 멸망할 이 세상에서 예수를 믿어서 도피처를 얻는 것으로 제시하지 않았던가. 그러니 예나 지금이나 교계에서는 복음 전도와 사회참여를 놓고 무엇이 더 중요하냐, 무엇이 더 우선이냐는 소모적 논쟁이 계속될 수밖에 없다. 전도는 예수 그리스도의 죽음과 부활로 이 땅에 구현된 하나님의 공의롭고 사랑스러운 통치를 선포하고 증거하며, 그것을 믿고 제자도로 응답하도록 요청하는 일이다. 따라서 전도는 교회의 모든 삶과 언어를 통해서 이루어진다. '전도'라고 하는 특정한 사역 기법이 교회의 예배와 삶과 별도로 존재하는 것은, 오히려 전도를 특정인들만의 행위로 전락시킬 우려가 있다.

그동안 전도가 길거리에 나가서 낯선 사람들에게 다가가 복음을 제시하는 행위라고 보거나, 또는 사람들에게 복음의 개요를 낭독해주고 죄를 고백하고 영접 기도하게 하는 몇 가지 순서로 전락하곤 했다. 다시 말하지만, 이러한 행동들은 복음과 하나님의 나라라는 성경의 거대 드라마를 사람들에게 전해주는 여러 방법 중의 하나일 뿐이다. 복음 전도는 말 그대로 '복음'이 무엇이냐 하는 것에 깊이 뿌리 내려야 한다. 예수 그리스도의 복음은 갑자기 신약 시대에 툭 튀어나온 것이 아니다. 그 복음은 오래 전 아브라함에게 알려졌고 구약을 통해서 계속 전해진, 염원이 담긴 것이었다. 하나님께서 아브라함을 부르신 목적은 그로 큰 민족을 이루어 모든 족속이 그로 말미암아 복을 받게 하기 위한 것이었다. 이러한 아브라함의 선교적 프레임 안에서 예수님의 복음을 이해해야 한다. 그래서 크리스토퍼 라이트는 마태복음 28장 19절부터 20절에 나오는 이른바 대위임령은 원래 아브라함의 위임령이었던 '복이 되라'는 말씀을 기독론적으로 바꾼 것이라고 주장한다.[8]

나는 더 나아가 창세기 12장의 약속을 더욱 근원적으로 고찰해볼 때, 아브라함을 부르심은 창세기 1장 28절의 문화명령을 반영한다고 본다("생육하고 번성하여 땅에 충만하라 땅을 정복하라"). 하나님의 형상으로 지음 받은 인간에게는 하나님의 선한 창조 의도대로 땅에 충만하여 땅을 다스리는 청지기적 소명이 주어졌다. 불순종으로 인간은 그와 같은 하나님의 계획을 온전히 실행할 능력과 자격을 상실했지만, 하나님의 은혜로 택함 받고 부름 받은 아브라함과 그의 자손을 통하여 창세기의 문화명령은 이스라엘 민족을 중심으로 유효하게 간직되어왔으며, 만유의 주 되신 예수 그리스도 안에서 다시 열방으로 확대된 것이다.

문화명령과 전도의 명령을 별개의 명령으로 취급하는 관점은 세상에 대한 하나님의 온전한 계획을 지나치게 단편적으로 보는 것이다. 문화명령과 대위임령은 각각 별도로 주어진 명령이 아니라, 대위임령 안에 문화명령의 갱신이 포함되어 있는 것이다. 그동안 대위임령을 강조하는 이들은 영혼 구원에 절대 가치를 부여하면서 문화명령은 부차적이거나 심지어는 세상적이고 육적인 일로 취급하는 경향이 있었다. 또 다른 한쪽에서는 세상에 대한 기독교의 책임을 강조하면서 교회가 자기 조직을 불리기 위해서 전도에만 치중하였다고 비판한다. 그러나 문화명령과 대위임령은 같은 선상에 위치한다. 그리스도인들은 예수 그리스도의 죽음과 부활로 이루어진 하나님의 통치를 삶의 모든 영역에서 증거하고 구현함으로써 사람들을 복음의 공동체로 인도해야 하는 것이다. 문화명령은 대위임령의 실체이며, 대

위임령은 문화명령의 열쇠다. 결코 한편이 더 높아지면 다른 한편은 낮아지는 시소게임이 아니다.[9]

대위임령에서 '제자를 삼고 세례를 주며 가르쳐 지키게 하라'는 교회를 배경으로 이루어지는 일이다. 그리고 교회는 하나님의 언약 백성이자 모델 민족인 이스라엘을 갱신하는 곳이다. 원래 이스라엘의 선택은 홀로 구원받고 복 받기 위한 배타적 특권이 아니라, 살아계신 하나님의 사랑과 공의를 보여주는 모델 공동체가 되는 것이었다. 이제는 예수 그리스도를 믿음으로써, 혈육의 이스라엘이 아닌 새로운 하나님의 언약 백성들이 모이는 교회가 하나님의 통치와 사랑을 증거한다. 따라서 교회는 원래 아브라함에게 주어진 세상을 향한 복의 근원이 되는 선교적 사명을 잇는 것이다. 따라서 복음 전도는 우리의 삶 전 영역에서 이루어지고, 특히 교회가 대안적 공동체로서의 역할을 함으로써 공동체의 삶 그 자체가 복음의 메시지가 된다.

온전한 회심, 전도의 목표

이처럼 선교를 확대하여 인식한다면, 전도란 무엇일까? 이른바 '영혼 구원'을 초점으로 삼는 전도는 여전히 그 무게 중심을 유지할 수 있을까? 아니면 전도는 과거의 교회가 이원론적이며 내세 지향적으로 편협하게 구분하여 과대평가하고 편파적으로 실천했던 것이라고 해야 할까? 이쯤에서 우리는 전도가 무엇을 목표로 하는가에 좀 더 관심을 가질 필요가 있다. 흔히들 전도는 불신자를 교회로 '데려오는 것', 또는 예수 믿겠다는 동의를 받아내는 것 정도로 본다. 그런데 성경은 전도의 이야기를 그와 같이 교회 회원 확장이나 결신 고백 수준에서 그리고 있지 않다. 아니, 성경은 사람들을 교회로 끌어 모으는 특정한 행위로서 전도에 별 관심이 없다고 말해야 정확하다. 왜냐하면 성경은 하나님과 예수님의 부르심을 받고 나온 사람들이 '어떻게 변화되었는가?'에 관심을 두고 이를 상세히 이야기하기 때문이다. 구약에서 이는 하나님의 신실한 언약 백성이 되는 삶이었고, 신약에서는 예수님의 제자, 혹은 하나님의 자녀가 되는 과정이었다. 성경은 이렇게 변화된 삶의 과정에 초점을 둔다. 예수님과 연합하여 하나님의 성품에 참여하는 자들과 그들이 함께 지어져 가는 공동체에 관심이 있지, 많은 교회와 목회자들이 현실적으로 관심 갖는 것처럼, 어떻게 하면 사람들을 더 많이 교회로 오게 할 것인가가 1차적 과제가 아니었다.

이런 의미에서 전도는 '회심'을 목표로 삼는다. 회심은 '결신'이라는 단어와 구분하여 사용해야 한다. 종종 개인적인 전도 자리나 전도 집회에서 결신하는 장면들을 볼 수 있다. 결신(faith decision)은 보통 자기 입술로 예수를 구주로 믿겠다는 고백을 하고 회개와 영접의 기도를 하는 것으로 이루어진다. 전도 집회에서는 예수를 영접하고 따르기로 서약한 사람들에게 일어서게 하거나 앞으로 나오라고 초대하는 식으로 결신 의식을 행한다. 물론 결신은 신앙여정에서 중차대한 순간이다. 그러나 결신은 예수께로 나아오는 회심의 한 과정에 불과하다. 가장 중요한 순간이긴 하지만, 결신 전에도 의미 있는 탐구의 과정을 거치는 게 일반적이며, 또한 결신했다고 한 다음에도 지속적인 영적 씨름과 헌신이 요구된다. 그리스도인이 된다는 것은 그리스도와의 연합된 삶으로 나아가기 위해 계속되는 과정이지, 한 번의 결신 사건으로 종료되지 않는다. 회심은 온전한 그리스도인의 삶으로 출발하는 것이다. 그리스도의 제자이자 하나님의 자녀들에게 약속되고 요구되는 충만한 삶으로 나아가는 출발점이지, 회심 자체가 신앙의 목적이 아니다. 진정한 회심은 그리스도인으로 하여금 하나님을 아는 지식이 더욱 자라고, 죄 용서의 기쁨을 지속적으로 맛보게 해주고, 자신의 인생 주권을 그리스도께 드리고, 교회 공동체와 성례전에 성실하게 참여하며, 성령의 은사를 따라 세상을 섬기는 삶을 시작하게 한다. 회심은 위로부터의 능력으로 새로운 생명으로 거듭나는 일이다.

  복음 전도사역은 이와 같이 온전한 의미에서의 회심을 목표로 해야 한다. 그런 의미에서 전도자는 사람들을 교회로 데려오거나 등록시키는 것 이상의 책임을 안게 된다. 목회자와 교회 지도자들은 특히 이와 같은 회심의 총체적 특성을 인식하고 복음 전도의 사역을 구상해야 한다. 회심은 마음을 바꾼다는 뜻이며, 여기서 마음을 가리키는 '심'(心)은 감정 상태를 말하는 것이 아니라, 인간의 지성, 의지, 감정이 모두 집결하여 방향을 잡게 해주는 핵심적 장소를 말한다. 마음이 어떠한가에 따라서 인간의 전 존재가 결정된다. 회심은 인생의 목적, 방향, 열정을 하나님께로 돌리며, 그리스도를 전적으로 의지하는 과정을 경험하는 것이다. 전도사역은 사람들이 이러한 생의 근본적 변화에 들어서도록 돕는 일이다.

선교와 전도, 무엇이 다른가?

그러면 선교와 전도는 어떻게 구분해야 할까? 전통적으로 선교는 해외나 타문화권에서 복음을 전파하는 것으로, 전도는 국내에서 복음 전하는 것으로 보는 오래된 이해가 있었다. 그러나 이제 이와 같은 구분은 크게 흔들리고 있다. 일단 오늘날과 같은 글로벌 시대에 더 이상 지리적 경계를 놓고 해외 선교와 국내 전도를 구분하는 것은 무의미해졌다. 지리적 거리의 축소보다 더 중요한 사실은 '선교' 개념의 변화였다. 과거에는 (아니 지금까지도 종종) 선교와 전도가 별 차이 없이 사용되었다. 전도와 선교 모두 궁극적으로 '영혼 구원'이 주된 목적일 뿐이었다. 그런데 최근에 이르러, 예수 그리스도 안에서 하나님 나라의 도래를 증거하고 하나님 나라의 통치를 증거하는 삶이 선교의 중요한 실체라는 인식이 높아졌다. 왜냐하면 선교는 교회가 세상을 향하여 증거하는 모든 것이기 때문이다. 과거에도 선교사들이 가난한 나라들에 가서 학교, 병원, 구제 기관 등의 사역을 하였다. 그러한 문명 개량 사업들은 주로 효과적으로 복음을 전하기 위한 도구로 사용되거나, 기껏해야 그리스도의 사랑과 긍휼을 베푸는 시혜적 차원에서 행해졌다. 그러나 이제는 이러한 '선한 일들'이 단순히 부수적이거나 도구적인 존재에 머무르지 않고, 하나님 나라의 통치로 말미암아 변화된 삶, 또한 궁극적으로 다가오는 하나님 나라의 완전한 질서를 미리 맛보는 삶으로 인식되었다. 그러면서 선교는 교회가 세상을 향해서 그리스도의 부활로 말미암아 하나님 나라가 도래했음을 믿고 살아가는 모든 일이 되었다. 단순히 영혼 구원의 사역뿐 아니라, 교육 혜택이 부족한 곳에 양질의 학교를 세우고, 병든 자들이 많은 곳에 병원을 세우며, 불의하고 부당한 세상 속에서 공의로운 길을 선택하고, 오염과 공해로 신음하는 피조세계 속에서 생태적 삶을 실천하는 것들이, 하나님의 형상으로 지음 받은 인간과 피조물들이 온전히 회복됨을 신뢰하고 소망하는 표현인 것이다. 교회가 내적으로 실천하는 가장 중요한 일이 예배의 공동체를 이루는 것이라면, 교회가 외적으로 증거하고 봉사하는 모든 일은 선교적 삶이 된다. 한 가지 중요한 원리는 이러한 선교적 사명의 실천은 반드시 그리스도께서 보여주신 '섬김의 도'(마가복음10장)를 따라야 한다는 점이다.

선교가 세상을 향한 하나님 나라의 증거이며, 전도가 인간의 회심을 추구하는 사역이라는 이 관계를, 데이나 로버트(Dana Robert)가 몸과 심장의 관계로 잘 설명한 바 있다.[10] 선교가 총체적 사역이라는 측면에서 몸에 비유할 수 있다면, 전도는 생명을 공급한다는 측면에서 심장과 같다는 의미다. 몸에는 여러 지체가 다양한 기능들을 한다. 눈은 보며, 귀는 듣고, 혀는 맛을 보며, 손은 작업을 하고, 발은 걷는다. 이 모든 지체들은 각기 다양하게 다른 활동을 한다. 그러나 모든 지체들이 기능을 하기 위해서 공통적으로 필수불가결한 요소는 바로 심장으로부터의 혈액 공급이다. 각기 지체들의 활동들이 달라도 심장으로부터 전해지는 생명력이 없이는 지속될 수 없다. 선교는 몸과 같다. 선교는 시대와 상황에 따라 다양한 차원의 사역이 필요하다. 하나님 나라를 증언하는 선교 사역에는 교육, 의료, 환경운동, 정의구현 등이 포함될 수 있다. 그러나 이 모든 선교적 실천들에 생명력을 공급하는 것은 바로 복음 전도다. 그리스도를 믿음으로 하나님의 은혜와 구원을 의지하는 인간으로 거듭남이 없이 선교는 지속적인 추동력을 지닐 수 없다. 또한 세상을 향해서 아무리 선한 삶으로 복음을 증거하며 봉사를 한다 하더라도, 인간의 가장 근원적이고 종국적인 문제인 죄 용서와 예수 그리스도의 구원이 전해지지 않는 한 늘 인간 의존적인 한계와 실망에 이를 수밖에 없다. 그래서 복음 전도는 교회의 선교적 사명을 생성하고 지속하는 근원적 생명력을 제공한다고 볼 수 있다.

선교가 총체적 차원의 사역이라면 전도는 그 핵심을 이루는 실천이다. 단순히 크고 작은 규모의 차이의 문제이거나, 또는 선교와 전도가 주종관계를 이루는 것은 아니다. 선교가 하나님 나라의 사역을 포괄적으로 수반한다면, 전도는 그 가운데 가장 중추적이라 할 수 있는 인간의 근원적 변화를 위한 사역이다. 따라서 전도는 인간에게 초점을 맞추며, 하나님과 인간의 관계를 다루게 된다. 하나님 나라의 선교라는 프레임 안에 견고하게 중심을 잡고 있으면서, 복음 전도사역은 한 사람 한 사람의 깊은 마음 속 문제에 접근한다. 따라서 전도사역은 그 어떤 사역보다 프로젝트나 과업 중심이 아니라 관계 중심

이어야 한다. 과업을 성취하거나 명령에 무조건 복종한다는 동기보다는, 인간을 향한 지극한 애정에서 비롯되어야 한다. 관계 중심적인 전도라고 해서 관계를 도구화해서 전도라는 목표를 이루자는 의도로 해석되면 곤란하다. 관계에서는 인간에 대한 관심과 예의가 중요하다. 나와 함께 있는 사람이 신자냐, 불신자냐를 떠나서 먼저 그리스도인은 하나님의 엄청난 사랑을 받은 자답게 다른 이들을 용납하고 긍휼히 여기는 마음을 깊이 새겨야 하고, 바로 여기서부터 전도가 흘러나와야 한다. 이와 같이 핵심적이고 관계중심적인 전도사역을 효과적으로 수행하기 위해서는 '성품의 매력'이 더할 나위 없이 중요해진다. 또한 인간을 향한 이해와 바른 시각도 요청된다. 인간과 인간의 관계는 항상 바탕에 형성된 인간관을 기반으로 해서 작용하기 때문이다.

다시 힘주어 말하자면, 복음 전도를 가리키는 대위임령은 하나님을 사랑하고 이웃을 네 몸과 같이 사랑하라는 예수님의 대 계명에 먼저 근거를 두어야 한다. 하지만 분명히 명심해야 할 것이 있다. 그것은 바로 하나님 사랑과 이웃 사랑의 계명은 '하나님께서 우리를 사랑하셨다'는 은혜의 대 전제 아래 가능해진다는 사실이다. 만일 하나님의 은혜로운 사랑과 긍휼이라는 대전제가 없다면, 예수님의 이중 사랑 명령도 다른 종교나 인본주의적 가르침과 크게 다를 바 없다. 오해하지 말자. 하나님 사랑과 이웃 사랑은 '복음'이 아니다. 그것은 복음으로 말미암아 완성된 율법이다. 복음은 하나님께서 그리스도 안에서 우리를 아무 조건 없이 사랑하고 용납하셨다는 사실이다. 하나님의 지극한 사랑을 받은 인간만이 그 사랑에 응답하여 하나님을 사랑하고, 하나님의 형상으로 지음 받은 다른 인간들을 사랑할 수 있다.

오직 큰 사랑을 받은 경험과 확신만이 우리로 하여금 다른 이들을 사랑할 수 있게 하며, 다른 이들을 사랑하는 행동의 핵심에는 복음 전도가 있다. 하나님의 통치는 예수 그리스도의 희생을 통해 최고의 사랑으로 나타났다. 따라서 복음 전도는 하나님과 사랑의 관계에 들어서는 것이며, 그 사랑은 하나님의 통치를 인정하고 예수 그리스도의 길을 따르는 제자도로 드러난다.

2장
예수와 바울에게 전도의 길을 묻다

✚

✚

✚

　예수님과 사도들, 특히 바울의 사역에서 우리가 배워야 할 전도에 관한 통찰은 무엇일까? 이는 한 장에서 다루기에는 벅찬 내용이다. 사실 예수님과 바울이 전도의 방법을 가르쳐주었다고 하기보다는, 오늘날의 회심과 전도의 관점에서 주목하고 적용할 만한 사역의 모습들을 관찰하고자 하는 것이다. 특히 이번 장에서는 신약시대의 전도를 다루려고 하기 때문에, 전도의 원론적인 논의뿐 아니라 좀 더 실제적인 차원에서 마무리를 짓고자 예수님과 바울의 전도를 간략하게 다뤄보고자 한다.

우리가 성경에서 전도의 예를 찾을 때, 상황을 가리지 않고 무조건 내세를 위한 영생의 선물을 선포하는 것이 전도라고 생각하는 경향이 있다. 앞서 말했듯이, 듣든지 아니 듣든지 전도하라는 식으로 말이다. 그러나 예수님과 바울 사도의 전도 내러티브를 신중히 읽어보면 그와 같은 전도의 통념적 패턴을 따르지 않음을 보게 된다. 나는 3가지 관점에서 예수님과 바울의 전도를 조명하고자 한다. 첫째는 그들이 내세지향적인 메시지를 전했는가 하는 점이다. 복음 전도의 핵심은 '좋은 소식'이라는 메시지에 있는데, 무엇을 위한 좋은 소식인가 하는 것이다. 두 번째로 전도의 커뮤니케이션에 관한 것이다. 커뮤니케이션은 대상과 수용성을 고려해서 메시지를 맞춘다. 모든 종류의 사람들에게 일률적으로 동일한 메시지는 존재하지 않는다. 셋째로, 전도의 지속가능성(sustainability)이다. 회심이론에 의하면 한 사람이 새로운 종교로 입회하여 해당 종교의 교리와 생활방식을 체화시키는 데에는 상당한 시간이 요구된다. 사실상, 전도는 예수 그리스도의 제자로 부름 받은 것이며, 제자화가 이루어져야 전도가 완성된다고 볼 수 있다. 이와 같은 지속가능성의 차원에서 예수님과 바울은 전도에 어떻게 접근했을까 하는 점이다.

예수 그리스도의 정치적 복음

예수님과 바울의 하나님 나라 복음은 정치적이었다. 독자들은 '정치'라고 하면 매우 세속적이고 정략적인 성격의 활동을 연상할 수 있다. 그러나 정치는 우리 현실 삶의 모든 영역과 연결되어 있다. 정치라는 말은 원래 공동의 생활 방식을 말한다. 프로 정치인들과 제도 정당이 전유할 수 있는 용어는 아니다. 오히려 정치 혐오증이나 무관심이 만연해지는 것이, 대중의 지식과 관심을 차단하고 자기 이익과 욕망을 위해 정치를 남용하는 이들이 노리는 바다. 나는 정치를 현실 생활에 충실한 원칙과 패턴으로 본다. 그런 면에서 하나님 나라의 복음은 초월적인 동시에 정치적이다. 이 말은 예수님과 바울의 복음 선포가 단순히 현실에 초연하고 이 땅에서의 삶을 외면한 채 내세의 천국만을 지향하는 비정치적 메시지가 아니었다는 말이다.

예수님과 바울의 메시지는 철저하게 1세기 로마 제국의 지배 아래서, 황제 가이사의 명령과 약속을 의식하며 순응해야 하는 평범한 사람들에게 주어진 대안적 삶의 양식이었다. 예수님의 하나님 나라 사역을 가리키는 많은 용어들이 로마 제국 당시의 정치적 용어들이었다는 사실은 예수께서 선포하신 복음과 그를 따르는 제자들의 공동체가 겉으로 보이는 로마 제국보다 더 심오하고 근원적인 새로운 나를 지향한다는 것을 암시한다. 우선 '복음'에 해당되는 '유앙겔리온'은 로마 제국의 군대가 새로운 땅을 정복하여 그곳에 로마식 도시를 세우고, 로마의 은혜로 말미암아 더 이상 과거의 미개한 삶에서 해방되어 로마시민으로 살게 되었음을 원주민들에게 알려주는 황제의 포고를 뜻하는 단어였다. 복음서 중에 가장 먼저 기록된 마가복음은 그 첫 문장을 "하나님의 아들 예수 그리스도 복음의 시작이라"(막 1:10)

라고 적시하고 있는데, 여기서 '복음의 시작'은 철저하게 로마 제국의 정치적 용어였다.

기원전 9년경에 세워진 것으로 추정되는 프리에네(Priene) 비문을 보면 율리우스 시저(가이사)의 죽음 이후 내전으로 혼란스러웠던 로마 제국을 평정하고 강력한 통치권을 확립한 젊은 권력자 옥타비아누스에게 로마 원로원에서 '가장 존귀한 자'라는 의미의 아우구스투스(아구스도)라는 호칭을 내린다는 기록이 나온다. 비문은 로마 제국이 그간의 혼란과 분열 속에 있다가 신이 아우구스투스(옥타비아누스)를 보냄으로 말미암아 로마가 다시 평화와 질서를 회복했기에, 아우구스투스가 온 날을 '복음의 시작'이라고 불렀다.[1] 복음의 시작! 바로 이 단어를 몇 십 년 뒤에 마가는 예수님의 생애와 가르침을 서술하면서 진정한 복음의 시작은 아우구스투스가 아닌 예수 그리스도를 통해 임한 하나님의 나라임을 담대하게 선포한 것이다! 예수 그리스도의 복음은 정치적이었다. 이 세상을 무시하거나 도피하면서 죽음 이후의 영적인 삶을 말하지 않았다. 바로 지금 여기서의 삶이 예수 그리스도의 부활로 말미암아 하나님 나라의 통치 아래 있다는 소식이 바로 복음이었다.

이와 같은 예수 그리스도의 복음이 내포하는 정치적 성격은 복음서의 여러 기록들에서 잘 드러난다. 예를 들어, 가브리엘 천사로부터 수태고지를 받고 마리아가 엘리사벳을 방문하여 부른 찬가(Magnificat)에서도 복음의 정치-경제적 변혁을 향한 기대가 강하게 담겨있다. "그의 팔로 힘을 보이사 마음의 생각이 교만한 자들을 흩으셨고 권세 있는 자를 그 위에서 내리치셨으며 비천한 자를 높이셨고 주리는 자를 좋은 것으로 배불리셨으며 부자는 빈 손으로 보내셨도다."(눅 1:51~53) 또한 예수님의 탄생 시 천군 천사들이 "지극히 높은 곳에서는 하나님께 영광이요, 땅에서는 하나님이 기뻐하신 사람들 중에 평화로다"(눅 2:14)고 했던 찬양도 당시 가이사 황제를 칭송하던 찬가였다. 따라서 이제는 거짓된 신의 아들인 가이사가 아니라, 참된 하나님의 아들 예수 그리스도께서 제국의 압제 아래 신음하고 고통 받는 백성들을 해방시킨다는 것이 복음 안에 깊이 새겨진 취지라고 볼 수 있다.

복음의 대안 정치적 성격은 바울의 사역과 편지들에서도 나타난다. 일단, 사도행전을 기록한 누가는 바울이 그의 임박한 죽음 앞에서도 제국의 한복판에서 하나님의 나라를 담대하게 전파했다는 증거로 누가복음으로부터 이어지는 사도행전까지의 하나님 나라 이야기를 종결짓는다. "바울이 온 이태를 자기 셋집에 머물면서 자기에게 오는 사람을 다 영접하고 하나님의 나라를 전파하며 주 예수 그리스도에 관한 모든 것을 담대하게 거침없이 가르치더라."(행 28:30~31) 빌립보서에서도 바울은 미개인들로 가득한 제국의 광활한 동부 지역에서 로마의 시민권을 뽐내며 살아가는 빌립보 사람들에게 "우리의 시민권은 하늘에 있는 지라"(빌 3:20)라며 그들이 진정으로 충성하고 복종해야 할 대상은 로마의 황제가 아니라 예수 그리스도이심을 분명하게 권고한다. 또한 데살로니가전서에서 바울은 황제가 로마의 신민들에게 주는 약속이요 선물인 '로마의 평화'(팍스 로마나)와 '로마의 안전'(세쿠리테스 로마나)을 바라고 의지할 것이 아니라, 종말의 소망을 갖고 주의 오심을 준비하라고 권한다(살전 4:13~5:3).

복음 전도의 정치적 이해라는 측면에서 새롭게 인식해야 할 사실은 두 가지다. 첫째, 예수님과 바울에게 복음의 메시지는 현실적 배경을 무시한 채 진공상태에서 주어진 영생이나 천당의 메시지가 아니라, 로마 제국의 군사적 승리주의와 소비 쾌락주의의 유혹 아래 살아가는 사람들을 대안적 삶으로 초대하는 것이었다는 사실이다. 따라서 그리스도를 주로 섬기는 삶은 종종 가이사의 통치 질서와 불화를 초래하기도 하였다. 둘째로, 비록 당시 그리스도의 길을 가려면 제국에 저항하는 의식과 행동양식을 불가피하게 수반하기도 했지만, 그렇다고 해서 로마 제국을 악의 원흉으로 간주하고 제국을 전복시키는 것이 복음의 목표는 아니었다. 이는 신약성경의 여러 곳에서 하나님 나라의 초월성을 가리키는 것을 볼 때 분명하다. 예수께서는 그의 제자들에게 "악한 자를 대적하지 말라. 누구든지 네 오른편 뺨을 치거든 왼편도 돌려 대며 또 너를 고발하여 속옷을 가지고자 하는 자에게 겉옷까지도 가지게 하며 또 누구든지 너로 억지로 오 리를 가게 하거든 그 사람과 십리를 동행하고……"(마 5:39~41)라고 가르치셨는데, 이는 당시 로마 군인들이 유대인들을 경멸하면서 폭력을 일삼고 멋대로 강제 노동을 부여하던 상황과 연관해서 이해할 수 있다.

우선, 상대방의 오른편 뺨을 때리려면 왼손을 사용해야 한다. 그러나 고대사회는 오른손 사용을 정상적인 기능으로 간주했기에, 오른편 뺨을 맞았다는 것은 왼손이 아닌 오른손 등으로 맞았다는 의미이다. 이는 인간에 대한 가장 경멸적인 폭력의 표현이자, 당시 로마 군인들이 유대인들에게 종종 행했던 폭력의 형태로 짐작할 수 있다. 그러나 예수께서는 그에 대해서 치욕과 분노로 대항하지 말고, 오히려 다른 편 뺨을 돌려대는 비폭력적이자 굴종하지 않은 대응을 하라고 가르치신다. 또한 당시 로마 군대는 이동하는 중에 필요한 경우에는 식민지의 어느 곳에서 아무나 자신들의 장비를 들고 이동할 것을 명령할 수 있는 권한이 있었다. 이것이 바로 "억지로 오 리를 가게 하거든"의 배경으로 추측할 수 있다. 유대인들이 한창 바쁘게 농사를 짓거나 가족의 생계를 위해서 필사적으로 일하고 있는데, 로마 군인들이 그들의 사정은 아랑곳하지 않고 강제로 짐을 지우고 부역에 차출하는 경우가 생긴다. 이럴 때 유대인들의 고통과 불만이 어땠을지는 짐작할 수 있다. 그러나 예수께서는 이러한 상황에서도 오히려 자발적으로 그들이 요구하는 거리 이상을 가라고 가르치신다. 즉, 로마가 무력으로 강제로 부과하는 힘보다 더 큰 사랑과 인내의 힘으로 그들을 상대하라는 것이다. 여기로부터 예수님의 산상수훈에서 매우 논쟁적이었던 가르침이 도출된다. "또 네 이웃을 사랑하고 네 원수를 미워하라 하였다는 것을 너희가 들었으나 나는 너희에게 이르노니 너희 원수를 사랑하며 너희를 박해하는 자를 위하여 기도하라."(마 5:43~44)

예수께서 로마에 대한 비폭력적 대응뿐 아니라, 오히려 그들을 용납하고 사랑하기까지 하라고 하신 것은 단순히 로마에 대한 저항의 방식을 재규정하신 것이 아니라, 그가 전하는 하나님 나라의 초월성 때문이라고 본다. 진짜 원수는 로마가 아니라 사탄이며, 사탄이 인간의 마음을 조종하고 지배하는 악한 역사 때문이다. 그래서 예수님께서는 로마 제국을 하나님 나라와 대치하는 악의 원조이자 실체로 보시는 것이 아니라, 그 배후에서 여러 제국들의 형태로, 또한 더러운 문화의 형태로 인간을 오염시키는 사탄을 지적하시고 계신 것이다. 이러한 사탄의 활동은 심지어 거룩한 하나님의 백성을 자처하는 유대인들에게서도 활발히 활동하고 있을 수 있다. 예수님께서는 그들이 거짓의 아비인 마귀에게서 났다고 통렬하게 지적하셨다(요 8:44). 사탄이 조종하는 것은 단순히 지배 이데올로기와 시스템을 통해서만은 아니다. 사탄은 교묘하게 인간의 심성으로 파고들어 온갖 교만과 안일함을 만들어 내고, 인간 사회를 와해시키고 또 다른 불화를 만들어낸다. 불경한 이방 국가인 로마 제국과 맞서 거룩한 성전과 율법을 수호한다던 유대인들도 역설적으로 사탄의 주구 노릇을 할 수 있음을 예수님께서 폭로하셨다.

    이는 우리에게도 마찬가지로 적용된다. 하나님 나라의 원수인 사탄의 통치와 전략은 계층이나 민족과 무관하게 우리 모두의 마음을 사로잡아 자기 의와 특권의식으로 미혹할 수 있다. 그런 의미에서 예수께서 전하신 하나님 나라의 복음이 이 세상의 특정 지배 체제나 이데올로기만을 대적하는 것으로 보는 시각은 너무도 단순하다. 사탄은 그보다 훨씬 더 교묘하고 보편적으로 인간을 미혹하고 괴롭힌다. 따라서 하나님의 나라는 초월적이다. 예수께서는 빌라도의 재판정에서 "내 나라는 이 세상에 속한 것이 아니니라"(요 18:36)라고 선언하셨다. 예수님께서는 로마에 반역한다는 명목으로 끌려 오셨으나 실상은 로마 제국과 싸우시는 것이 아니라는 말씀이며, 로마의 권력자들에게 예수님께서 추진하시는 하나님나라 운동과 그의 운명이 달려 있지도 않다는 말이다.

바울의 경우도 복음을 로마 제국의 이념과 예리한 긴장 속에 놓이게 하면서도, 로마 제국을 적대시하지 않았다고 봐야 한다.[2] 로마 제국으로부터 유포되는 헛된 우상숭배와 음란한 문화, 거짓된 가르침들을 바울도 경계했지만, 로마 제국 자체가 곧 예수 그리스도의 복음으로 당장 전복해야 할 대상은 아니었기 때문이다. 오히려 바울은 복음을 전파하는 일에서 로마 제국과 불필요한 마찰을 피하며 현실적 권력을 존중하는 입장을 취하였고, 더 나아가 (아마도 로마의 중심지에서 복음의 변증을 위해서) 가이사에게 상소하겠다는 희망을 피력하기도 했다.[3] 이와 같은 로마 제국에 대한 중립적 태도는 속사도시대나 교부시대에도 나타난다. 심지어 조직적 박해를 받는 시기에도 반제국적 기독교 신앙은 뚜렷하게 형성되지 않았으며, 제국의 체제에 대해서가 아니라 제국이 형성하는 가치관과 행동양식에 저항하는 가르침이 더욱 뚜렷했다고 볼 수 있다. 제국의 체제와 이데올로기는 사탄이 사람들을 무지와 방임으로 이끄는 도구일 뿐이다. 더욱 중요한 싸움은 마음과 삶의 양식에서 일어나며, 더욱 근본적으로 영혼의 변화가 문제의 정점에 있다.

그렇다고 해서 예수님의 하나님나라 운동이 이 세상과 무관하게 초월적이며 내세지향적이라는 의미는 아니다. 하나님 나라의 복음은 삶의 방식과 마음의 가치관에 지대한 영향을 주는 국가의 정치, 경제 시스템을 외면하지 않는다. 인간 사회에 불평등과 절망, 차별을 가져오는 모든 문제의 근원은 잘못된 예배에 있다. 예배란 영혼의 충성을 어디에 두느냐 하는 것이다. 예수 그리스도를 주로 고백하고 그분의 제자로서 충성하는가, 아니면 가이사를 주로 섬기고 그의 명령을 따를 것인가? 교회는 바로 예배의 공동체다. 모든 삶의 영역에서 그리스도의 제자도를 고백하는 공동체다. 이 공동체를 통해서 이 세상의 질서에 대항하고, 대안이 되는 새로운 하나님의 사회가 구현되고 경험되어야 한다. 예수께서는 하나님 나라가 이미 우리 안에, 또는 우리 가운데서 이루어지고 있음을 밝히셨다(눅 17:21). 즉, 인간을 내면에서부터 바꾸시고('우리 안에'), 변화된 이들의 공동체('우리 가운데')를 통하여 하나님의 나라가 경험되는 것이다.[4] 그러므로 예수 그리스도의 복음은 하나님 나라의 정치적 공동체를 이루게 되어있다. 비록 비루하고 답답한 현실 속에서도, 우리의 전 삶을 주관하는 예수 그리스도의 주되심과 하나님 나라의 소망을 바라도록 격려하고 지켜주는 공동체가 바로 교회이며, 그러한 의미에서 복음은 정치적이다.

그러나 우리가 오늘날 접하는 복음 전도의 메시지들에서는 이러한 정치적 파격성과 급진성을 찾아보기 힘들다. 오히려 복음의 메시지를 성공주의, 기복주의, 소비주의에 충실히 복무시킨 사례가 얼마나 많던가? 혹은 복음이 영생과 천당이라는 이원론적 내세주의에 매몰된 경우가 너무도 흔했다. 예를 들어, 교회 안에서 예수를 믿고 하나님께 기도하는 동기가 거의 어떤 종류의 '문제 해결'로 귀결되지 않던가? 나는 문제 해결과 인생의 치유도 복음 안에서 주어지는 중요한 선물이라고 믿는다. 그러나 문제는 인생의 진정한 '문제'를 재규정하는 것이며, 인간에게 가장 필요한 것이 무엇인지를, 진정으로 행복하고 의미있는 삶의 모습이 무엇인지를 새롭게, 차별적으로 맛보는 것이다. 바로 복음 안에서, 신앙 공동체를 통해서 말이다! 더 가져야 행복하다고 믿는 세상에서 덜 가지면서도 행복할 수 있는 길을 보여줘야 하고, 재미와 쾌락이 아니면 모이지 않는 분위기 속에서 그러한 쇼 비즈니스를 추종하는 공동체가 아니라, 인격적인 교제의 즐거움을 맛보게 하는 교회여야 한다. 아이들을 교회로 모은다고 한번 쓰고 버릴 장난감이나 선물을 남발하고, 아이들이 좋아한다고 태연히 반생태적인 인스턴트 식품들을 배급하는 일이 얼마나 많던가? 교회에 대해 그렇게 '맛을 들인' 아이들은 결국 신앙을 말초적인 욕구 충족소로 여기게 되고, 나중에 또 다른 대체 충족소가 생기면 고민 없이 거기로 이동하게 된다.[5] 교회를 근엄하고 칙칙하게 만들자는 것이 아니다. 교회가 제공하는 문화를 더욱 큰 하나님 나라의 관점에서 성찰해야 한다. 의미와 재미라는 두 마리 토끼를 잡는 것은 다소 버거워 보일 수도 있다. 그러나 결코 무모한 과제는 아니다. 왜냐하면 하나님께서 예수 그리스도의 임재와 말씀 안에서 우리에게 약속하신 중대한 선물은 바로 C. S. 루이스가 표현한 것처럼 '깊은 기쁨'이기 때문이다.

복음 전도의 수용성

우리는 예수님의 복음 전달(transmission of the gospel)을 오직 '회개하고 (나를) 믿으라'는 일률적인 메시지로 단정 짓는 경우가 많다. 하나님의 아들로서 권세를 갖고 다수 청중에게 일률적인 메시지를 전했을 것이라고 생각할 수 있다. 하지만 예수님과 사도들이 사람들의 수용성을 고려하지 않고 무조건적으로 접근하고 선포했는지 재고해볼 필요가 있다. 물론 복음서 곳곳에서 예수님께서는 유대인들과 대치하셨고, 많은 이들이 그의 가르침을 거부하고 떠나기도 했다. 그러나 예수께서 주로 사역하셨던 이들의 면면을 오늘의 관점에서 볼 때 그들 중 많은 이들이 새로운 가르침에 대한 수용성이 높은 이들, 즉 회심 가능성이 높은 이들임을 관찰할 수 있다. 이는 바울에게서도 마찬가지다. 바울의 선교 여행을 엄밀하게 살펴보면 그 또한 자신이 전하는 복음에 대한 수용성이 높은 이들에게 전략적으로 다가서거나, 또는 청중의 상황과 갈망과 접촉점을 찾아가고 있음을 볼 수 있다.

회심의 관점에서 보는 예수님의 전도

회심 이론에서 중요한 가설 중 하나는, 기존의 안정적 사회에서 중심부의 사람들은 새로운 종교에 관심을 보이거나 쉽게 회심하려 들지 않는다는 것이다. 특히 기성 종교가 이미 공고하게 뿌리를 내린 곳에서는 더욱 힘들다. 그래서 일반적으로 그 사회의 소외된 사람들이나 주변인들, 변방에 거하는 이들이 새로운 종교에 대해서 더욱 수용적이다.[6] 또는 어느 정도 경제적인 여건은 갖추었지만 중앙권력으로의 진입이 차단된 이들도 새로운 종교에 관심을 보인다. 이는 우리나라의 초기 개신교 선교에서도 적용된다. 구한말 개신교 신앙을 가장 먼저 받아들인 지역은 평안북도였다. 주로 만주와 조선을 왕래하며 무역에 종사하던 이들이 만주 지역의 선교사를 통해 복음을 받아들였고, 번역된 쪽 복음 성경을 첩첩산중을 다니며 전래했던 매서인, 전도부인의 역할을 감당했다.

예수님의 초기 하나님 나라 선포 사역에도 소외된 이들이 주된 계층을 이루었음을 알 수 있다. 예수께서 공생애 기간 동안 주로 하나님 나라를 선포하시며 병자를 치유하시고 죄인들을 용서하신 주된 무대가 갈릴리 호수 근처의 지역이라는 점도 이와 유사하다. 당시 갈릴리는 이스라엘 종교와 정치권력의 중심지였던 예루살렘으로부터 소외된 지역이었다. 또한 그곳은 지리적으로 위로부터 헬레니즘의 영향을 받기 쉬운 지역이었고, 가까운 곳에 로마군 사령부가 주둔하고 있어서 로마에게 부역하며 살던 세리와 창녀들이 많았다. 고대 유대인 종교 문화에서 이방인과 접촉을 하고 사는 이들은 하나님의 거룩한 백성으로서 정결하지 못한 이들로 간주되었다. 이들이 종교적으로나 영적으로 받았던 억압은 대단한 것이었다. 1세기 유대교 사회는 철저한 계층화를 통해 서로를 분리시켜왔기 때문이다.[7]

소수자들에게 먼저 전해지는 복음

그러나 예수께서는 의도적이다 싶을 정도로 당대의 죄인이고 불경한 자들과 어울리신다. 정결의 기준에 따라 나뉘어졌던 인간 계층이 예수님 안에서 화목하며 하나가 된다. 물론 인간 사이의 화해에 앞서 더욱 근본적으로 중요한 사실은 하나님께서 예수 안에서 죄인들과 화해하셨다는 은혜가 선포된 것이다. 예수께서는 많은 기적을 행하셨다. 귀신을 내쫓고 병자를 치료하신 사건들은 하나님의 아들이신 예수님의 능력을 증명하며 약한 자들을 향한 그분의 긍휼히 여기심을 보여주기도 하지만, 더 중요한 진리는 권능과 치유의 하나님 나라가 그들 가운데 임했음을 드러내는 것이다. 이렇게 본다면, 즉 예수님의 사역 초점이 하나님 나라의 선포에 있었다면, 예수께서 당시에 부정하다고 여겨지던 이들과 어울리시고 특히 그들과 식탁의 교제를 나누신 사건은, 하나님께서 죄인들과 화해하셨고 하나님 나라가 임했음을 가장 잘 보여주는 대목이라고 할 수 있다. 한국이 낳은 세계적 신약학자 김세윤은 "예수께서 제일 많이 한 치유는 '죄인들을 하나님께 회복시키는 치유'"이며, 그래서 예수님의 가장 특징적인 사역은 바로 '죄인들과 먹고 마심'이라고 강조한다.[8] 따라서 치유의 사건을 병 고침과 귀신 내쫓음에만 집중할 경우 예수님의 하나님 나라 메시지를 피상적으로 이해하는 수준에 머무르게 된다.

전도가 하나님 나라의 메시지를 선포하고 하나님 나라의 복음을 삶으로 구현해 내는 것이라면, 예수께서 죄인들과 더불어 행하셨던 식탁 교제와 잔치는 바로 가장 유력하고 상징적인 전도의 모델이라고 할 수 있다. 잔치, 혹은 파티를 전도의 모델로 볼 때, 이는 두 가지 의미가 있다. 먼저 문자 그대로 복음 전도의 목적에서 파티를 여는 것이다. 실례로, 미국 윌로우크릭교회에서는 예수께서 세리 마태를 부르시고 그의 집에서 죄인들과 세리들을 불러서 식탁 교제를 하신 것에 착안하여, 전도를 목적으로 '성 마태의 파티'라고 하는 크고 작은 여러 단위의 파티를 열도록 권장한다. 한국에서도 이와 같은 모델은 많이 퍼져 있다. 좋은 식사와 흥겨운 시간이 포함되는 문화적 전도모델들이 이미 등장했고 널리 쓰인다(예를 들어, '맞춤 전도'). 그런데 예수께서 죄인들과 잔치를 벌이신 사건은 우리에게서 단지 현대식 전도 파티를 기획하자는 착상으로 끝나지 않는다. 교회 밖 사람들로 하여금 교회와 더 친숙해지게 하기 위해 재밌고 친절한 파티에 그친다면, 예수님의 잔치가 지니는 더 깊은 의미인 하나님 나라의 도래를 통한 화해와 회복을 간과하는 셈이 된다.

예수님의 잔치를 현대에 적용하려면 우리는 세속 사회와 문화 속에서 소외된 자들을 끌어안는 하나님 나라의 사역을 생각해야 한다. 소외된 자들이라고 해서 꼭 정치, 경제적 취약 계층을 위해서 일해야 한다는 것은 아니다. 우리의 일상을 둘러봐도 상대적으로 외롭고, 힘겨워하는 이들은 많이 있다. 혼자서 어린 아이들을 돌보느라 힘에 부쳐 몸과 마음이 무기력한 젊은 엄마들, 홀로 남은 생을 쓸쓸하게 보내는 노인들, 가족의 생계를 책임지고 새벽부터 밤늦은 시간까지 직장에서 혹사당하는 중년 남자들⋯⋯. 우리 주변에서 쉽게 찾아볼 수 있는, 아니 어쩌면 우리 자신이 해당될 수도 있는 이런 상황의 사람들에게 하나님 나라의 복음은 어떻게 좋은 소식이 될 수 있을까? 이런 이들의 애환을 어루만지고 서로 진정성 있는 교제를 나누는 일이야말로 이 시대를 위한 예수님의 밥상 공동체를 실현하는 일이 아닐까?

미국의 사회학자이며 저명한 기독교 강연가인 토니 캠폴로는 예수님의 잔치 사역을 현대에 비추어서 적용한 한 목회자의 예를 든다. 미국의 고등학생들을 가장 설레게 하는 날은 프롬 파티(Prom Party)라고 하는 졸업 무도회다. 그런데 그날은 이성으로부터 데이트 신청을 받지 못한 수많은 청소년들에게 실망과 열등감을 주는 날이기도 하다. 미네소타의 한 루터교회 목회자인 존 칼슨(John Carlson)은 잘 생기고 매력적인 아이들만 어깨에 힘들어가는 이러한 프롬 파티는 예수님께서 의도하신 잔치가 아니라고 생각했다. 그래서 그는 교회에서 '거절받은 이들을 위한 프롬 파티'(the reject prom)를 열었다. 그리고 건전하고 재미있는 프로그램을 만들어서 프롬 파티가 열리는 같은 날, 교회의 아이들과 짝 없는 아이들을 이 파티로 초대했다. 이 파티가 예상 외로 재미있고 꼭 데이트 짝이 있어야 한다는 부담이 없자 점점 더 많은 청소년들이 이 파티에 오게 되었고, 지역 언론에서 관심을 기울이며 이 파티를 홍보해주었으며, 기업체에서 후원을 하게 되었다. 그래서 이 '거절 받은 이들을 위한 프롬 파티'(문화적 차이인지는 몰라도, 나는 이 이름이 맘에 들지는 않는다)는 고등학교 졸업생들의 일반적인 프롬 파티보다 더 높은 인기를 얻게 되었다.

예수님께서 베푸신 잔치는 바로 이와 같다. 그것은 사회로부터 소외감을 느끼는 사람들, 관계적으로 외로운 사람들, 종교적으로 갈등하는 이들을 따뜻하게 맞으시고 친구가 되어주시는 하나님을 느끼고 접하게 해주는 나눔의 자리였다. 바로 이들이 예수 그리스도의 복음에 수용적인 자들이었다고 할 수 있다. "또 자기를 청한 자에게 이르시되 네가 점심이나 저녁이나 베풀거든 벗이나 형제나 친척이나 부한 이웃을 청하지 말라. 두렵건대 그 사람들이 너를 도로 청하여 네게 갚음이 될까 하노라. 잔치를 베풀거든 차라리 가난한 자들과 몸 불편한 자들과 저는 자들과 맹인들을 청하라."(눅 14:12~13)

바울의 회당 전도

바울은 이방인의 사도로 잘 알려져 있다. 그러나 바울은 처음부터 하나님을 전혀 모르고 성경에 대한 배경 지식도 전무한 이방인들에게 다가서지 않았다. 그는 오히려 유대인과 이방인의 연결 고리를 활용한 명민한 전도사역자였다. 사도행전에 묘사된 바울의 사역 내러티브를 보면 그에게 회당은 중심적인 선교적 교두보였음을 알 수 있다. 바울이 회당 중심의 사역을 한 이유는 바로 회당을 통해서 이방인 가운데 예수 그리스도의 복음에 가장 수용적인 이들을 만날 수 있었기 때문이라고 추정할 수 있다.

1세기 상황에서 로마 제국 전역에 흩어져 있는 디아스포라 유대인들에게 회당은 모든 종교와 민족의 생활 중심지였다. 일차적으로, 회당은 유대인들의 예배 장소였다. 또한 회당은 순례나 여행 중인 유대인들에게 숙소로 활용되기도 했고, 심지어는 직업소개소 역할을 하기도 했다. 그런데 유대인들의 예배 처소인 회당이 성립되려면 정족수가 필요했다. 성인 남자 열 명이다. 왜 열 명인지에 대해서는 설이 분분하지만, 10이라는 수가 충만함의 의미를 지니기 때문이 아닐까 싶다. 따라서 여자가 아무리 많아도 성인 남자 열 명이 안 되면 회당 예배는 열리지 못한다. 그런데 여기서 성인 남자 열 명은 반드시 정통 유대인 남자여야 한다. 정통 유대인 남자는 할례 받은 사람을 말한다. 이방인 남자는 그가 아무리 여호와 하나님을 향한 경건한 신앙심을 갖고 있다고 해도 회당 정족수에 포함되지 못한다.

당시 로마 제국 전역에는 수백만 명의 디아스포라 유대인들이 살고 있던 것으로 추측된다. 그러면 유대인들이 거하는 도시마다 회당이 존재했을 것이다. 유대인들이 회당에 모여 예배드리는 자리에는 정통 유대인 성인 남자 열 명 이상이 참석했을 것이다. 그런데 그곳에는 정족수를 이루는 유대인 성인 남자들 외의 다른 이들도 함께 있었다. 그들이 누구일까? 먼저 유대인 여자들이다. 고대에 여성은 남성에 비해 엄청난 차별과 하대를 받았고, 그 점에서는 유대인도 크게 예외는 아니었다. 비록 회당의 정회원은 아니지만 여성들도 회당 예배에 참석하여 하나님의 약속과 명령을 듣기 원했다. 하지만 여성들은 남성들과 같은 장소에는 있지 못하고, 뒤쪽이나 격리된 장소에 머물러야 했다. 여성들 외에, 정통 유대인 남성들과 함께 있을 수는 없으나 회당의 예배에 참석하기를 열망하는 이들이 있었다. 사도행전에서 '경건한 헬라인'이라고 지칭하는 이들인데, 영어 성경에서는 '하나님을 두려워하는 자들'(God-fearers)이라고 표현했다.

    1세기 그리스-로마 사회에는 유일신 고등종교가 부재했다는 것이 일반적인 합의다. 당시는 혼합적 다신교 사회였다. 물론 이집트의 이시스 여신 숭배나 페르시아의 퀴벨레 여신 숭배와 같은 유일신교가 로마 제국에도 도입되긴 했지만, 백주도로에서 황소를 죽여 그 피를 사제들이 온통 쏟아붓는 등의 기괴한 풍습 때문에 일반 로마 제국의 시민들에게 큰 호감을 주진 못했다. 고등종교가 부재하다는 것은 체계적인 교리나 철학, 또는 윤리적 규범이 미약하다는 의미였다. 따라서 1세기 당시의 그리스-로마 문명의 시민들 가운데에는 유대인들을 통해서 접한 구약의 율법과 예언자 사상에 관심을 보인 이들이 있었다. 그들은 유일신 신앙에도 더 가까이 접근하며, 심지어는 유대교로 개종하고 싶었을 것이다. 하지만 이들이 여호와 하나님의 언약 백성이 되기에는 엄연한 태생적 한계가 존재했으니, 그것은 바로 혈통의 문제였다. 만일 이들이 혈통의 한계를 넘어서 유대인이 되려면 육체의 할례를 받아야 했다. 그러나 성인이 되어서 할례를 받기에는 엄청난 위험과 고통이 따른다. 심지어는 목숨을 잃을 수도 있었다.

    그러다보니 유대교에 호감을 갖고 여호와 하나님을 믿으려 하는 헬라인들이 할례를 받지 않은 채 유대교 회당 예배에 참석하게 됐다. 즉, 그들 또한 회당 정족수에 들지 못한 상태로 율법을 공부하고 여호와를 예배하는 것이다. 이와 같이 종교적으로 어정쩡한 신분의 여성과 경건한 헬라인들이 바울의 회당 선교에서 주된 수용자가 된다. 앞서 말한 회심 이론에서 종교적으로 소외된 자들이 새로운 종교에 먼저 반응을 보이는 현상이 적용된다. 게다가 신약시대 디아스포라 유대인들 가운데서는 종교 권력화 된 예루살렘 성전 때문에 가시적인 성전 중심 신앙에 대한 회의적인 분위기가 고조되어 있었다. 이에 덧붙여, 디아스포라 유대인들의 입장에서 볼 때 예루살렘으로부터 멀리 떨어져 있던 지리적 여건상 성전과 제사 중심의 신앙을 유지하기가 힘들었을 것으로 추론할 수 있다. 그래서 그들은 성전과 제사 중심의 속죄 신앙을 지속적으로 경험하기 힘든 한계를 지녔을 것이다.

또 다른 회심 이론 가운데 하나는 아무리 기존 종교에서 소외된 잠재적 회심자들이라 할지라도, 기존 종교와 비교해서 완전히 낯설거나 난해하면 파고들기가 어렵다는 것이다. 따라서 기존 종교의 일부 교리에 대한 불만을 대체할 수 있는 새로움이 있으면서도, 기존 종교의 근본 취지와 조화를 이룰 수 있어야 한다. 이러한 회심 이론은 예수님의 하나님 나라 복음이나 바울의 회당 선교도 잘 연결된다. 바울이 전한 복음에 의하면, 이제 더 이상 혈통이나 할례에 의해서 하나님 나라의 백성이 되는 것이 아니라 예수 그리스도를 믿는 믿음 안에서 그 나라의 백성이 된다는 것이었다. 즉, 본래부터 믿고 바라던 바가 예수 그리스도 안에서 더욱 명료하게 완성된다고 한 것이다.

바울 당시 회당에서 예배를 드릴 때는 우선 회당장이 나와서 구약의 본문을 하나 읽어준다. 그다음에는 예배에 참석한 이들 가운데 (정통 유대인들 중에서) 하나님의 영을 받아 우리에게 이 말씀을 풀어줄 사람은 나오라고 권하는 식이었다. 사도행전 13장을 보면 이와 같은 장면이 잘 나온다. 그는 구약의 이야기를 회상하면서 구세주를 보내신다는 하나님의 약속이 예수 그리스도로 성취되었음을 역설한다. 그리고 예수님의 죽음과 부활이 시편과 이사야서를 통해서 이미 예고되었음을 논리적으로 증명한다. 이러한 측면에서 바울이 전한 복음은 율법 및 혈통과의 단절뿐 아니라, 하나님의 언약의 완성이라는 연속성도 갖고 있던 것이다. 갈라디아서 3장 28절에서 선언한 것처럼, 예수 그리스도 안에서 유대인이나 헬라인, 남자나 여자, 자유자나 노예 사이의 모든 경계와 차별이 없어진다고 했으니, 이는 바로 계급과 인종, 성별로 고통 받고 신음하던 이들이 열망하던 복음이었다.

바울이 이렇게 구약을 연결하고 보완하는 식으로 복음을 선포하는 것을 듣고 어떤 사람들은 예수 그리스도의 복음을 더 알고 싶어 하였지만, 상당수 유대인들은 바울을 시기하고 분노하여 내쫓았다. 바울의 초기 기독교 선교는 유대인의 회당이 있는 도시를 다니며 구약의 율법을 그리스도 중심으로 재해석하고, 그의 가르침에 관심을 보이고 그를 따르는 디아스포라 유대인들 및 경건한 헬라인들과 더불어 교회를 세우는 방식이었다. 물론 바울이 이 경건한 헬라인들이나 예루살렘으로부터 소외된 디아스포라 유대인들만을 위해 각색된 복음을 선포한 것은 아니다. 그는 십자가와 부활의 복음을 선포했다. 그렇다고 해서 아무런 청중과 정황에 대한 고려 없이 복음의 정수만을 천편일률적으로 전개하지는 않았다. 사도행전에 나오는 바울의 설교들을 보면, 그는 청중과 청중의 배경 지식 속에서 예수 그리스도의 복음을 점점 더 드러냈다고 보는 게 타당할 것이다.

바울의 이방인 전도

사도행전 14장과 17장은 바울이 회당이 아닌 저잣거리를 선교 무대로 삼아 헬라인들과 직접 접촉하는 모습을 그려주고 있다. 여기서도 바울은 복음을 전하는데, 그 메시지의 전개 순서와 강조점이 회당에서의 설교와는 사뭇 다른 양상을 보인다.

우선 사도행전 14장을 보면, 바울이 루스드라에서 태어나면서부터 걷지 못하는 사람을 고쳐주자 사람들이 바울을 신격화하기 시작했다. 바울은 헤르메스라 하고 바나바는 제우스라고 하면서 숭배하였다. 그러자 바울이 옷을 찢으며 외쳐 성경을 전혀 모르는 이방인들을 향한 변증적 복음을 전한다.

> 여러분들이여, 어찌 이러한 일을 하느냐? 우리도 여러분과 같은 성정을 가진 사람이라. 여러분에게 복음을 전하는 것은 이런 헛된 일을 버리고 천지와 바다와 그 가운데 만물을 지으시고 살아계신 하나님께로 돌아오게 함이라. 하나님이 지나간 세대에는 모든 민족으로 자기들의 길들을 가게 방임하셨으나, 그러나 자기를 증언하지 아니하신 것이 아니니 곧 여러분에게 하늘로부터 비를 내리시며 결실기를 주시는 선한 일을 하사 음식과 기쁨으로 여러분의 마음에 만족하게 하셨느니라(행 14:15~17).

위의 짧은 복음 설교에서 바울은 이방인들에게 유일하신 창조주 하나님을 가리킨다. 그리고 하나님을 알게 하는 지식으로 자연은총을 제시한다. 계절과 결실, 그리고 음식과 기쁨이라는 일상적인 삶의 환경이 곧 하나님의 은총이라는 사실을 상기시켜준다. 회당에서 바울의 설교가 구약과 그리스도 중심이라면, 여기서 바울의 설교는 자연과 창조주 중심의 논리를 담고 있다. 그리스도의 복음을 전하기 위한 접촉점이 달라진다. 회당에서는 디아스포라 유대인이건, 경건한 헬라인이건 구약이라는 공통 배경 지식이 있었지만, 회당 밖 광장이나 장터에서 만나는 헬라인들과는 인류 보편적인 자연의 질서를 주된 접촉점으로 삼은 것이다. 바울의 이러한 '수용자 중심의 커뮤니케이션'은 사도행전 17장의 그 유명한 아레오바고 변론에서도 더욱 강화된다.

> 바울이 아레오바고 가운데 서서 말하되 아덴 사람들아 너희를 보니 범사에 종교심이 많도다. 내가 두루 다니며 너희가 위하는 것들을 보다가 알지 못하는 신에게라고 새긴 단도 보았으니 그런즉 너희가 알지 못하고 위하는 그것을 내가 너희에게 알게 하리라. 우주와 그 가운데 있는 만물을 지으신 하나님께서는 천지의 주재시니 손으로 지은 전에 계시지 아니하시고, 또 무엇이 부족한 것처럼 사람의 손으로 섬김을 받으시는 것이 아니니 이는 만민에게 생명과 호흡과 만물을 친히 주시는 이심이라. 인류의 모든 족속을 한 혈통으로 만드사 온 땅에

살게 하시고 그들의 연대를 정하시며 거주의 경계를 한정하셨으니, 이는 사람으로 혹 하나님을 더듬어 찾아 발견하게 하려 하심이로되 그는 우리 각 사람에게서 멀리 계시지 아니하도다. 우리가 그를 힘입어 살며 기동하며 존재하느니라. 너희 시인 중 어떤 사람들의 말과 같이 우리가 그의 소생이라 하니, 이와 같이 하나님의 소생이 되었은즉 하나님을 금이나 은이나 돌에다 사람의 기술과 고안으로 새긴 것들과 같이 여길 것이 아니니라. 알지 못하던 시대에는 하나님이 간과하셨거니와 이제는 어디든지 사람에게 다 명하사 회개하라 하셨으니, 이는 정하신 사람으로 하여금 천하를 공의로 심판할 날을 작정하시고 이에 그를 죽은 자 가운데서 다시 살리신 것으로 모든 사람에게 믿을 만한 증거를 주셨음이니라 하니라(행 17:22~31).

성서학자들에 의하면 바울이 변론을 펼쳤던 아레오바고는 원래 기독교 신앙을 증거하기 위한 자리가 아니라, 아테네의 관원들이 바울이 장터에서 예수를 전하는 것을 보고 그가 소개하는 종교가 무엇인지를 알아보고자 만든 일종의 공청회였다고 볼 수 있다. 당시 아테네에는 만신전(pantheon)이 있었고, 여러 다양한 종교들이 각기 자기들의 신상을 만신전에 갖다 두곤 했다. 따라서 아테네의 관원들은 바울도 아테네의 만신전에 자기의 새로운 종교를 도입하려는 줄 알고 그에 대한 자격심사를 하는 자리였다는 것이다.[9] 어쨌든, 이러한 상황에서도 바울은 그 자리를 기독교 신앙을 변론할 뿐 아니라 예수 그리스도를 증거하고 회개를 요청하는 복음 선포의 현장으로 바뀠다. 한 가지 중요한 사실은 바울이 아테네의 관원들을 상대로 복음을 변증할 때, 그는 매우 정중한 자세로 말했다는 점이다. 원래 그는 아테네에 가득한 우상을 보고 '마음에 격분'하였다(행 17:16). 그러나 비록 마음에는 황망함과 분노가 차올랐으나, 그 마음을 사람들에게 그대로 표출하지 않았다. 오히려 바울은 아테네인들의 종교성을 어느 정도 인정해주며 변론을 시작한다. "아덴 사람들아, 너희를 보니 범사에 종교심이 많도다."(행 17:22) 그는 곧바로 아테네인들의 헛된 우상숭배를 지적하며 공격하기보다, 상호 존중과 공감을 기반으로 대화를 시작한다.

이는 사도행전 14장의 루스드라 사건에서 나오는 전도 설교와 약간 차이가 난다. 14장에서 바울은 이방인들의 우상숭배를 질책하며 버리라고 하였지만, 여기서는 그런 식으로 기존 종교를 배척하지 않는다. 이러한 차이는 쉽게 파악할 수 있다. 14장에서는 군중이 바울과 바나바를 신격화하여 숭배하고, 소를 잡고 제사를 지내려는 상황이었다. 즉, 그들의 행동을 저지해야 할 상황이었던 것이다. 그러나 아레오바고라는 장소는 흥분에 들떠서 집회를 하는 장소가 아니라, 좀 더 신중하고 차분하게 기독교 신앙을 변론할 수 있는 자리였다. 이러한 차이를 볼 때, 복음 전도의 메시지는 획일적이거나 기계적으로 선포되지 않는다. 각각의 특정한 상황마다 사람들에게 적절하고 필요한 측면에서 메시지가 조명된다.

죄에 대한 지적을 봐도 그렇다. 근래에 복음의 본질을 회복해야 한다고 주장하는 사람들은 그간 많은 교회들이 너무 쉽게 복음을 인간의 필요와 문화에 적응시키고 타협시켰다고 비판한다. 그리고 교회의 설교들에서 죄에 대한 지적이 부재함을 통렬히 책망한다. 이는 복음 전도에도 적용된다. 사람들에게 왜 죄인이라고 말하지 않느냐고, 현대인들에게 부정적인 언사를 하는 게 무서워서 죄에 대한 언급을 삼가는 것이 아니냐고 한다. 나는 이러한 비판의식에 절반의 지지를 보낸다. 복음이 문화와 한 통속이 되고, 인간의 필요와 욕구를 충족시켜주는 수단으로 전락한 것은 오늘날 교회들이 우려할 만한 세태라는 점에 동의한다. 그러나 인간이 본질상 죄인됨을 인정하는 것과 그 죄성을 어떻게 깨닫게 할 것이냐는 또 다른 문제다. 성경은 처음부터 아무에게나 죄인됨을 인정하라고 요구하지 않는다. 예수님도, 바울도 사람들을 전도할 때 누구에게나 일률적으로 죄를 지적하는 방식으로 만나지 않으셨다. 인간의 죄성과 십자가의 대속적 능력은 우리가 매일매일 경험하고 고백해야 할 진리이다. 그러나 또 한 가지 중요한 사실은 인격이신 하나님께서는 사람들을 기다리신다. 인간이 진심으로 자신의 원초적 죄인됨을 처절히 깨닫고 돌아오기를 원하신다. 세상 사람들이 자신의 죄성을 깨닫는 과정은 결코 그리스도인의 고답적이고 준엄한 정죄 선언에 달려 있지 않다. 성령께서 역사하시고 믿음의 선물이 주어지면 인간은 자신이 죄인임을 비로소 신비하게 깨닫게 된다. 따라서 우리가 인간의 죄인됨을 깨닫기 위해서 해야 할 일은 진정한 사랑의 마음으로 기도하는 것이다. 그 사랑은 오직 사람들을 향한 우리의 진정성 있는 관심과 겸손한 배려로만

드러난다.

바울이 아테네 사람들에게 복음을 설명할 때는 자연은총에 앞서 더욱 근원적으로 그들의 종교성을 접촉점으로 삼는다. 그는 헬라인들이 철학과 종교를 발전시키면서 모든 인간의 근원적 존재인 미지의 신을 찾고자 했던 그 노력의 참된 해답으로서 창조주 하나님을 소개하고, 그 하나님께서 한 사람(예수 그리스도)을 정하시고 세상에 보내셔서 믿음의 증거로 삼으셨다고 말했다. 바울의 이러한 종교성 중심의 접근이 너무 인간의 철학과 사상에 의지한 전도여서 아테네 전도가 실패했다는 주장들도 있지만, 앞서 1장에서 밝혔듯이 아레오바고에서의 변론은 그 자리가 전도를 목적으로 제공된 장이 아니었음에도 불구하고 뚜렷한 전도의 성과를 낸 것이 분명하다.

지금까지 예수님과 바울의 전도에서 우리가 주목해야 할 중요한 교훈은, 하나님 나라의 전도가 결코 불특정 다수를 향한 일방적 선포가 아니었다는 점이다. 예수님의 회심 사역은 주로 삭개오나 레위와 같은 세리, 각종 병자들, 수가 성의 여인, 게네사렛의 광인과 같이 당시의 사회적, 종교적 중심으로부터 소외된 계층에게서 활발했다. 그리고 바울 또한 처음부터 이스라엘 역사와 성경에 대한 배경적 지식이 전무한 이방인들을 향했다기보다는, 회당을 베이스캠프로 활용하면서 '준비된 이방인들'에게 접근했다고 봐야 한다.

예수님이나 사도 바울이 특정인들만을 대상으로 삼아서 복음 선포를 한 것은 아니다. 하지만 귀납적으로 추론해볼 때, 예수님의 전도사역이 당시 종교의 중심지였던 예루살렘이 아닌 소외된 땅 갈릴리 지역에서 활발하게 이루어진 점이나 바울의 회당 전도나 이방인 전도의 사례들은 복음 전도에 수용성과 접촉점이 중요하다는 것을 보여준다. 성령이 아니고서는 아무도 예수를 주라 시인할 수 없기 때문에, 인간의 계획과 고려가 궁극적으로 회심을 이루어내지는 못한다. 그러나 사람들을 만나서 복음을 제시하는 책임은 우리에게 있다. 그리고 복음을 가장 갈망하는 이들은 사회의 소외된 자들, 또는 외부의 도움을 필요로 하는 자들임이 분명하다. 불특정 다수에게 복음을 선포하는 일이 대야에 물을 담아 목마른 사람, 목마름을 느끼지 않는 사람을 가리지 않고 물을 뿌리는 행위라면, 좀 더 복음에 수용적인 이들을 고려하여 그들의 필요를 따라 접근하는 것은 목마른 사람에게 컵에 물을 담아 대접하는 행위에 해당될 것이다. 양자가 모두 필요하다. 복음 전도의 결과를 우리가 예측할 수 없기에, 하나님께서 누구를 구원하시기로 작정하였는지 우리는 모르기에, 보편적이고 대중적인 복음 선포도 필요하다. 그러나 지역교회나 개인이 전도자의 삶을 살고자 한다면, 아무에게나 그들의 삶의 정황을 배제한 채 복음의 요약본을 선포하는 것보다, 좀 더 수용성이 있는 이들에게 복음을 전하고, 이러한 수용성을 바탕으로 교회의 섬김 사역을 집중하도록 하는 것이 예수님과 바울의 사역과도 부합되리라 본다.

    그러면 오늘날 복음에 좀 더 수용적일 수 있는 이들은 누구일까? 회심 연구에서는 안정적 상황의 사람들보다 크고 작은 위기 상황 속의 사람들이 생활 대안으로서 종교적 탐구를 할 가능성이 높다고 본다. 위기 상황이란 가족의 죽음이나, 질병, 경제적 고통 등의 심각한 차원들도 있지만, 그 외에도 이사, 출산, 진학, 외로움 등과 같이 덜 위급한 상황들도 있다. 전도학에서는 생애 전환기(transitional periods)에 있는 이들이 그리스도인들의 접촉이나 복음 제시에 더 수용적인 것으로 본다. 우리는 평생 동안 몇 번의 생애 전환기를 겪는다. 출산, 성년식, 결혼, 장례 등은 가장 대표적인 생애 전환기이며, 이 시기에 연루된 사람들일수록 교회의 관심과 돌봄에 더욱 호의적이 된다. 예를 들어, 장례식은 교회가 믿지 않는 사람들과 접할 수 있는 가장 자연스러운 자리이며 복음이 강력하게 전파될 수 있는 시기이다. 실제로 많은 사람들이 교회에서 자기 가족의 장례를 정성껏 치러주는 모습에 감동 받고 신앙 세계에 들어서게 된다. 어린 자녀를 둔 부모나, 특히 젊은 어머니들도 신앙 공동체가 섬기고 도울 수 있는 중요한 대상들이다.

요즘 한국의 공교육과 가정교육의 혼란으로 수많은 아이들이 방치되고 있는데, 이는 단순히 교회학교의 확장을 위해서가 아니라 교회가 복음으로 아이들을 향한 인격적 관심과 돌봄을 베풀어야 할 중요한 상황이다. 경기도 오산에서 하늘땅교회를 개척한 이재학 목사는 특이하게 그의 자녀들 또래의 아이들과 축구를 하면서 목회를 시작했다. 오산 지역은 대부분의 부모들이 서울로 출퇴근을 하기 때문에, 많은 아이들이 종일 학원을 가거나 홀로 지내야 하는 상황이었다. 이재학 목사는 교회를 개척하고자 오산 지역을 파악하러 다니다가 가장 먼저 이러한 아이들을 품게 되었다. 그래서 겨울에 작은 초등학교 운동장에서 이목사의 아들 친구들과 축구를 하며 놀아주었고, 늘 와서 아이들과 놀아주는 이재학 목사와 그의 동료들을 보고 학교 선생님들도 관심을 갖게 된다. 이제는 40여 명의 아이들이 함께 축구를 하고, 서로 손을 잡고 기도하는 것으로 끝을 맺는다. 이렇게 아이들과의 축구 모임을 진행하며 전도가 이루어지다, 교회에서 부모 초청 잔치를 하여 아이들의 부모들을 전도하기 시작하였다. 알음알음 어머니들이 자기 자녀들이 돌봄을 받는 모습에 감동받아 교회에 나오게 되었고, 주중에도 아침 커피타임을 통해 어머니들이 다른 친구들을 초대해서 전도가 이루어지게 됐다.[10]

사회에는 겸허하게 도움을 필요로 하는 이들이 있다. 복음이 사람들의 필요에 응답하기 위해서 존재하는 것은 아니나, 그와 같이 현실적 필요를 갈급해 하는 상황은 진정한 필요인 예수 그리스도와의 인격적 만남으로 이어지는 중요한 통로가 될 수 있다.

공동체 중심의 전도

복음주의 윤리학자 로날드 사이더의 책 서론에 이러한 이야기가 나온다.

예수님이 승천하신 뒤, 천사장 가브리엘과 나눴을 법한 대화를 한번 상상해 보자.
"그래, 어떻게 됐어요?" 가브리엘이 예수님께 물었다. "맡으신 사명을 다 이루고, 세상을 구원하셨습니까?"

"글쎄, 그렇다고 할 수도 있고, 아니라고 할 수도 있지." 예수님이 대답하셨다.

"나는 삼십여 년 동안 거룩한 삶의 본을 보여 줬지. 로마 제국 변방에 사는 수천 명의 유대인들에게 설교했어. 난 세상의 죄를 짊어지고 대신 죽었고, 나를 믿는 자는 영원히 살 것이라고 약속했지. 그리고 죽은 지 사흘 만에 무덤에서 일어나 나를 따르던 120명의 겁에 질린 무리에게 내 삶이 온 세상을 구원하기 위한 하나님의 방법임을 보여줬지. 그때 난 그 120명에게 성령을 보내 주었고, 세상을 구원하는 사명을 이루라고 했지."

"그러니까……" 가브리엘이 놀란 듯이 물었다. "세상을 구원하겠다는 당신의 모든 계획은 누더기 차림의 어부들, 전직 창녀들, 세리들에게 달려 있단 말이군요?"

"그렇지." 예수님이 대답하셨다.

"하지만 그들이 실패하면 어쩌죠?" 호기심이 커진 가브리엘은 계속해서 물었다.

"대책은 있나요?"

"대책은 없어." 예수님이 나직이 말씀하셨다.[11]

그렇다. 예수 그리스도를 따르는 이들의 공동체 외의 대책은 없다. 예수께서 그의 하나님나라 운동을 맡기신 곳은 바로 지상의 교회다. 교회에게만 단독으로 이 사명을 주신 것은 아니다. 성령께서 교회에 함께 계시고 믿는 자들을 인도하사, 교회의 머리되신 그리스도께 순종하며 하나님 나라의 선포 사역을 가능하게 하신다. 예수님의 가르침으로 우리가 그의 사랑과 말씀 안에 거하는 공동체가 되는 것은 매우 유력한 전도의 방식이다. 예수께서는 체포되시고 고난당하시기 전 하나님께 다음과 같이 기도하셨다. "아버지여, 아버지께서 내 안에, 내가 아버지 안에 있는 것 같이 그들도 다 하나가 되어 우리 안에 있게 하사 세상으로 아버지께서 나를 보내신 것을 믿게 하옵소서."(요 17:21) 삼위 하나님의 상호 존중과 사랑의 완벽한 하나됨은 바로 기독교 공동체가 따라야 할 모본이다. 아니, 모본일 뿐 아니라 의존하고 종속되어야 할 선한 능력의 원천이다. 그런데 예수님의 기도에 따르면 바로 이러한 공동체의 형성이 세상으로 하여금 하나님을 믿게 하는 증거의 방식이다. 기독교 공동체는 하나됨과 거룩한 사랑의 공유를 통하여 세상에 예수 그리스도를 증거한다. "곧 내가 그들 안에 있고 아버지께서 내 안에 계시어 그들로 온전함을 이루어 하나가 되게 하려 함은 아버지께서 나를 보내신 것과 또 나를 사랑하심 같이 그들도 사랑하신 것을 세상으로 알게 하려 함이로소이다."(요 17:23)

요한복음 17장에 나오는 예수님의 기도는 복음 전도에 관해 의미심장한 교훈을 준다. 우리는 종종 전도를 외부 지향적 활동으로 생각한다. 교회 밖으로 나가서 사람들에게 얼마나 효과적으로 전도할 것인가에 초점을 맞춘다. 그런데 온전한 전도는 내적인 기초에 집중한다. 그것은 바로 예수께서 원하시는 공동체가 되는 것이다. 기독교 공동체는 예수의 성품과 길을 따르는 훈련과 격려의 장소다. 예수님과 하나 되는 인격적 성품의 변화가 일어나지 않거나 더불어 살아가는 성숙함으로 성령의 열매를 맺는지 않고는, 아무리 많은 수적 부흥을 이루고 선한 사업들을 자랑해도 교회의 근본적인 전도 동력은 취약할 수밖에 없다. 예수께서는 사랑과 연합의 공동체를 통해서 복음 전도의 열매를 맺으실 것을 기대하신다.

공동체는 바울의 사역에서 핵심을 이룬다. 바울이 선교 여행을 다니는 곳마다 의도적으로 공동체를 세웠던 것은, 기독교의 메시지를 하나님과의 관계가 회복되는 것뿐 아니라 사람들 사이에서 인격적 관계가 형성되는 것으로 이해했기 때문이다.[12] 특히 바울이 사역한 교회들은 가정 공동체를 중심으로 구성되었으며, 가족적 언어와 관계를 반영하고 있다. 이는 예수 그리스도를 믿는 이들은 그와 하나가 되어, 이스라엘과 같은 육신의 혈통이 아닌 하나님의 새로운 자녀로서 새로운 가족 공동체로 초대받기 때문이다. 그런 의미에서 바울이 교회 공동체를 묘사하는 중요한 은유가 바로 '가족'이다. 견고한 성경적 기반과 문화적 통찰에 입각한 '가정 교회' 주창자로 저명한 신학자 로버트 뱅크스(Robert Banks)는 "바울의 '가족' 용어는 모두 그리스도와의 관계, 그리고 그리스도인과 하나님과의 관계에 그 기초를 두고 있다. 그리스도인들은 자신들을 하나님의 가족의 일원으로 여겨야 한다."[13]고 주장한다. 이러한 가족 패러다임의 교회 이해로부터 교회 공동체를 위한 사랑의 중심성이 부각되고, 바울의 독특한 은유인 형제, 자매, 아들과 같은 가족적 호칭들이 사용될 수 있었던 것이다.

현대 사회는 극심한 외로움과 관계 단절의 질환을 앓고 있다. 사람들은 겉으로는 괜찮은 척하며 개인주의적 라이프스타일을 향유하는 것처럼 보이나, 실상 내적으로는 자기 불안과 관계의 결핍을 안고 있다. 현대인의 고독은 전통적 이웃사회가 무너지고 익명적 도시화 및 핵가족화가 진행되는 등과 같은 환경의 변화에서 비롯되기도 하지만, 다른 한편으로는 날로 처절해지는 경쟁체제와 만연한 성공 이데올로기 가운데 불안과 불신이 양산한 것이기도 하다. 칼 로저스가 말한 것처럼, 현대인의 고독은 '자기 자신이 불만스러움으로 인한 자기 자신으로부터의 소외'라는 성격과 '자기 자신을 내어줄 상대를 찾지 못하는 관계적 헌신의 공백'이라는 특징을 모두 갖고 있다. 진정성 있는 관계에 대한 현대인의 갈급함과 욕구는 날로 커지고 있다. 물론 대부분의 현대인들이 처음에는 관계에 대해서 부담스러워하며 습관적으로 익명자로 남기를 원한다. 그러나 공감과 진실성이 담보되는 공동체에 대한 욕구는 현대인의 더욱 깊은 곳에 자리 잡고 있다.

이러한 사회에서 진정성 있는 공동체는 21세기 복음 전도에서 핵심적인 역할을 수행할 것이다. 사람들은 자신들의 이야기를 들어주고 자신들의 고민과 필요가 이해받고 격려받는 관계를 갈망한다. 또한 일반적으로 사람들이 복음을 경험하고 깨닫는 곳은 바로 공동체다. 복음의 논리와 내용을 파악해서 복음을 깨닫는 것이 아니라, 복음에 기초한 사랑과 섬김의 삶을 구현하는 공동체를 경험함으로써 복음이 어느덧 내재화되는 것이다. 그래서 20세기 최고의 선교신학자인 레슬리 뉴비긴은 '회중이야말로 복음의 해석적 공동체'라고 단언하였다.[14] 공동체적 복음 전도는 특히 차세대 전도를 위해서 가장 유력한 방식이다. 전도사역에서 매우 시급한 과제 가운데 하나는 신앙인의 자녀들이 지속적으로 신앙을 주체화시킬 수 있느냐 하는 것이다. 여러 통계에 의하면, 많은 다음 세대 그리스도인들이 성인이 되어서 교회를 떠나고 있으며, 교회학교에 참석하는 자녀들도 갈수록 줄고 있다. 따라서 차세대 복음화는 한국 교회 앞에 성큼 다가온 절박한 과제라 할 수 있다. 어린이, 청소년들의 신앙을 지속시키기 위해서 여러 가지 방안들이 등장하고 있다. 아이들의 교회 생활을 재미있게 해주려는 많은 시도들도 나오고 있지만, 최근 주목해야 할 해법은 아이들로 하여금 신앙의 공동체성을 경험하게 하는 것이다. 단순히 좋은 주일학교 커리큘럼을 보급하는 데서 그칠 것이 아니라, 신앙이 삶과 경험으로 체득되게 하는 것이며, 이를 위해 가장 좋은 대안은 부모 세대와 자녀 세대가 함께 공동체적 경험을 할 수 있는 장을 자주 마련하는 것이다.

미국의 루터신학교(Luther Seminary)와 남침례교단의 사우스웨스턴신학교(Southwestern Seminary)에서 성인이 된 뒤에도 계속해서 신앙을 유지했던 이들이 청소년기에 경험한 신앙생활을 조사해 본 결과, 교회에서 모든 가족 구성원들을 포함하는 신앙 프로그램들을 활성화시켰고, 청소년들로 하여금 교회의 성인 회중과 함께 드리는 예배에서 순서를 맡거나, 봉사에 참여할 수 있는 기회를 자주 부여하였다고 한다. 또한 통계적으로는 성장과정에서 자신들의 신앙생활에 영향력을 주는 (부모 이외의) 성인 멘토가 3명 이상이 있을 경우 신앙이 평생 지속될 가능성이 높다고 한다.[15] 따라서 교회의 가족적 공동체 형성은 차세대 복음화에 상당한 변수가 될 전망이다. 이는 단지 혈연 가족을 강화하는 차원이 아니다. 왜냐하면 가족 이기주의는 혈연가족의 범주에 속하지 못하는 이들을 배제하기 때문이다. 생물학적 가족의 범위를 벗어나 어릴 때 다양한 성인들과 공동체 의식 속에서 신앙을 경험하도록 해주는 사역의 다변화가 필요하다.

공동체를 통한 전도는 앞으로 21세기 전도에서 '은밀하게', 그리고 '가장 위대하게' 개발되어야 할 전도의 핵심 영역이 될 것이다. 성경은 삼위하나님께서 공동체로 존재하시고, 우리를 공동체적으로 지으셨으며, 회복된 공동체로 사람들을 새롭게 모으시는 구원의 경륜 속에서 역사하신다고 가르치고 있기 때문이다.

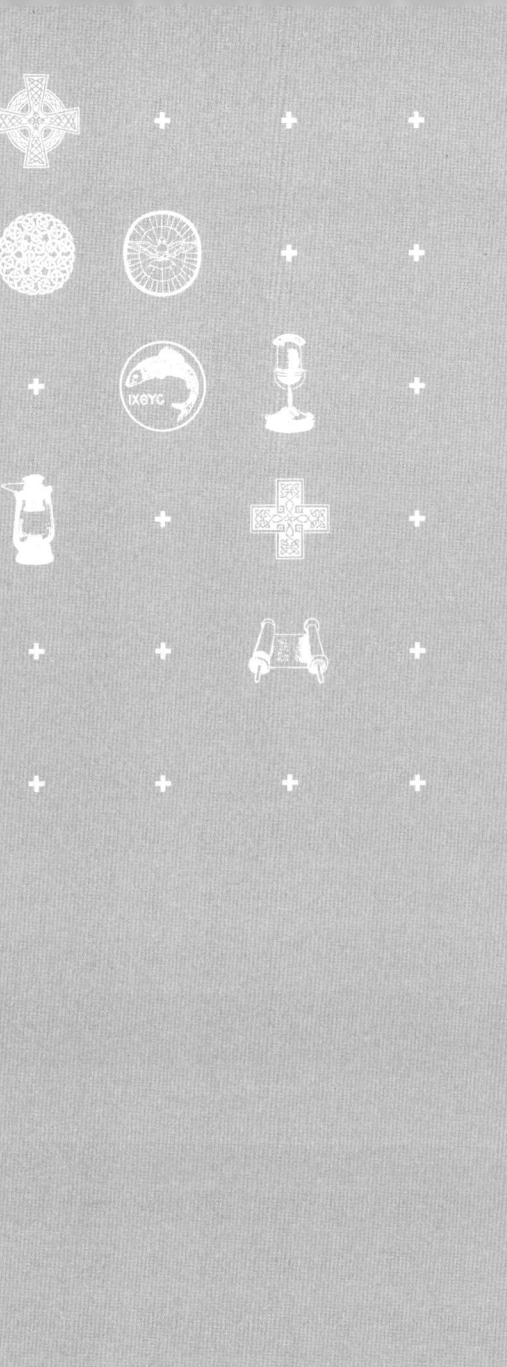

3장
복음 전도의 첫 열매: 초대교회

지난 2,000년 기독교 역사상 초기 300년 동안의 교회가 비교적 가장 이상적인 공동체에 가깝다는 데는 이의가 없을 것이다. 그렇다고 초대교회가 아무런 문제없는 완벽한 공동체였다는 말은 아니다. 그러나 초대교회가 부활하신 예수 그리스도의 생명력과 가르침이 비교적 순수하고 생동감 있게 간직되었던 공동체였던 것은 분명하다. 초대교회의 성장은 신비한 것이다. 거대 로마 제국의 촌구석 팔레스타인에서 흙먼지를 날리며 발로 일어났던 예수 그리스도의 하나님나라 운동이 300년도 안 되어 로마 제국을 기독교화한 사실은 획기적 사건이다. 오순절 다락방에 모였던 신도가 120명이었고 당시 식민지를 포함한 로마 제국의 인구가 대략 6,000만에 머물렀다고 보면,[1] 0.0002퍼센트의 기독교 인구가 콘스탄티누스 황제 때에 이르러 인구의 8.4퍼센트에 해당하는 5백만 명가량으로, 무려 4만 배 성장을 한 셈이다!

따라서 초대교회의 폭발적 성장과 효과적 전도가 어디에서부터 비롯되었는지 큰 관심을 갖지 않을 수 없다. 더군다나 당시는 로마 제국에 의해서 기독교가 조직적으로 박해를 받던 시기였다. 예수를 믿는다고 하면 유대 사회에서뿐 아니라, 그리스-로마 사회에서도 배척을 받는 그 혹독한 상황에서도 초대교회는 통계상 매 10년마다 40퍼센트씩의 성장을 한 것이다. 이 장에서는 가장 험난한 상황에서 가장 건강하고 견고한 성장을 이룬 초대교회의 전도 모델을 살펴보고자 한다. 특히 당대의 사회, 문화적 관점에서 볼 때 초대교회가 지녔던 힘과 매력이 어디에 있는지를 주목하며 오늘날 우리에게 주는 전도의 교훈도 성찰할 것이다. 변방의 이단적이고 빈약한 종교 운동이 제국 전체를 정복했다는 것은 비단 신학자들만 아니라, 역사학자들에게도 흥미로운 관심사였다. 그래서 이번 장에서는 초대교회의 성장과 전도를 내재적 관점뿐 아니라 외재적 관점에서도 조망할 것이다. 이를 통해 얻게 될 전도에 대한 교훈은 극심하게 세속화되는 21세기 사회에서 교회 공동체에 필요한 소중한 유산을 복원하는 데 도움을 줄 것이다.

바울의 첫 열매 비전

로마서 15장 19절에서 사도 바울은 다음과 같은 대범하고 놀라운 선언을 한다. "내가 예루살렘으로부터 두루 행하여 일루리곤까지 그리스도의 복음을 편만하게 전하였노라." 이 말은 그를 선교사로 파송한 예루살렘으로부터 시작해서 지금의 그리스 북서부 지방이자 고대 로마 제국의 동부까지 약 2,000킬로미터나 되는 광대한 지역을 복음으로 채웠다는 뜻이다. 정말일까? 바울이 로마 교회에 보내는 서신을 쓰던 때를 서기 56년에서 57년 즈음으로 볼 때, 그 당시 로마 제국의 동반부가 그리스도인으로 가득 채워질 수 있었을까? 심지어, 같은 장 23절에서 바울은 "이제는 이 지방에 일할 곳이 없고"라고 이성적으로 이해하기 힘든 발언까지 한다. 당시 바울은 고린도 지역에서 로마 교회의 성도들을 향해 이 편지를 쓰면서, 그가 다닌 광활한 지역을 복음화시켰기에 더 이상 일할 곳이 없다는 당돌한 말까지 한다. 실상은 어땠을까? 바울이 사역하던 당시에 로마 제국의 인구가 약 6,000만 명가량 되었으며, 그 가운데 그리스도인의 수는 추산하기 힘들 정도로 미약했다. 바울의 열정적인 선교 활동과 성과는 놀라운 것이지만, 그 넓은 지역의 수천만 그리스-로마인들을 복음으로 채웠다고, 그래서 더 나아가 할 일이 없다는 식으로 말하기에는 너무도 과장이 심하다고 할 수 있다.

바울은 왜 이처럼 과장되고 허풍스러운 표현을 쓴 것일까? 바울 신학의 세계적 권위자인 김세윤은 이를 아주 흥미롭게 설명한다.

바울의 이러한 표현을 이해하려면, 그의 '첫 열매' 원칙을 고려해야 한다는 것이다.[2] 로마서 11장 16절에 따르면, 바울은 '제사하는 첫 열매가 거룩하면 떡덩이 전체도 그러하고 뿌리가 거룩하면 가지들도 그러하다'는 원칙에 따라 사고하였다. 이는 어느 지방이나 도시에서 처음 몇 사람을 전도하여 신실한 신자로 그리스도께 드렸으면, 그 사람들을 그 지방이나 도시 전체를 대표해서 하나님께 바쳐진 첫 열매로 보는 방식이다. 그런 맥락에서 바울은 당시에 비록 유대인들 가운데 소수가 예수 그리스도를 믿지만 그 소수가 하나님께 바쳐진 첫 열매이기 때문에 언젠가는 유대 민족 전체가 하나님께 드려질 것으로 보았다. 마찬가지로 로마 제국 동반부의 광활한 땅에서 선교사역을 하면서 그가 실제로 전도한 사람의 수는 전체 인구에서 턱없이 낮은 비율을 차지하고 있지만, 그들을 하나님께 거룩한 첫 열매로 드렸다면 제국 전체가 하나님께 바쳐진 것이나 다름없다고 본 것이다. 그런 의미에서 바울은 그 지역에서 더 이상 일할 곳이 없다고까지 말하게 되는 것이다.

바울의 이러한 '첫 열매' 전도의 비전은 역사적으로 약 270년 뒤에 콘스탄티누스 황제의 기독교 공인을 통해서 현실화되었다. 로마 제국 전체가 그리스도께 바쳐지는 역사가 일어났던 것이다. 물론 오늘날의 역사적 안목에서 콘스탄티누스의 개종과 로마의 기독교화를 비판적으로 조명해야 할 여지는 많다. 그러나 1세기 기독교가 극히 미미하고 힘없어 보이는 하나님나라 운동을 벌일 때 바울과 초기 교회 신자들이 품었을 '첫 열매'의 원칙과 비전은 역사 속에서 기적적으로

가시화된 것은 분명하다. 즉, 초대교회의 놀라운 성장과 전도는 바로 첫 열매의 원칙에 기반을 둔다. 이제 바울의 이와 같은 첫 열매의 비전이 실제로 나무 전체라 할 수 있는 로마 제국을 변화시키는 과정이 어떻게 일어났는지를 구체적으로 추적해보자.

초대교회는 어떻게 복음을 전했는가?

초대교회의 전도에 대한 오해

우리는 흔히 신약시대나 초대교회에서는 공공장소에서 활발하게 전도 운동을 했을 것으로 짐작한다. 핍박당하여 많은 순교자들이 배출되었음에도 불구하고 그리스도인들은 늘어났으니, 초대교회의 신앙인들이 마치 사도행전의 베드로, 요한, 스데반, 바울처럼 목숨을 내걸고 직접 복음을 선포하며 만나는 사람마다 증거하였으리라 생각한다. 그러나 실제 초대교회의 전도의 상황은 우리의 이러한 통념적 추측과 완전히 어긋난다. 물론 사도행전에 나타나는 것처럼, 사도들은 위험을 무릅쓰고 공개적으로 복음을 전파하였다. 기독교가 처음 로마 제국에 소개될 때는 유대교의 일파로 간주되면서 큰 박해를 받지 않았다. 하지만 시간이 지날수록 황제 숭배를 준거점으로 하는 강력한 통치가 이루어지게 된 로마 제국에게, 예수 그리스도의 주 되심과 그를 따르는 제자도를 요구하는 기독교는 점점 반역적이고 위협적인 존재로 인식되었고 대대적인 핍박을 받게 된다. 당연히 공공장소에서 복음을 전하기가 점점 어려워졌다.

　로마 제국은 본디 다양한 종교들에 관용적인 정책을 펼쳤다. 광대한 제국 안의 여러 다양한 민족들이 각기 자기들의 종교를 계속해서 믿고 따르도록 장려하였다. 부족이나 개인을 위한 사적인 종교에 로마 제국은 간섭을 하지 않았다. 당시는 서로의 종교를 존중해주는 사회였고, 만신전에서는 많은 신들이 서로 조화롭게 어울릴 수 있었다. 그야말로 철저한 의미에서 종교 다원주의 사회라 할 수 있다. 단, 국가의 질서와 체제를 건드리지만 않으면 되었다. 이런 상황에서 유대교는 애초부터 유별날 정도로 배타적인 유일신 종교였다. 그래서 로마의 권력자들은 예외적으로 유대교의 하나님 예배를 인정하되, 로마 제국을 위해 기도하는 것을 조건으로 내세웠다. 이런 식으로 유대교는 로마 제국과 공존하였지만, 긴장은 피할 수 없던 형국이었다.[3]

　그런데 자민족 중심적으로 신앙생활을 하는 유대교에 비해 기독교는 비슷한 유일신 신앙을 가지고 있었지만, 훨씬 더 적극적으로 보편적인 신앙(예수 그리스도가 만유의 주라는 사실)을 고백하며 선교적인 증거의 삶을 실천하였다. 로마 제국 내에서 사적인 종교들은 관용적인 대우를 받을 수 있었다. 그러나 다른 종교와 신들을 인정하지 않고 오직 하나님 한 분만을 섬기며, 신의 아들인 가이사 황제가 다스리는 로마 제국의 통치 질서가 아닌 예수 그리스도의 주권을 고백하며 살아가는 그리스도인들은 '반사회적' 집단으로 낙인찍히게 된다.

　이즈음에서 우리가 분명히 인식해야 할 사실이 있다. 로마 제국 아래서 그리스도인들이 박해를 받은 이유는 그들이 예수를 믿었기 때문이 아니다. 앞서 말한 것처럼, 로마 제국은 다종교 사회였고 여러 부족들의 종교 생활에 관대했다. 오히려 정책적으로 각 부족들마다 저마다의 신들을 잘 섬기며 제국의 평화와 번영을 위해서 기도하도록 더욱 장려하기도 했다. 초기 그리스도인들이 박해를 받은 것은 예수를 믿는다는 사실 때문이 아니라, 예수만이 주님이시라고 고백하고 그분(황제가 아닌)께 충성하는 생활양식을 실천했기 때문이다! 기독교가 공적으로 물의를 일으키지 않는 한, 제국의 체제와 요구에 잘 순응하는 한 박해를 받을 하등의 이유가 없었다. 그렇다고 당시 그리스도인들이 로마 제국에 대항해서 체제 전복적 행동 프로그램을 가졌던 것도 아니다. 그들은 로마 제국의 상대적 권위와 질서를 인정했다. 하지만 어디까지나 그러한 권위도 예수 그리스도의 주권 아래에서만 인정하였다. 만약 그들의 구체적 삶에서 황제의 요구와 그리스도의 제자도가 충돌할 때 그들은 한 가지 선택을 할 수밖에 없었다. 제국의 시민으로 충실하게 살 것인지, 아니면 그리스도의 제자로서 십자가를 질 것인지를 선택해야 했다. 초대교회의 전도와 성장은 확고하게 그리스도를 따르는 삶의 양식을 실천하는 공동체를 이룸으로써 가능했던 것이다.

초대교회는 특별히 전도하지 않았다

엄밀히 말해서 초대교회는 복음을 전하는 일은 고사하고, 신앙 공동체를 유지하기도 힘겨운 상황이었다. 꼭 이와 같은 외부의 박해 때문만은 아니지만, 초대교회의 지도자들이 쓴 서신이나 문서들을 보면 공개적으로 전도할 것을 명령하거나 권하지 않는다. 더군다나, 초대교회에 전도 훈련 프로그램 같은 것들은 전혀 존재하지도 않았다. 신약성경의 서신서들에서도 직접적으로 전도하라는 명령이 희박하듯이, 사도시대 이후의 교부들도 이교도들에게 전도하라는 권고를 하지 않는다. 초대교회는 이교도들을 직접적으로 전도하라고 하기보다는 그리스도를 따르는 선한 행실과 단정함으로 영향을 주는 삶을 더욱 장려했다고 볼 수 있다. 초대교회에 전도 명령이나 전도 프로그램이 부재했던 이유는 두 가지 측면으로 생각해볼 수 있다.

첫째, 일단 제국으로부터 박해받는 상황에서 그리스도인의 존재가 노출되는 것은 매우 위험했다. 신자 개인이 위험할 뿐만 아니라, 카타콤과 같은 비밀 장소에서 예배드리던 교회 공동체 전체가 노출될 수 있었다. 당시 상황을 감안할 때 공공연한 전도는 현실적으로 어려웠다.

게다가, 고대 로마 제국의 도시들은 인구밀도가 매우 높았다. 사람들은 도시로 몰려들었으나, 당시의 토목이나 건축 기술은 그 많은 사람들을 적절히 수용할 만한 크기의 공간이나 시설을 조성할 수준이 안 되었다. 도시는 작았으나 사람들은 많았다. 그래서 1세기의 로마 제국 내 도시들은 인구 밀도 면에서 오늘날의 그 어느 대도시 슬럼가 못지않게 높았던 것으로 분석된다. 이러한 상황에서 개인의 사생활은 보장받기 어려웠다. 사람들이 서로 밀집해서 살던 환경이기 때문에 소문이나 질병이 퍼지는 속도도 매우 빨랐다. 폭동이 일순간

에 일어날 수도 있었다.[4]

　이렇게 불편할 정도로 북적거리는 도시 환경에서 그리스도인들이 공개적으로 신앙을 표명하는 행위는 곧바로 도시의 치안을 담당하는 관원들에게 스스로를 붙잡아 달라고 요청하는 것이나 다름없었을 것이다. 초대교회가 카타콤에서 예배를 드릴 수밖에 없었던 것도 바로 이러한 이유 때문이다. 지하 무덤에서 은밀히 예배드려야 하는 이들이 공공장소에서 전도하는 것을 상상하기는 어렵다. 더군다나, 당시 로마 사회에서는 기독교에 대한 음해성 루머들이 떠돌아다녔다. 대표적인 3가지 루머가, 그리스도인들은 무신론자이며, 근친상간을 일삼고, 인육을 먹는 이들이라는 것이었다. 교회의 지도자들은 교인들의 신변 안전과 공동체 보호에 대한 책임의식을 지닐 수밖에 없다. 따라서 3세기경부터 교회가 지속적으로 조직적인 박해를 받는 상황에서 교회 지도자들이 공개적인 전도 활동을 권면하기 힘들었으리라 짐작할 수 있다.[5]

　둘째, 사도행전에 나오는 대표적인 전도 설교들을 볼 때도, 복음 전도는 구원 계획에 관한 요약된 문장들을 들려주고 그에 대한 동의 여부를 묻고 영접 기도를 하는 것으로 구성되지 않았다. 베드로나 바울의 전도 설교들은 모두 이스라엘의 이야기, 구약의 약속, 예수 그리스도를 통한 성취, 성령의 선물, 회개와 믿음이라는 내러티브로 전개되었다. 간단하게 '예수 천당, 불신 지옥!'을 외치는 식의 복음 전도는 사도시대로부터 이어지는 초대교회에서는 그리 익숙한 방식이 아니라 할 수 있다. 초대교회에서 이해하는 전도는 예수 그리스도의 복음이 의미하는 바를 온전히 깨닫고 그에 합당한 제자의 삶을 살도록 지속적으로 격려하고 돕는 일이었다.

무엇보다도, 초기 그리스도인들은 믿는 이들을 '예수 그리스도의 길을 가는 자들'로 이해했다. 사도행전에서는 그리스도인들을 가리키는 말로 '거듭난 자'라는 말은 사용하지 않고 '그 도를 따르는 자들'(People on the Way)이라는 표현을 쓰는데, 여기서 '그 도'란 예수 그리스도의 길을 말한다(행 9:2, 19:8, 23, 22:4, 24:14, 22). 신앙인이 된다는 것은 한 번의 결단을 통해 거듭나는 경험으로 증명되지 않고, 지속적으로 예수 그리스도의 가르침과 본을 따라 살며 변화되는 여정이다. 초대교회의 신자들을 위한 신앙 안내서인 「디다케: 열두 사도들의 가르침」에서도 첫머리에서부터 신앙생활을 '길'이라는 은유로 설명한다. "두 가지 길이 있습니다. 하나는 생명의 길이고 다른 하나는 죽음의 길인데, 두 길의 차이가 큽니다."[6] 이로부터 추론할 수 있는 것은, 초대교회의 그리스도인들은 전도를 신앙 입문과 제자도의 '과정'을 중시하는 여정으로서의 회심을 목표로 두는 것으로 이해하는 것에 더 가까웠으리라는 사실이다. 따라서 초대교회의 이러한 인식 가운데 오늘날, 특히 19, 20세기에 횡행했던 인스턴트식 전도와 전도 집회를 위한 자리가 있었을지 의문이다.[7]

그렇다고 초대교회가 전도에 무관심하거나, 전도를 소홀히 여겼다는 말은 아니다. 다만 오늘날과 같은 의미에서 노방 전도를 독려하거나 공적인 전도 프로그램을 고안하지 않았다. 그렇게 할 수도 없는 상황이었다. 놀라운 사실은 이러한 상황에서도 초대교회에서는 전도가 되었으며, 성장하였다는 점이다. 학자들의 어림잡은 통계에 의하면 그리스도인의 수는 서기 40년부터 기독교가 공인되는 서기 313년까지 매 10년마다 40퍼센트씩 증가하였다. 로마 제국의 변방에 위치한 작은 나라 이스라엘에서, 그곳에서도 천대받은 땅 갈릴리로부터 시작됐고 이단시되었던 예수의 하나님나라 운동이, 거대 로마 제국을 정복하는 기이한 일이 일어났던 것이다.

그럼에도 초대교회는 성장했다!

오늘날 우리가 주목해야 할 부분이 바로 이 점이다. 정교하고 세련된 전도 프로그램도 없고 교인들에게 전도하라고 들볶지도 않으면서, 어떻게 초대교회는 성공적으로 전도를 하고 성장했느냐 하는 것이다. 나는 초대교회 전도의 역설적인 결과를 영적 동력, 사회적 동력, 그리고 문화적 동력이라는 관점에서 조명하고자 한다. 이 3가지 동력은 임의적으로 분류한 방식이긴 하지만, 일반적으로 앞의 두 동력들(영적, 사회적)은 교회사에서 익히 거론된 요인들을 다루는 반면, 3번째인 문화적 동력은 주로 일반 역사가의 시각에서 객관적으로 드러나는 초대교회의 성장 요인이라 할 수 있다. 그래서 이 세 가지 관점 가운데, 문화적 동력에 좀 더 많은 논의를 할애할 것이다.

영적 동력

부활신앙: 초대교회는 강력한 부활 신앙 공동체였다. 부활의 역사성을 증명하는 주된 이유 가운데 하나가 바로 예수 그리스도 이후에

그를 따르는 신앙 공동체가 급속도로 등장했다는 사실이다. 그 당시 이스라엘 땅에서 일어난 대부분의 열광적 종교 운동은, 메시아를 자처하는 자가 나타나서 가르침과 능력을 보여주면 그를 따르는 군중들이 모여들었다가, 그 지도자가 잡혀 죽게 되면 구심점을 잃고 급속도로 와해되게 마련이었다. 그런데 예수님의 하나님나라 운동은 정반대의 모습을 보인다. 예수께서 죽으셨음에도 불구하고 (물론 신자들은 부활하시고 승천하셨음을 믿지만) 예수의 하나님나라 운동은 전혀 위축되지 않았다. 오히려 급속도로 그의 부활을 믿고 증거하는 공동체가 세워지고, 이스라엘뿐 아니라 이방 세계 곳곳으로 확산되었다. 이처럼 일반적인 전형에 들어가지 않는 예수 운동의 차별적 성격은 그를 따르는 이들에게 강력히 각인된 부활하신 예수 그리스도와의 만남으로부터 기인한다. 그들은 부활하신 예수를 만났다. 직접 만난 이들도 있고, 성령과 말씀 안에서 부활의 주님을 경험한 이들도 있다. 아무튼 이와 같은 전대미문의 제자 공동체가 형성된 데에는 부활하신 주님과의 인격적 만남이라는 강력한 체험이 있었음을 유추할 수 있다. 그들은 보고 들은 것을 말하지 않을 수 없었기 때문이다.

성령의 공동체: 또한 초대교회는 성령의 능력이 임하는 공동체였다. 성령의 능력이라고 하면 우리는 초자연적 힘의 과시와 문제 해결이라는 측면에서만 보는 경향이 있다. 그러나 성령께서는 많은 경우에 우리를 겸손케 하시고, 약함 가운데서 심오한 능력을 맛보게 하신다. 성령의 역사는 이적과 기사로도 나타나지만, 우리의 자아를 죽

이고 예수 그리스도만을 드러내게 하기도 하신다. 초대교회에서 성령의 능력은 한편으로는 기적과 치유로, 다른 한편으로는 자기 부인과 순교로 나타났다. 교부 테르툴리아누스는 "순교자의 피는 교회의 씨앗이다. 우리는 죽으면서 정복한다."라는 유명한 말을 남겼으며, 성 이그나티우스도 로마 교회에게 보내는 서신에서 순교는 그리스도를 따르는 제자도의 첫 단계라고 표현하기까지 했다.[8] 어원적으로 볼 때, '순교자'(martyr)라는 단어는 '증인'(witness)을 의미하기도 한다. 순교 자체가 그리스도와 그의 몸된 공동체를 증거하였다. 회심한 노예소녀 블랜디나의 순교 목격담은 그녀의 순교에서 그리스도가 드러난다고 기술한다.

> 그녀는 마치 십자가에 매달려서 진심으로 기도하는 것처럼 보여서, 격투자에게 대단한 격려가 되었다. 왜냐하면 그들은……육안으로 볼 때는 그들의 여동생 모습이었으나, 그들을 위해 못 박힌 예수가 그를 믿으라고 권유하는 것 같았다. 또한 그리스도의 영광을 위해 고난당하는 모든 이는 살아있는 하나님과 영원한 교제를 갖는다고 말하는 것 같았다.[9]

이와 같이 담대한 증거로서의 순교뿐 아니라, 당시의 철저한 계급 사회에서 계층이 전혀 다른 그리스도인들이 순교를 당할 때 서로를 가족처럼 돌보는 모습도 기독교 공동체가 어떠한 곳인지 보여주는 증거가 되었다. 명문가의 귀부인이 자기의 노예 및 다른 하층민들과 함께 순교당하는 모습은 당시 사회에서는 완전히 낯선 풍경이었기 때문이며, 기독교 신앙에 대한 궁금증을 유발했을 것이기 때문이다. 그리스도인 순교자들이 두려움이나 미움 없이 죽음을 받아들이는 모습이나 순교현장에서 귀천에 관계없이 서로를 위로하는 아름다운 모습이든 간에 이교도들에게 충격을 주었을 것이다.[10] 이는 이들이 성령의 능력 안에서 변화된 성품의 공동체, 새로운 가족 공동체를 이루었기 때문에 가능했다. 영성은 이처럼 성품과 관계의 변화를 수반할 때 진정한 능력이 된다.

변화된 삶: 단언하건데, 초대교회 그리스도인들로 하여금 그들의 가족이나 친구, 이웃 관계에서 예수 그리스도를 효과적으로 증거할 수 있도록 도운 가장 훌륭한 매개체는 다름 아닌 그들의 변화된 삶이었을 것이다. 이보다 더 큰 복음 전도의 방법은 존재하지 않을 것 같다. 이 점에서 베드로전서 3장 15, 16절은 초대교회 그리스도인들의 전도 방식을 가장 잘 서술해준다고 볼 수 있다.

> 너희 마음에 그리스도를 주로 삼아 거룩하게 하고 너희 속에 있는 소망에 관한 이유를 묻는 자에게는 대답할 것을 항상 준비하되 온유와 두려움으로 하고 선한 양심을 가지라. 이는 그리스도 안에 있는 너희의 선행을 욕하는 자들로 그 비방하는 일에 부끄러움을 당하게 하려 함이라.

'그리스도를 주로 삼아'라는 말은 단순히 개인적인 종교적 고백이 아니라, 정치적인 메시지이기도 하다. 가이사 황제를 '주'(퀴리오스)로 숭배하는 사회에서 그리스도인들은 전혀 다른 통치자의 주권을 인정하며 살아간다. 그들은 예수 그리스도의 본과 가르침을 따라 사랑하며, 용서하고, 기뻐하며, 인내하는 삶을 살아간다. 이들의 이러한 독특한 삶으로 말미암아 이교도들은 어떻게 해서 그와 같은 삶이 가능한지를 궁금해 하게 되며, 이는 전도의 중요하고 효과적인 초석이 된다. 마이클 그린도 이 구절을 신약시대와 초대교회 시대의 그리스도인들이 견지했을 복음 전도와 거룩한 삶의 긴밀한 관계를 보여 주는 것으로 본다.[11] 거룩한 생활과 효과적인 복음 전도는 초대교회에서 결코 분리될 수 없는 것이었다.

사회적 동력

사도 바울은 갈라디아서 4장 4절에서 "때가 차매 하나님이 그 아들을 보내사 여자에게서 나게 하시고"라고 선언한다. 실로 당시의 외부 상황을 살펴보면 예수 그리스도의 복음이 로마 제국 전역으로 전파되기 위한 때가 찼음을 부인하지 않을 수 없다. 이러한 주장은 교회사 속에서 이미 정리가 완료되긴 했지만, 대표적으로 당시 복음 전도에 우호적이었던 여건들은 다음과 같다.

제국의 문명적 인프라: 로마 제국이 발흥하기 전, 마케도니아의 알렉산더는 이미 세계 정복을 꿈꾸면서 그리스 고유의 문화를 동방의 문화와 융합시키려 야심차게 시도했다. 그래서 지중해 연안을 중심으로 동서 문화의 교류가 활발해지게 되면서, 헬레니즘이라는 거대한 단일 문화권이 형성되었다. 여기에 헬라어를 대중이 쉽게 배울 수 있도록 변형한 코이네 헬라어의 보급으로 언어의 일치까지 덧붙여졌다. 지중해 연안과 소아시아 지역(지금의 터기)에 많은 도시들이 세워졌고 유사한 문화생활을 공유했다. 또한 로마 제국은 비교적 공정한 법체계와 치안질서를 유지하였고, 광대한 영토 곳곳에서 일어나는 반란을 진압하기 위해 군대를 신속히 파견하고자 많은 길들을 닦았다(모든 길은 로마로!). 이와 같은 단일하고 선진화한 문명은 그리스-로마 사회로 기독교 선교가 확산되는 데 중요한 통로 역할을 한다. 언어와 사상이 통일되었고, 체계화된 도시생활이 형성되었고, 공공질서가 유지되며, 교통이 발달한 상황으로, 새로운 종교적 가르침인 예수 그리스도의 복음이 전파되는 것을 가로막는 환경적 장애물들이 제거된 셈이다.

제국의 종교적 인프라: 고대 그리스-로마 문명의 경제적 번영과 군사적 안정은 생존 문제 너머에서 삶의 의미를 찾는 이들을 양산하기 시작했을 것이다. 특히, 로마 제국에서 도시들이 건설되어 다양한 문화가 교류되면서 사람들은 여러 종교들이 교차하는 모습을 보게 된다. 그러면서 동방의 종교들도 소개가 되고, 로마인들은 외래 종교에 자주 노출되고 관심을 보이게 되었다. 이러한 도시들의 교류 가운데 기독교 신앙도 자연스럽게 소개된다. 고대 로마 사회에는 많은 종교들이 있었으나, 유력한 유일신 종교는 없었다. 일단 각 부족과 민족의 다양한 신들을 인정하는 사회였기 때문이다. 게다가 도덕적 규범을 일관되게 견지하는 고등 종교 형태의 유일신 종교는 더더욱 찾기 힘들었다.

고대 그리스-로마 사회에서 유일신 종교에 대한 관심은 두 가지 경로에서 비롯되었다고 볼 수 있다. 먼저, 그리스 철학자들 사이에서도 철학적 유일신주의가 존재했다. 가장 우월하고 고등한 신적 존재, 혹은 신적 원리에 대한 믿음은 있었다. 그러나 유대-기독교처럼 배타적 유일신을 숭배하는 방식은 아니었다. 그보다는 각 민족의 다양한 신들을 가장 고등한 신보다 약간 저급한 대리인 내지는 현현으로 간주하였던 것이다.[12]

이와 같은 철학적 유일신주의와 상관성을 가지면서 때로는 긴장하고, 때로는 영향을 주었던 그룹들이 바로 유대인들이었다. 초기 기독교가 전파되던 당시에 로마 제국 전 영토의 디아스포라 유대인들은 약 5, 6백만으로 추산되며, 주로 항구도시들에 거주하면서 각 도시 인구의 10에서 15퍼센트 정도를 점유하던 것으로 보인다.[13] 따라서 지중해 근방에 흩어져 사는 유대인 디아스포라의 수는 팔레스타인 본토의 유대인들보다 더 많았다. 이들 디아스포라 유대인들은 유대교의 규범(할례, 안식일, 음식법)을 지키려고 노력하면서 그리스 사회에 적응하는 이중 문화적 과제를 안고 있었다. 그리고 이 가운데 많은 이들이 이교도들과의 잦은 교류로 타문화에 노출되었고, 유대적 배타주의를 넘어서는 기독교 선교에 가장 먼저 수용적인 입장을 보이게 된다. 또한 이들은 이방인 선교에서도 중간 매개자 역할을 한다. 이 유대인들이 결국 그리스-로마인들과의 교류를 통해서 유일신 종교를 소개하고 전파하였으며, 진지한 관심을 갖는 이들은 할례를 받아 유대인이 되거나, 아니면 경건한 헬라인(God-fearers)으로 구도자적 삶을 살게 된다.

당시 로마 제국에는 대중적으로 인기를 누리던 동방의 종교들이 있었다. 터키 지역에서부터 전해진 키벨레(Cybele) 신앙이나 이집트로부터 전해진 이시스(Isis) 신앙이 대표적이다. 키벨레는 기독교보다 250년 정도 일찍 소개된 풍요의 여신이었다. 키벨레 종교는 강렬한 의식으로 유명했는데, 나무로 만든 제단 위에서 소를 죽이면 신앙 입문자들은 제단 아래로 쏟아지는 소의 피로 몸을 흠뻑 적시며 자신을 새롭게 하는 의식을 치렀다. 로마 제국의 사람들은 처음에는 키벨레 종교의 기괴해 보이는 의식 때문에 어느 정도 거리를 두었으나, 키벨레 종교가 점점 로마의 체제를 지지하는 수호 종교로 적응하면서 상류층에서 수용하게 되었다. 이시스 또한 여신으로서 모든 피조물들을 품어준 여신이자 인류의 구원자로서 추앙받았다. 이시스는 거의 유일신에 가까운 보편성을 지니는 존재였으며, 이시스 종교의 이야기들에는 창조, 수태, 부활 등과 같이 성경의 이야기와 유사하게 들리는 모티브들이 있었다.

키벨레와 이시스와 같은 동방의 종교들은 기독교 신앙이 로마 제국에 도입되어 전파되는 데 디딤돌 역할을 했다. 그리스 철학자들이 추구해왔던 지고한 존재(Supreme Being)에 대한 관심이 지식인들

사이에서 유일신 신앙과 접목할 수 있는 길을 닦았다면, 키벨레의 희생의식이나 이시스의 보편적 구원론은 로마 제국의 대중들이 기독교 신앙을 친숙하게 느끼고 이해할 수 있게 해주는 배경이 되었으리라는 점을 부인하기 힘들다. 특히 로마의 전통적 종교들은 형식적이고 내용 없는 의식을 집행해왔지만, 이러한 동방의 종교들은 기쁨과 황홀경 같은 감정적 체험을 고양하는 강렬한 의식을 제공하고, 개인적이며 도덕적인 삶을 가르치며, 정교한 신화를 갖추고 있다는 점에서 로마인들의 종교적 욕구를 채워주는 역할을 하였다. 기독교는 이러한 동방종교들의 경험을 공유하면서도, 이보다 더욱 고상하고 체계적인 종교로 대중에게 인식되었을 것이다. 실제로 키벨레와 이시스의 신전이 있던 도시들에서 기독교 교회들이 더 빨리 세워졌던 것으로 보인다.[14]

위와 같은 문명과 종교의 흐름은 기독교를 소개하고 변증하는 데 매우 중요한 접촉점 역할을 한다. 왜냐하면 기독교는 역사를 완성하는 종교이기 때문이다. 모든 철학이나 종교들은 인생과 세계의 진정한 진리를 갈망한다. 그들은 하나님을 찾고자 진단하나 바른 길로 들어서지 못할 뿐이다. 우리는 오직 예수 그리스도를 통해서만 바른 길에 들어서며, 성경을 통해서 하나님에 대한 참된 지식에 이르게 된다. 이러한 기독교 진리의 유일무이함은 진리에 다가고자 했던 인류의 모든 노력과 시도를 폐기하지 않는다. 복음 전도는 바울이 말한 것처럼 '알지 못하고 위하는 그것을'(행 17:23) 예수 그리스도 안에서 비로소 드러내줌으로써, 인류를 절망에서 소망으로 끌어내는 과제를 안고 있다.

문화적 동력

초대교회의 선교는 압도적이고 차별적인 문화적 증거였다. 초대교회가 이룩한 전도의 업적을 냉정하게 평가해볼 때 가장 큰 동력은 그들의 문화적 힘, 또는 독특한 공동체적 매력에 있었다고 볼 수 있다. 앞서 인용한 베드로전서 3장 15절의 '그리스도를 주로 삼아 거룩하게' 했던 삶의 표지가 적대적인 상황에서 초대교회에 복음 전도의 생명력을 공급해준 원천이었다고 단언할 수 있다. 기독교는 '교리의 종교'가 아니라 '삶의 종교'였기 때문이다. 그러면 세계를 호령하던 당대 로마 제국의 막강한 군사력과 우월한 문명 속에서 초기 기독교 공동체는 어떠한 독특한 삶의 양식(*modus vivendi*)을 공유하였을까?[15]

여성 우대: 초대교회는 여성을 존중하는 공동체였다. 하지만 유대 사회를 포함해서 고대문명은 보편적으로 여성을 천시하던 관행을 갖고 있었다. 여성에게는 재산 소유권이 없었고, 아이들과 같이 재산의 일부로 간주될 뿐이었다. 여성은 자신의 지위를 보호받기가 힘들었다. 아이를 낳아도 여자 아이면 영아 살해를 하거나, 심지어 임신 때 여자 아이로 추정되면 낙태하는 경우가 빈번했다. 고대 영아살해 집단 매장지의 유골들 대부분이 여자 아이들로 밝혀진 경우도 있었다. 고대 사회는 지독한 가부장제였던 데다가 전쟁과 노동을 위해서는 남성 인력이 압도적으로 필요했기 때문이었다. 그래서 고대 로마 사

회의 전체적인 성비는 남성이 여성보다 훨씬 높았다. 한 비문에서 파악되는 6백여 가정 중에서 한 명 이상의 딸을 키우는 집은 여섯 가정에 지나지 않았다. 여성은 단지 출산과 남성의 뒷바라지를 위해서만 필요한 존재일 뿐이었다. 결혼은 여성들이 큰 문제가 없는 한 의무적으로 해야 할 과제이기도 했다. 아우구스투스 황제는 과부들이 2년 안에 재혼하지 않으면 벌금을 물게 하기도 했다. 과부가 재혼을 하게 되면 자기의 재산이 모두 새 남편에게 귀속될뿐더러, 그녀의 운명과 지위도 남편에게 속하게 된다. 이혼도 오직 남성의 권리였다.

이렇듯 여성의 지위가 일반사회에서는 매우 낮았으나, 교회에서는 여성의 지위가 높았다. 더군다나 고대 로마 사회 전반에서는 여성들이 결혼하는 연령도 매우 빨라져서 대체로 사춘기를 전후해서 결혼을 하고 출산하는 경우가 많았으나, 그리스도인 여성들의 평균 결혼 연령은 이교도들보다 훨씬 늦춰졌다. 교회에서는 여성들이 우대를 받았으며, 지도자의 반열에 오르기도 했다. 로마서 16장 1절의 '여종'으로 번역된 뵈뵈의 원래 직분은 '집사'였고, 이는 명백히 뵈뵈가 로마 교회의 지도자 반열에 있음을 보여준다. 그리스도인 여성들은 가정에서도 존중 받았고, 교회 안에서도 공동체적으로 돌봄을 받았다. 그리스도인 남성들은 정절을 중시하며 아내를 귀하게 여기도록 가르침을 받았고(엡 5:28, 골 3:19, 벧전 3:7), 또한 교회 안에서 과부들은 공식적으로 특별하게 보호해주는 대상(딤전 5:3 이하)이었기 때문이다.

특히 사회 귀족층의 부인들이 교회에 와서 지도력을 발휘하고 중요한 역할을 한 것으로 보인다. 고대 로마 제국이 기독교를 박해할 때, 순교당한 이들은 평범한 교인들보다는 교회의 지도자들이었다. 그런데 순교자들 가운데 여성들의 일화가 많이 등장하는데 이는 상당한 수의 여성들이 교회에서 지도적 역할을 했음을 방증한다. 이 때문에 일반 이교도 사회에서는 남성들이 훨씬 많았지만, 교회에는 여자들이 더 많았다. 로마서 16장에서 바울이 특별하게 언급하는 수신자로 15명의 여성과 18명의 남성이 언급되는 것을 보면, 초대교회에 여성 신도수가 상당했음을 의미한다. 또한 서기 303년경 북아프리카의 한 교회에서 가난한 자들을 구제하기 위해 옷들을 모았는데, 여성의 옷이 82점이고 남성의 옷이 16점이라는 사실도 교회 내에서 여성들의 비중이 훨씬 높았음을 보여준다.

갈라디아서 3장 28절은 초대교회 공동체를 이루는 중요한 대원칙이었다. "너희는 유대인이나 헬라인이나 종이나 자유인이나 남자나 여자나 다 그리스도 예수 안에서 하나이니라." 초대교회는 이 원칙을 따라 남녀에 대한 차별을 거부하였으며, 또한 여성들을 귀하게 여기시고 동역자로 삼으셨던(마리아와 마르다의 경우처럼) 예수님을 본받아 여성을 존중하고 우대함으로써 많은 여성들이 교회에 나오고 지도력을 발휘하게 되었다. 그리고 이 여성들은 대단히 효과적으로 초대교회성장의 견인차 역할을 하게 된다.

가정에서의 전도: 초대교회의 전도는 대부분 삶의 현장(일터, 이웃, 가정)에서 개인적으로 이루어졌다. 그 가운데 가장 자연스러운

복음 전도의 환경은 가정이었다. 왜냐하면 고대의 가정은 오늘날보다 훨씬 더 포괄적인 개념으로서, 혈연 가족뿐 아니라 친구, 노예, 손님 등이 함께 예배, 식사, 친교, 배움 등을 주고받을 수 있는 공간이었기 때문이다. 또한 가정은 비공식적이고 편안한 분위기를 자아내기에 사람들과 친밀하게 복음을 나누기에 적합했다. 대표적으로 사도행전을 보면 빌립보에서 유럽 최초의 교회가 세워진 곳도 루디아의 집(행 16:15)이었으며, 고린도에서도 아가야 지역 선교의 첫 열매인 스데바나(고전 16:15)가 자신의 집을 개방한 것을 볼 수 있다. 가정 안에서의 전도는 잠재적 확장성을 띤다. 고대 로마 제국에서의 가족은 다른 친지, 친구, 이웃의 가족들과 연결되어 있기 때문이다. 집안의 가장인 남편이 회심을 하면 온 가족 전체가 뒤따르는 큰 영향을 주게 된다.

그런데 앞서 말한 것처럼 고대 로마 사회에는 남자들이 많았고, 교회에는 여자들이 많았다. 이러한 성비의 불균형은 결국 그리스도인 여성들로 하여금 큰 딜레마와 마주하게 한다. 바로 결혼의 문제다. 신실한 그리스도인 여성들이 결혼할 나이가 되어도 같은 기독교 신앙을 지닌 남성을 만나기가 어려워진 것이다. 교회 안에는 여성이 더 많기 때문이다. 게다가 로마의 세속사회에서는 성인 여성이 결혼을 하지 않은 채 지내기란 여간 쉽지 않았다. 엄청난 사회적 압박이 있었다. 특히 이교도 가정 출신의 여성들이 이러한 결혼 압력에 맞서기가 쉽지 않았다. 그래서 결국 많은 그리스도인 여성들이 이교도 남성들과 결혼할 수밖에 없었다. 당시 교회 지도자들이 그리스도인 여성들이 이교도 남성들과 결혼하는 현실에 대해서 '악마의 노예'가 되는 것이라고 정죄했지만, 이러한 비난은 동시에 그와 같은 종교간 결혼이 빈번했음을 보여주는 대목이기도 하다. 또한 이러한 이교도와의 결혼이 감독의 승인 하에 이루어지는 한 심각하게 정죄하지는 않았던 것으로 보인다.

그런데 이러한 이교도와의 결혼, 혹은 결혼한 상태에서 아내가 그리스도인으로 회심하게 된 경우에 의미 있는 가족 전도의 장이 마련되는 역설적인 현상이 일어난다. 일단, 자녀들은 그리스도인 어머니에 의해 양육을 받으면서 자연스럽게 기독교 신앙을 갖게 된다. 그리고 배우자와의 관계에서도 전도가 가능해진다. 바로 일차적 회심자와 이차적 회심자의 만남이라는 구도가 형성되기 때문이다.

일차적 회심자 vs. 이차적 회심자: 일차적 회심자(primary convert)란 자신이 주체적으로 결단하여 어떤 종교나 신앙을 받아들인 사람을 말한다. 이차적 회심자(secondary convert)는 가족이나 국가의 종교를 그대로 따르는 이들을 말한다. 예를 들어, 특별한 주체적 신앙 결단의 경험이 없는 모태신앙인들은 이차적 회심자로 분류될 수 있다. 고대 로마 사회에서 그리스도인 여성의 증가는 많은 가정 안에서 일차적 회심자와 이차적 회심자의 대립을 양산하게 된다. 여기서 이차적 회심자란 대부분 남편들인 경우가 많다. 그들은 큰 고민이나 신념 없이 국가의 종교와 제의 의식을 따르는 것이다. 이렇게 일차적 회심자와 이차적 회심자가 만나면 결국 긴장과 충돌이 일어나게 된다. 실제로 일차적 회심자인 많은 그리스도인 여성들이 이교도 남편들에게 핍박을 받고 쫓겨나거나 심지어 순교당하는 위험에 처하기도 했다.

하지만 종교사회학적인 분석과 통계에 의하면, 일차적 회심자와 이차적 회심자 사이에 교류가 일어나면 대체적으로 이차적 회심자가 일차적 회심자에게로 기울어지는 성향을 보인다. 종교간 결혼이 일어나면, 결국 덜 종교적인 배우자가 더욱 종교적인 배우자에게 끌려가는 것이 일반적인 법칙이다. 이와 같은 종교간 결혼으로 궁극적으로 배우자 전도가 이루어졌다고 합리적으로 추론할 수 있다. 이교도 남편들은 그리스도인이 된 자신의 아내가 진심으로 자신을 존중하며 섬기는 모습에서 감동을 받을 수 있다. 또는 가정에 시련이 닥쳤을 때, 그리스도인 아내가 하나님을 의지하여 난관을 이겨내는 신앙에 대해서 궁금해 할 수도 있다. 흥미로운 점은 신약성경에서도 종교간 결혼을 결코 권장하진 않지만, 그와 같이 종교가 다른 상황에서 그리스도인 배우자가 이교도 배우자에게 끌려가는 상황에 대한 염려보다는, 거꾸로 이교도 배우자가 그리스도인 배우자에게 동화되리라는 전망이 더욱 강하다는 점이다(고린도전서 7장).

그러면 여기서 얻을 수 있는 전도의 교훈은 무엇인가? 믿지 않는 자와의 결혼을 전도의 전략으로 장려하자는 말인가? 결코 아니다! 중요한 점은 처음 언급한 여성 우대라는 교회의 독특한 문화가 여성들을 교회에 더 많이 나오게 만들었고, 이로 말미암아 그 여성들의 배우자가 전도되었으며, 자녀들도 신앙의 양육을 받게 되었다는 것이다. 종교간 결혼은 현실 상황일 뿐 결코 전략이 될 수 없다. 그보다 더욱 중요한 것은, 복음에 입각한 교회의 차별적 문화가 힘이 있다는 사실이다!

출산율: 고대 로마 사회의 일반적인 출산율은 현저히 낮았다. 이는 당시에 횡행했던 영아 살해와 낙태, 그리고 가정을 소홀히 여기고 아이 낳기를 기피하던 풍조에서 비롯된다. 성적으로 문란하고 자유방임적 쾌락이 만연한 시대에, 아이를 낳고 책임 있게 양육하는 풍습은 갈수록 희박해졌다. 여자 아이나 장애아를 낳은 경우 영아 살해가 때로 합법화되기도 했으며, 하수구에 버려진 아이들의 시신이 쌓이기도 했다. 국가적으로는 노동력과 군사력의 필요 때문에 출산 장려 정책을 쓰기도 했지만 워낙 쾌락적인 사회 풍조는 이를 따라주지 못했다. 특히 낙태는 당시에 더더욱 위험천만한 시술이었다. 낙태를 하기 위해서 날카로운 바늘이나 독을 사용하는 경우가 많았는데, 이 때문에 여성들이 불임이 되거나 목숨을 잃는 경우도 허다했다. 더욱 어이없는 것은 이러한 낙태 시술의 결정권은 여성이 아닌 남성에게 있었다는 사실이다. 특별한 이유 없이도 낙태를 행할 수 있었고, 벌금이나 처벌이 없었다. 한때 그리스의 철학자 플라톤은 인구 조절을 목적으로 여자 나이가 마흔이 넘으면 낙태를 의무적으로 하도록 했다. 또한 당시에는 친밀한 부부관계가 보편적이지 않았기 때문에 동성애나 양성애와 같은 비정상적인 성관계들도 만연했다.

이와 같은 성적 쾌락주의와 낮은 출산율의 일반적인 문화와 달리, 교회에서는 출산을 장려했고 결혼의 신성함을 강조했다. 그리스도인들은 남성이든, 여성이든 정절을 지켜야 할 도덕적 책임을 서약해야 했으며, 우선적으로 가족과의 관계에서 변화된 성품을 증명해야 했다. 침소를 더럽히지 않고 일부일처제를 확고하게 지키며 출산을 하나님의 복이자 성경의 명령으로 보는 기독교 신앙 때문에, 그리스도인의 출산율은 일반 사회의 출산율보다 훨씬 높았다. 낙태는 결코 용납될 수 없는 범죄였다. 이러한 출산율의 차이가 세월이 흐를수록 종교 인구의 분포를 서서히 바꿔놓게 된다. 처음에는 큰 차이가 없는 것 같으나, 약 250년 동안 이교도들은 아이를 덜 낳고, 그리스도인들은 아이를 더 낳는 패턴이 지속된다면 종교 인구 분포는 비약적 수준으로 변화된다. 이러한 출산율과 생명 및 가정 존중 사상은 초대교회의 복음 전도와 성장에도 큰 기여를 하게 된다. 또 말하지만, 출산이 전도의 도구가 되었다는 것이 아니다. 기독교 교회 안에 독특하게 형성된 가정과 생명 존중의 문화에 주목하라는 것이다. 이 문화의 힘이 결과적으로 교회를 성장시켰다.

  출산율의 문제는 오늘 한국 사회와 교회에도 교훈을 준다. 나는 복음 전도와 교회성장을 위해서 아이를 많이 낳아야 한다거나, 혹은 창세기의 명령이기 때문에 무조건 생육하고 번성해야 한다고 주장하지 않는다. 여성들이 안전하게 아이를 잘 낳아서 키울 수 있는 구조와 환경이 미비한 상태에서 성경적 당위성만을 내세우기에는 한계가 있다. 더 나아가 교회가 아이의 출산과 양육의 과제를 공동체적으로 담당하는지에 대한 문제의식도 가져볼 수 있다. 여성이 출산을 경제적, 심리적 위협으로 느끼지 않도록 사회 구조의 개혁도 필요하다.

그러나 기독교 공동체에게 더욱 중요한 것은 우리가 더불어 살아갈 수 있는 공유된 문화와 생활의 관계망을 이루고 있느냐 하는 문제다. 출산이 국가적 과제가 되기도 했지만, 그리스도인은 출산의 문제가 창세기의 명령뿐 아니라, 더불어 살아가는 신앙 공동체 형성의 문제로 직결됨을 인식해야 한다.

서로 돌보는 공동체: 사람들의 일반적인 추측과 달리 고대 로마의 도시들은 위생적으로 청결하지 못했다. 넘쳐나는 인구와 밀집된 주거 생활 형태 때문에 쓰레기와 오물의 악취는 심각한 수준이었다. 대체적으로 로마 제국 내 도시들에서는 공공시설이나 신전, 기념물 등이 많은 공간을 차지하면서 개인과 가족을 위한 공간은 극히 좁고 불편한 상황이었다. 고대 로마의 하수 시설이 훌륭한 수준이었다고 종종 칭찬하지만, 실제로는 당시의 폐기물 처리나 정수 기술을 감안할 때 상류층 일부를 제외하고는 매우 불결한 환경에서 살았던 것으로 보인다. 또한 당시는 비누나 세제도 없던 시기였다. 물은 부족했고 위생 상태는 열악했다. 거기에 가축들도 함께 지내던 주거 환경은 수많은 질병을 창궐하게 했다. 여기에 극도로 높은 인구 밀도가 더해지면서 질병 전염의 위험이 매우 큰 상태였다. 따라서 치유는 이교도나 기독교 모두에서 매우 중요하고 절박한 사역일 수밖에 없었다. 지진이나 야만족의 습격으로 도시는 종종 황폐화되었고, 이질적인 사람들이 도시로 몰려들어 뒤섞인 까닭으로 범죄율도 매우 높았다.

이러한 환경에서 교회는 서로 돌보는 공동체로서 중요한 역할을 한다. 사도행전 2장과 4장에 나오는 것처럼, 초대교회는 유무상통의 공동체를 이루었고 바울 서신에서 자주 표현되는 것처럼 친밀한 가족적 관계를 이루었다. 예수님의 말씀처럼 서로 사랑하고 하나가 되는 공동체를 세우는 일은 초대교회를 지탱하는 핵심적 원리였으며, 세상 속에 있으나 세상에 속하지 않은 공동체를 이루었다. 또한 이들은 술 취함과 방탕함을 멀리하고 단정하고 검소하며 정결한 삶을 추구했다. 공동체 안의 연약한 자들을 돕고 서로 짐을 나눠서 지는 정신을 공유했다. 이러한 초대교회의 서로 돌보는 문화가 위생적 불결함과 질병으로 고통 받던 고대 로마 사회의 평민들에게는 큰 매력이었을 것이다. 기독교 공동체에 들어가면 서로 돕고 나누는 문화 덕분에 사람들은 안전과 보호를 누릴 수 있었고, 또한 잦은 재난과 죽음의 두려움을 극복할 수 있는 부활의 소망도 공유할 수 있게 되었다. 기독교는 단순히 교리와 의식의 종교가 아니라 실제 삶의 문제들에 대한 답을 제공하는 종교였으며, 기독교의 지도자들은 종교의식만 담당하는 특권층이 아니라 새로운 삶의 양식을 함께 실천하며 본을 보이는 자들이었다.

헌신적 이웃 사랑: 앞에서 말한 것처럼, 로마 도시들의 불결한 위생 상태 때문에 2, 3세기에 로마 제국의 동부 지역을 중심으로 두 차례에 걸쳐 큰 전염병이 창궐했다. 전체 인구의 오분의 일에 해당하는 사람들이 이 병에 걸려 죽었고, 심지어 황제까지도 목숨을 잃는 상황도 발생했다. 당시 전염병이 돌면 많은 이들이 전염되지 않으려고 도

망쳤으며 환자들을 격리시켰다. 그러다 보니 전염병에 걸린 이들은 아무런 도움도 받지 못한 채 속수무책으로 죽어가야만 했다. 어느 한 도시에 전염병이 돈다고 치자. 그러면 사람들은 그 도시를 빠져나가고, 곳곳에 병에 걸려 죽은 시신들이 나뒹굴고 많은 이들이 신음하는 상황이 연출될 것이다. 이러한 절망적인 상황에서 전염병에 걸린 이들을 도와주러 오는 이들이 바로 그리스도인들이었다. 왜냐하면 그리스도인은 예수 그리스도의 길을 따르는 자들이며, 예수께서는 병든 자, 헐벗은 자, 옥에 갇힌 자, 가난한 자를 대접하라고 하시면서, '지극히 작은 자 하나에게 한 것이 곧 내게 한 것'(마 25:40)이라고 가르치셨기 때문이다. 또한 이러한 환대의 실천이 마지막 날 심판의 기준이 된다고 말씀하셨다. 그리스도인들은 병에 걸린 자들을 간호해 주고 치료해줄 뿐 아니라, 자기들과 관계도 없는 이들의 시신들을 장사해주었다.

그런데 여기서 예외 없이 문제가 발생한다. 전염병 환자들을 돌봐주는 그리스도인들도 병의 전염에서 자유롭지 못했다는 점이다. 그러나 기독교 공동체에는 이교도들과는 다른 결정적인 차이가 있다. 앞서 말한 것처럼, 그리스도인들 사이에는 서로를 돌보는 견고한 관계망이 형성되어 있었던 것이다. 기독교 공동체의 견고한 간호 체계가 그들의 병이 악화되지 않도록 도움을 주었다. 현대 의학에 의하면, 약물 처방 없이도 적절한 간호와 휴식, 그리고 영양공급만으로도 전염병 사망률은 삼분의 일로 떨어진다고 한다. 즉, 같은 전염병에 걸려도 이교도들에 비해서 그리스도인들의 사망률은 삼분의 일 수준

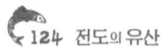

이라는 것이다. 지금까지의 내용을 토대로 고대 로마의 한 도시에서 한번 전염병이 확산됐을 경우, 그리고 이에 그리스도인들이 대응함에 따라 어떠한 결과가 벌어질 수 있을지를 시뮬레이션으로 추측해보자.

　서기 160년경 로마 도시의 인구가 10,000명이었다고 가정해보자. 당시 그리스도인의 인구는 0.4퍼센트로 계산할 때 40명이 된다. 그러면 이교도 인구 9,960명이기 때문에, 그리스도인과 이교도의 비율은 1대 249이다. 만약 10년 동안 전염병에 걸려서 죽은 사람이 전 도시 인구의 30퍼센트 정도라고 가정할 때, 그리스도인의 치사율은 10퍼센트가 된다. 따라서 10년 뒤에 그리스도인과 이교도의 비율은 36명 대 6,972명으로, 1대 197의 비율로 바뀐다. 만일 여기에 초기 기독교 역사에서 매 10년마다 평균 40퍼센트가 성장한 통계를 적용해보자. 10년마다 그리스도인은 40명의 40퍼센트가 증가한 셈이니 16명이 더 추가되며, 반대로 이교도 총수에서는 16명을 빼야 한다. 이교도 16명이 그리스도인으로 옮긴 셈이다. 그러면 그리스도인의 수는 52명(36+16)이며 이교도의 수는 6,956명(6,972-16)이 된다. 이 비율은 1대 134로 더 좁혀진다. 인구가 그대로라고 가정하고, 100년 뒤인 260년에는 그리스도인 997명, 이교도 4,062명이 되어 그리스도인과 이교도의 인구 대비는 1대 4가 된다! 역사학자들에 따라 313년 콘스탄티누스 황제 때 그리스도인의 비중이 전체 로마 제국 인구의 약 10퍼센트에서 많게는 30퍼센트 이상 차지했을 것이라고 보는데, 위와 같은 시뮬레이션으로도 충분한 개연성이 존재한다.

위의 시뮬레이션은 어디까지나 당대의 기독교 교회와 전도 상황을 엿볼 수 있는 가설일 뿐이다. 중요한 것은 초대교회는 의도적이거나 공식적인 전도 활동 없이, 오직 예수님의 길을 따르며 그분의 가르침을 순종하는 실천만으로도 혁혁한 복음 전도와 교회성장을 이루었다는 것이다. 당시 그리스도인들의 선행에 관해서는 로마의 이교도 사상가들도 인정하는 바였다. "그들은 허황된 것을 믿지만, 그들의 행실은 바로 우리가 이상적으로 여기는 바이다."

역사학자 로드니 스타크는 초기 기독교 성장의 원동력은 현세의 고난을 보상해주는 내세의 소망에 있지 않았다고 주장한다. 오히려 초대교회는 예수의 가르침을 현실에서 실천함으로써 지금 여기서의 고난을 이겨낼 수 있는 능력과 위로를 제공했다고 말한다. 기독교는 대부분의 사람들에게 사회적 서비스가 결여되었던 제국의 한복판에서 축소판 복지 사회를 만든 셈이었다.[16] 이러한 기독교 신앙의 핵심인 이웃사랑의 실천은, 로마 제국의 다른 종교들에서 찾아볼 수 없는 기독교 신만의 속성과 가르침이라는 견고한 토대에서 비롯되었다. 나중에 기독교가 공인된 뒤에 다시 로마 사회를 재래 종교의 체제로 되돌리려했던 황제 배교자 율리아누스(Flavius Claudius Julianus)는 기독교의 이러한 본래적 박애 정신을 대체할 사상이 없어서 고민할 정도였다고 한다.[17]

그리스도의 새로운 공동체: 초대교회의 매력에서 화룡점정이라 할 만한 것은, 바로 그리스도 안에서 새로운 신분과 동등한 관계로 이루어진 공동체라는 사실이었다. 로마 사회의 뛰어넘을 수 없는 각종 차별들이 와해되고 해소되는 놀라운 경험이, 머리되신 그리스도를 섬기는 지체들인 기독교 공동체 안에서 일어났다. 그리스도인인 상류층 귀부인이 옥에 갇힌 죄수를 방문하며, 노예와 부자들이 서로를 형제로 존중하였다. 이는 엄청난 사회적 파장을 일으켰을 것이다. 3세기 초 이교도인 케실리우스(Caecilius)가 남긴 기록에 따르면, 그리스도인들의 모임은 매우 유별나 보였다. "분별력 없어 보이는 여성들과 하층민 오합지졸들, 문맹자들과 글을 읽을 줄 아는 사람들이 같이 밤마다 함께 모였다." 테르툴리아누스의 기록에 따르면, 당시 그리스도인 여성들의 행동은 불신자 남편들에게도 매우 신기하게 보였다. "왜 부유층의 그리스도인 여성이 다른 이들의 생계를 걱정해주는 공동체에 자발적으로 참여하고 있을까?" "부유한 여성이 어떻게 가난한 자들의 누추한 곳에 갈 수가 있을까?" "어떻게 감옥에 가서 순교자들을 방문하고 그들의 쇠고랑에 키스를 해줄 수가 있을까?" "어떻게 계층이 전혀 다른 구성원들과 음식과 음료를 나눌 수가 있을까?" 이러한 행동들은 당대에 전례가 없는 현상이었으며, 초대교회가 신선하고 차별적으로 로마인들에게 다가가는 통로가 된다.

그렇다고 초대교회 지도자들이 차별 구조를 타파하는 계급투쟁 운동을 도모하거나 꿈꾼 것은 아니다. 그들은 제도적인 구조를 변혁하는 것보다 더 근원적으로 인간 마음의 변화를 중시했다. 빌레몬서에서 바울은 도망친 노예 오네시모를 변호하면서 오네시모의 주인인 빌레몬에게 노예제도를 거부하라는 취지의 말을 하지 않는다. 바울은 오네시모에 대한 빌레몬의 권위를 인정하면서(몬 15, "다만 네 승낙이 없이는 내가 아무 것도 하기를 원하지 아니하노니"), 오네시모를 '사랑받는 형제'(몬 16)로 대하라고 보다 근본적인 내용으로 권면한다. 이와 같은 형제자매의 공동체는, 질식할 것 같은 폐쇄적인 계급사회였던 로마의 많은 사람들에게 숨통을 틔워주는 것 같은 매력이 있었을 것이다.

따라서 로드니 스타크에 따르면, 당시 기독교로 회심하는 것은 비이성적 결단이 아니라 이성적 귀결이었다고 말한다. 초대교회는 다른 종교와 사상이 제공하지 못한 인간됨이란 무엇인가에 대해서 현실 속에서 새로운 비전을 제시했으며, 공동체로서 아름답게 살아갈 수 있는 대안적 문화를 구현했기 때문이다. 그러면 여기서 한 가지 질문이 떠오른다. 그리스도인의 선한 삶과 교회의 공동체 됨이라는 주제가 우리에게 전혀 낯설지 않은데도 불구하고, 왜 우리는 이러한 비전을 실천하지 못하는 걸까? 초대교회의 그리스도인들은 하나 된 공동체를 세우며 이웃을 섬기는 삶을 실천했는데, 우리는 그러한 삶과 가르침이 중요한지 알면서도 왜 그렇게 하지 못하고 있는 것일까? 단지 우리의 노력이나 열정이 부족한 탓일까? 아니다. 그동안 신앙과 삶의 일치를 바라는 요청은 귀가 닳도록 들어왔다. 나는 초대교회가 그리스도의 길을 따르는 삶을 실천할 수 있었던 근본적 동력을 초대교회의 회심과 양육구조에서 찾는다. 그들은 오늘날의 우리와는 확연히 다른 신앙 입문 과정을 확고하게 유지하였다.

초대교회는 어떻게 새로운 신자를 양육했는가?

초기 그리스도인들이 구현했던 변화된 삶과 실천의 바탕에는 그리스도인 됨의 여정으로서 철저한 세례의식이 자리 잡고 있었다. 초대교회의 세례와 예배는 참된 그리스도인이 누구인가를 정의하고 확립하는 데 결정적인 준거점이 되었다. 적대적 환경 속에서도 지속적으로 성장했던 초대교회의 예배는 오늘날 유행하는 것과 같은 사람들을 편안하고 부담 없게 해주는 열린 예배, 또는 문화적 상관성에 초점을 맞춘 현대적 예배가 아니었다. 초대교회의 예배는 크게 말씀과 성찬으로 구분되는데, 세례 받지 못한 이들은 말씀은 들어도 성찬에는 참여할 수 없었다. 그런데 세례를 받기까지가 문제다. 오늘날 교회 등록 후 일정 기간(6개월~1년)이 지나면 형식적인 문답과정을 거쳐 세례를 주는 것과 달리, 초대교회에서는 세례 받기까지 통상 3년에서 5년의 기간이 소요되었다. 따라서 초대교회에서의 예배는 세례를 위한 철저한 신앙입문을 거쳐 그리스도의 제자로서 헌신한 이들만이 온전하게 경험하고 참여할 수 있는 자리였다. 이러한 신앙입문 과정을 초대교회의 독특한 회심과 양육 구조라는 측면에서 이해해보자.

강력한 회심의 종교

1장에서 복음 전도의 목표는 온전한 회심에 있다고 하였듯이, 초기 기독교가 보여준 전대미문의 차별성은 바로 '회심의 종교'라는 독특성에 있었다. 엄밀한 의미에서 1세기 로마 제국의 종교 지형에서 회심은 낯선 현상이었다. 고대세계에 대한 최고의 전도학자인 마이클 그린은 회심이 고대세계에서 생소한 이유를 이렇게 분석한다. 첫째, 그리스-로마인들은 종교생활에서 믿음을 필수적인 요소로 여기지 않았다. 둘째, 그리스-로마인들은 윤리적 종교의 개념이 약했다. 셋째, 당시 종교문화에는 배타적 충성이라는 개념이 없었는데, 기독교 신앙은 삶의 전적인 헌신과 예배를 요구했다.[18]

초대교회는 당대의 이교들과는 달리 신앙의 근본을 종교 의식의 '준수'(adherence)가 아닌 철저한 영혼의 각성, 총체적인 삶의 변화를 의미하는 '회심'(conversion)으로 보았다.[19] 당시의 모든 종교들의 핵심에는 '의식'(rituals)이 있었다. 매주 정기적으로 각종 제의에 참여하고, 일상생활에서도 황제의 이름을 기리는 몸짓(gesture)을 취하는 행동이 중요했다. 이들 이교도들에게서 구원이란 믿음의 내용이나 믿음에 근거한 실제 삶과는 무관했다. 그러나 초기 기독교의 회심에 있는 급진적 차별성은 '유일신 사상'과 '믿음의 내용'에 기반을 두고 있었으며,[20] 이는 그리스도인이 되고자 하는 이들에게서 신념, 행동, 소속감의 급진적 변화를 요구했다.[21] 그리고 이러한 철저하고 강력한 회심 지향의 초기 기독교가, 변화된 삶의 매력으로 로마 제국을 진동케 한 그리스도의 제자들을 양성할 수 있었다.

재사회화로서 세례의 여정

초대교회는 그리스도인이 된다는 것을 이교도들이 하듯이 단순히 하나의 새로운 종교를 추가한다는 관념을 전적으로 배격했다. 그들은 그리스도인이 된다는 것을, 배타적이면서 새로운 삶의 태도를 익히는 과정이며 급진적인 변화가 필요한 것으로 보았다. 이러한 의미에서 세례의식에까지 이르는 초대교회의 회심과 양육은 재사회화(resocialization)의 과정이라 할 수 있다.[22] 우리는 한 인간이 특정 국가나 문화에서 책임있는 구성원으로 성장하는 데 필요한 학습과정을 '사회화'라고 부른다. 이 과정에서 사회규범, 예의, 관습, 언어 등을 체화시킨다. 그런데 다른 나라나 사회 속으로 들어가면 그곳에서 요청되는 새로운 사회화의 과정을 거쳐야 하는데, 이를 재사회화라고 할 수 있다. 예를 들어, 다른 나라로 이민을 가서 그 나라의 온전한 구성원으로 정착하는 과정도 재사회화다. 대한민국 남자들이 군대에 들어가면 이러한 재사회화의 과정을 겪게 된다. 민간인으로 있을 때 쓰던 말투나 복장, 몸짓은 철저하게 자제하고, 군에서 통용되는 규범과 관습을 익혀야 한다. 초기 기독교는 그리스도인이 되는 것을 바로 이와 같이 로마 제국의 시민에서 하나님 나라의 시민으로 탈바꿈하는 재사회화 과정으로 보았으며, 이 과정이 회심 양육이고, 이 과정의 절정에 세례의식이 있었다. 이 과정은 대략 네 단계에 걸쳐 통상 3년에서 5년 동안 진행된다.[23]

회심 양육 과정의 첫 단계는 복음화(evangelization)의 과정이다. 이 과정은 잠재적 신자가 기독교 공동체에 들어와서 지도자들에게 양육과 지도를 부탁할 때까지의 단계이다. 여기서 기독교 공동체로 사람들을 인도하는 방식은 공공연한 대중 집회나 노방 전도가 아니라, 일상적인 관계망을 이용했던 것으로 보인다. 이 단계에서 새로운 신자가 기독교 신앙에 대한 관심을 표명하면, 환영보다는 검증이 진행되었다. 초기 기독교는 제국의 박해와 감시, 또는 반기독교 성향 주민들의 적대적 환경 속에 있었기 때문에, 공동체의 보안 문제가 중요했기 때문이다. 즉, '양떼들 가운데 이리가 들어오는 것'을 막는 문제가 매우 중요했던 것이다. 교회 지도자들은 잠재적 신자들을 무조건 쌍수를 들고 환영해주는 것이 아니라, 그들 자신과 그들을 인도한 이들의 인적 상황에 대한 상세한 질문들을 던졌다. 이는 잠재적 회심자가 말씀을 듣고 배울 환경이 되어있는지를 점검하는 단계였다. 그들의 직업, 신분, 과거의 이교 풍습이나 도덕적 행실의 문제들을 확인하여, 그들을 받아들일지를 결정하였다.

서기 2세기 로마의 명성 있는 사제였던 히폴리투스의 『사도전승』은 초대교회의 가장 오래되고 권위 있는 전례 문헌으로서, 회심과정 1단계에 해당하는 '예비자들'의 자격에 대해서 기술한다. 히폴리투스는 먼저 예비자들의 동기와 능력을 검증하고, 그들의 직업에 대해서도 집중적인 질문을 던지며 여과작업을 할 것을 권한다. 창녀나 창녀들의 포주나, 우상을 만드는 조각가나 화가, 배우나 극장 연출자, 교사(학교에서 이교적 저서들을 가르치기 때문에), 검투사, 투사, 사람을 살상하는 군인, 마술사, 점성가, 첩이나 첩을 지닌 남자들은 지금 하고 있는 일을 그만두지 않는 한 돌려보내라고 한다. 이는 하나님을 경멸하는 일이기 때문이다.[24] 이제 막 기독교에 관심을 갖고 찾아온 새신자들에게 이러한 요구를 하는 것이 다소 무리하게 들릴 수 있을 것이다. 그러나 앞서 말했듯이 초대교회는 그리스도인의 정체성을 '예수 그리스도의 길을 가는 자'로 보았다. 그리스도인은 처음부터 제자로 부름 받은 것이지, 신자와 제자가 구분될 수 없었기에 이러한 요구가 가능했던 것이다.

위와 같은 질문과 검증을 거쳐, 세례를 받기 원하는 자는 회심 여정의 두 번째 단계인 신앙문답과정(catechumenate)에 들어선다. 신앙문답과정이라 하면 교리와 관련된 내용을 학습하는 의미로 들리지만, 실제로 초대교회에서 이 기간에 초점을 맞춘 것은 회심자의 행동양식을 새롭게 구성하는 일이었다. 이 단계에서 신앙문답자들은 실제 생활에서 과거의 가치관과 세속적 연대를 떠나도록 부단히 훈련받는다. 이들은 관습적 이교도는 아니지만, 기독교 공동체의 온전한 구성원도 아닌 중간 상태에 있었다. 신앙문답자는 일주일에 2, 3회 정도, 일을 하러 나가기 전 교회에 와서 자신이 살아온 생활과 행동양식을 점검하고 교육을 받는다. 혼자만 오는 것이 아니라, 신앙의 선배로서 동반자로서 조언과 격려를 해주는 후견인(sponsor)도 함께 참석한다.

신앙문답자는 체계적인 교리교육을 받는 게 아니라 주로 행동의 변화를 위한 모본과 자극이 될 이야기들을 접한다. 당시는 문서시대가 아니기 때문에, 기독교 공동체는 풍부한 이야기들을 구전 형식으로 나누었다. 성인들의 순교, 변화된 사람들, 선행과 구제의 사례 등이 이야기 형식으로 새로운 신자들에게 전해졌을 것이다. 성경의 여러 말씀들과 이야기들도, 조직화된 방식보다는 핍박이나 원수 사랑

같은 삶의 정황과 연관해서 전달되었을 것이다. 이야기와 더불어 이미지를 통해 감응을 일으키는 교육도 수반되었다. 카타콤의 벽화들이 대표적인데, 그 벽화들은 주로 성경의 이야기나 기독교의 전설들을 많이 담고 있다. 예수님의 최후의 만찬, 바다에 던져진 요나의 이야기, 불 풀무에 들어간 다니엘의 세 친구 등이 단골 소재였다. 이러한 그림들은 성경을 가르치려는 의도도 있지만, 한편으로는 초대교회 그리스도인의 박해받는 현실을 공감하며 극복하도록 해주기 위한 용도로도 쓰였을 것이다. 선지자 요나가 풍랑 속으로 던져졌으면서도 물고기 뱃속에서 지낸 모습은 지하 무덤의 밑바닥에서 은신하며 소망을 바라보는 그들의 상황과 연결되며, 다니엘의 세 친구 벽화는 신앙의 순결을 지키기 위해 세상 권력자 앞에 설 수 있는 그들의 운명을 예고하며 더 위대한 용기를 심어주었다.

신앙문답과정은 그리스도의 새로운 법을 체화시키는 훈련에 가장 주력했다. 예비신자들은 구체적인 상황 속에서 그리스도의 사랑과 용서의 법을 따르는 삶을 준비했다. 관원에게 붙잡혀 가 심문을 당할 때에도 신앙을 부인하지 않고 담대하게 고백하는 법과 그들을 적대하는 이교도들에게 온유함과 사랑으로 대응하는 법 등을 배웠다. 교회 지도자들은 이들이 평소에 가난한 자를 구제하며, 옥에 갇힌 자를 방문하며, 고아와 과부를 돌보고, 사치스러운 물건들을 버리는 등과 같은 실제적인 삶의 변화를 실천했는지를 점검하였다. 따라서 초대교회는 예비 신자들을 양육할 때 그들로 하여금 교회 공동체의 공유된 정체성을 심어주는 행동양식에 초점을 맞추었다고 볼 수 있다. 신자들의 독특한 생활양식이 입으로 하는 복음증거보다 더욱 설득력이 있다고 본 것이다. 초대교회 지도자들은 생각의 변화가 행동의 변화를 이끌어 낸다고 보기보다는, 변화된 행동양식을 지속적으로 경험함으로써 사람들의 생각이 바뀐다는 전제를 견지하였다. 그리스도인이 되려 하는 자는 먼저 그리스도를 따르는 삶의 요구가 무엇인지를 알고 몸으로 동의해야 했다.

위와 같은 신앙문답과정이 약 3년에 걸쳐 진행되면서 어느 정도 잠재적 회심자에게 행동의 변화가 정착됐다고 판단되면, 비로소 세례의식을 앞둔 교육이 시작된다. 이 세 번째 단계가 교화(enlightenment)의 단계라 할 수 있다. 3단계에서는 주로 신앙의 내용에 초점을 맞추고 기독교 교리를 체계적으로 학습하는 과정이 진행되는 것이다. 교화단계에서 잠재적 회심자는 기독교 신앙의 정통 가르침을 전수받고 세례를 받기 위한 준비에 들어간다. 이 과정은 주로 부활절 전 여러 주간에 걸쳐 행해진 것으로, 신앙문답자 과정에서 익힌 행동양식을 점검하는 것과 아울러 축사 사역이 포함된다. 이 당시에 축사의식이 정례화된 것 때문에 혹자는 초대교회가 영적전쟁에 민감했다고 평하기도 하지만, 여기서의 축사의식은 귀신 들림이라는 병리적 현상을 신비적으로 치료하는 것이라기보다는, 영적이며 도덕적인 정화의식이라고 봐야 할 것이다. 사람들이 세속의 죄악 된 풍속에서 완전히 헤어나지 못하는 것은 여전히 악한 권세가 그들을 주관하려고 하기 때문이다. 초대교회는 그리스도를 따르는 거룩한 삶과 가치관의 변화를 강조했고, 축사 사역은 더 큰 권세가 임재하였음을 선포하는 신앙선언이라 할 수 있다.

세례의식은 부활절 새벽에 닭이 운 다음에 거행된다. 수세자는 부활절 전야부터 철야기도에 참여해야 한다. 철야기도 과정에서 신앙 문답과 축사의식이 다시금 거행된다. 그리고 부활의 새벽이 밝아오면 수세자는 자신이 입고 왔던 옷을 모두 다 벗고 물속으로 들어간다. 성부와 성자와 성령의 이름으로 기도하며 물속에 3번 잠긴 다음 다시 일어설 때 장로들은 준비된 하얀 의복을 수세자에게 입혀주고, 세례자가 된 것을 축하한다. 수세자는 이후부터 성찬의식과 평화의 입맞춤에 참여함으로써 온전한 그리스도인으로서 자격을 갖추게 된다.

세례 후의 단계는 신비입문식(mystagogy)이라 할 수 있는 단계로, 회심 후 구원의 신비를 더 심화시키는 과정이다. 이제 세례 받은 회심자는 부활절 다음 주부터 세례와 성찬의 경험을 회중과 나누고, 또 다른 신앙문답자의 교육과정에서 자신이 겪은 여정을 이야기할 수도 있다. 초대교회에서는 세례 받기까지의 과정이 무척 길고 엄격했던 대신, 세례를 받은 뒤로부터는 교회에서 어느 정도의 리더 역할을 담당할 수 있었던 것으로 보인다.

이처럼 지독하게 까다로웠던 세례 양육과 회심의 여정은 콘스탄티누스가 기독교를 공인한 뒤 '기독교 국가 시대'(Christendom)가 도래하면서 급속도로 짧아진다. 4세기 중반 이후 개종자들의 수가 대폭 늘어나면서 이전과 같은 엄격한 절차가 축소되거나 생략되었고, 사람들에게 더 많은 선택사항이 주어졌다. 자기들이 원하는 대로 설교를 듣고, 마음에 내키는 대로 선별적으로 행동하게 되었다. 기간의 축소뿐 아니라, 변화를 요구하는 삶의 영역도 이교 제국의 모든 생활방식과 맞서는 총체적인 차원이었던 것이, 개인윤리 수준으로 좁아졌다. 이전에 믿음과 행동, 소속이 견고하게 엮였던 회심의 과정이 제국의 종교가 된 이후로 약화된 것이다. 이렇게 회심이 변질되면서 세례 양육이 느슨하고 형식적으로 변해가기 시작했다. 종교개혁 이후에도 몇 십 주의 세례 교육 과정은 존속되었지만, 결정적으로는 19세기 초반 미국의 2차 대각성 운동 이후 세례의식과 신앙입문이 즉각적 신앙 고백을 바탕으로 간결해진다.

전도 없이 전도 했던 초대교회의 모본

오늘날 한국 교회는 전도의 위기를 겪고 있다고 말한다. 기독교에 대한 세간의 곱지 않은 시각이 갈수록 확산되고 있다. 그러나 초기 기독교가 처한 상황은 오늘날의 한국 교회보다 훨씬 더 적대적이고 불리했다. 이러한 상황 속에서 그들은 예수 그리스도의 가르침을 깊이 새기고 그 말씀과 부활의 능력으로 복음 전파의 역사를 이루었다. 그들은 변화된 삶으로 매력적인 문화의 기독교 공동체를 형성하고, 이 변화된 공동체의 모습을 강력한 흡인력으로 공적인 노방전도 훈련을 받지 않았음에도 불구하고 많은 사람들을 끌어들였다. '전도 없이 전도한' 초대교회의 이러한 역설은 오늘날 전도를 이벤트나 기법, 혹은 군중 동원으로 접근하는 한국 교회 일각의 시도들을 진지하게 재성찰하게 한다. 물론 전도에서 직접적으로 복음을 제시하는 일은 회심의 문지방을 건너기 위한 필수 관문이다. 아무리 좋은 공동체와 좋은 관계를 형성해도 복음제시가 없으면 프로포즈 없는 연애와 같다. 그러나 제시된 복음과 그 복음의 진리가 표현하는 내용들이 머리로부터 가슴과 손발로 체화되기 위해서는 그 복음적 삶을 공유하는 문화에 충분히 노출되어야 한다. 초대교회뿐 아니라 교회사 속에서 자주 발견되는 전도의 원리가 '믿음 이전의 소속'(belonging before believing)임을 유념해야 한다. 믿음은 관념적인 동의로부터 시작되는 것이 아니라, 전인적인 경험과 깨달음으로부터 시작되는 것이다.

또한 초대교회의 전도는 바울이 말한 첫 열매의 원리를 우리에게 일깨워준다. 사실 초대교회로부터 시작해서 역사적 교회들은 새로운 신자들이 세례를 받기까지의 과정에 중점적인 관심을 두었다. 처음에 신앙의 경험과 틀을 어떻게 형성하느냐에 따라 그 이후 지속되는 신앙의 질이 확연히 달라진다. 신앙의 여정에서도 이른 바 첫 단추를 제대로 맞춰야 한다. 최근 한국 가톨릭교회가 성장한 요인들을 제시하는 여러 가지 분석들이 있지만, 최소한 가톨릭은 전 교회의 차원에서 6개월간 철저한 예비신자 교육을 통해 가톨릭 정체성과 소속감을 형성하는 일에 주력하는 전통을 유지하고 있다. 그러나 오늘날 대부분의 개신교회들은 이처럼 가장 중요한 첫 열매 양육 사역을, 요약된 교리적 지식을 주입하고 동의여부를 묻는 간략한 과정으로 대치하고 형식화했다. 조급하게 많은 사람들을 전도하고자 쉽고 빠른 길을 제시하고 있다. 결국 한국 교회는 현재 전도의 위기뿐 아니라 세상에 아무런 영향력을 주지 못하는 신앙, 그리고 엄청난 숫자의 명목적인 신앙인과 배교라는 고질적 문제에 직면하고 있다.

　이 시점에서 초대교회의 첫 열매 전도는 급진적으로 회복해야 할 모본이 될 것이다. 구원의 확신을 받아내고 거듭난 자라고 스스로 위안 삼는 이들을 양산하는 피상적인 대중 집회 사역에 주력하기보다는, 신앙을 실제 생활과 가치관에서 적용하기 위해 고민하고 갈등하는 여정이 함께 있는 전도사역으로 바뀌어야 한다. 단기간 안에 이것이 가능하지는 않다. 예수 그리스도를 믿는다는 것은 처음부터 삶의 모든 영역에서 지속적으로 그의 제자 된 삶을 요구하기 때문이다.

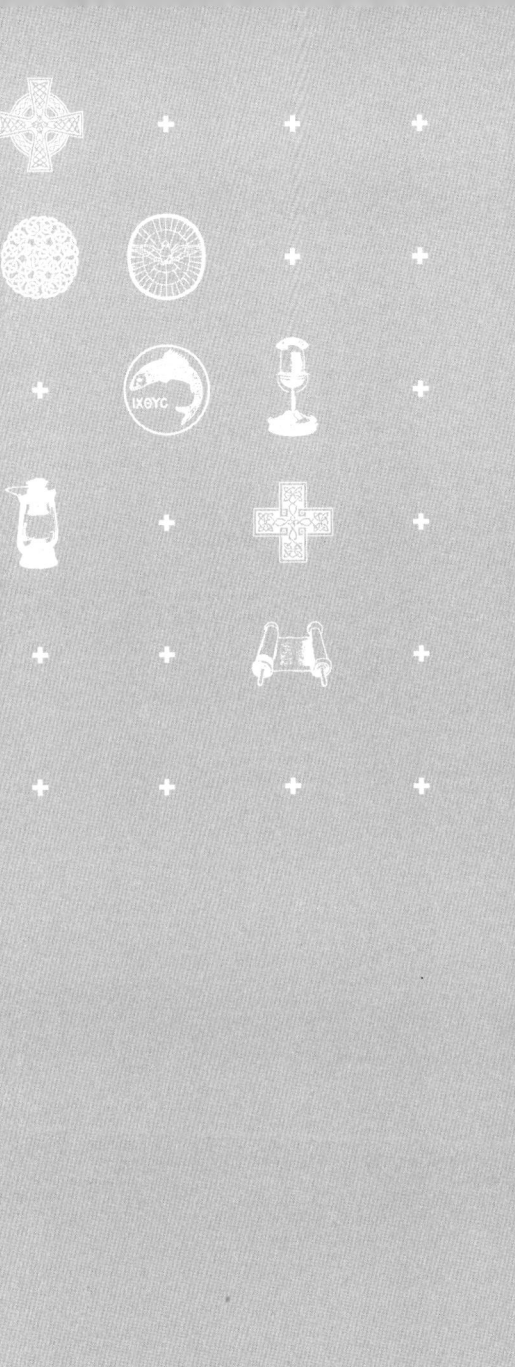

4장
중세 전도의 보석: 켈트 전도

✢

✢

✢

    지난 19, 20세기는 서구 사회에서 세속화가 심화되는 시기였다. 약 1,500년 동안 서구 사회와 문화를 지배해 온 기독교의 영향력이 급속도로 약화되면서, 많은 이들에게 교회에 출석하는 일은 결혼이나 장례 외에는 어쩌다가 한 번 고궁을 들르는 일과 같은 흔치 않은 나들이가 되었고, 신이라는 존재는 현실의 지평 너머로 사라져갔다. 무늬만 기독교 문화일 뿐, 진화론과 성의 혁명, 동성애의 증가 등으로 사회의 구석구석은 철저하게 세속화되어갔다.

    이처럼 급속하게 비기독교화되고 있는 서구 사회의 모습에 자극을 받은 일부 기독교인 지도자들은 1980년대부터 교회의 갱생을 위해 고민을 하고 새로운 전략과 방향을 수립하기에 이른다. 실례로, 영국의 의식 있는 복음주의 지도자들은, 하루가 다르게 교회들이 술집 내지는 이슬람 사원으로 전락하고 있으며 젊은이들에게는 기독교의 교리들이 매우 낯선 세계의 언어로 보이는 것을 심각하게 우려하고 대책을 함께 강구했다. 그야말로 영국 사회는 기독교 문화의 토대가 유명무실해지고, 역으로 선교의 현장으로 부상하고 있었던 것이다. 이전의 전통적인 교회 제도와 의식, 권위적인 교리교육 등의 방식으로는 포스트모더니즘에 사로잡힌 영국의 젊은이들에게 다가설 수 없음을 이들 복음주의 지도자들이 깊이 인식하였다.

그래서 영국 국교회는 새로운 시대사조와 유행을 분석하여 효과적으로 복음을 전할 수 있는 방법을 연구하기 시작하며, 1990년대를 '전도의 십년'으로 정해 영국 기독교의 중흥을 도모하였다. 특별히 신학자들과 선교학자들은 영국의 역사를 되짚어가며, 대영제국의 토양 위에서 기독교가 가장 적극적이며 상관성 있게 수용되었던 시점을 추적했다. 그 결과 5세기부터 8세기까지 아일랜드와 영국의 일부 지역에서 번창했던 켈트 기독교가 부각된 것이다. 이 당시 켈트족들을 대상으로 한 사역 전략들은 특별히 세속화된 포스트모던한 시대의 젊은이들을 위한 전도를 구상하기 위해 되살려 봄직한 매우 유망한 전도 모델로 부각되기도 한다.

중세시대의 전도

중세시대는 서구 문화의 큰 획을 긋는 기독교 국가시대로 규정될 수 있다. 비록 4세기부터 기독교를 국교로 삼았던 로마 제국이 게르만족에게 멸망당함으로써 기독교의 생존이 위협받긴 했지만, 그 뒤를 이은 프랑크 제국의 황제 클로비스가 502년에 기독교도로 개종하면서 기독교가 유럽 전역을 아우르는 지배 종교로서의 위치를 더욱 공고히 하기에 이른다. 기독교 신앙은 모든 백성들에게 의무로 강요되었고, 모든 이들은 태어나면서 유아세례를 받았다. 또한 기독교 국가와 이교도 국가는 뚜렷한 경계를 지니기 때문에, 중세시대의 전도나 선교는 태생적 불신자들을 향한 것이라기보다는, 이미 기독교인으로 태어난 이들을 사회화(socialization)시키는 작업이었다고 해도 과언이 아니다. 따라서 종교의식과 종교교육의 비중이 확대되었는데, 이를 수행할 제대로 훈련받은 성직자 그룹은 도시에 집중된 형편이었다. 그래서 불신자, 또는 이교도라는 개념은 아직 교화되지 못한 지방이나 시골지역, 또는 과거 로마 제국의 경내에 포함되지 못했던 지역들에 해당되는 것이었다. 영어에서 '이교도'에 해당되는 heathen이라는 단어가 원래 '지방' 또는 '시골'을 의미했던 것도, 도시로부터 멀리 떨어진 지역에는 교육받은 성직자 보급이 어려웠고, 종종 글을 읽을 줄 모르는 사제가 미사를 집전하고 강론을 행하여 내용 없는 기독교가 횡행했던 배경이 있다.

중세 유럽은 외부와 철저하게 차단되었으며 홀로 신의 선택을 받은 백성이라는 배타적 정체성을 가지고 있었기에, 초기에는 선교적 관심과 노력도 매우 희미했다. 후일 십자군 원정과 항해술의 발달로 이슬람을 비롯한 외부 문명과의 교류가 일어나기 전까지, 로마 교회에서 '이교도들과 야만인들이 득실거리는' 외부 세계로 선교사를 파송한다는 것은 매우 드문 일이었다. 고대 로마 교회는 기독교 선교에 필요한 두 가지 조건을 매우 비중 있게 제시했다. 첫째로, 어느 집단이든 간에 복음화 되기에 앞서 충분히 문명화 되어야 했다. 어느 정도의 문명적 역량은 기독교 신앙을 배우고 받아들이는 데 필수적이라는 것이다. 둘째로, 일단 충분한 문명을 갖춘 인구가 기독교인이 되면, 그들은 서서히 라틴어로 읽고 쓸 수 있어야 하며, 로마의 관습을 배워 '로마식으로' 신앙생활을 하고 교회를 세워야 한다는 것이었다.

이러한 로마 교회의 선교적 관점은 성 패트릭의 때까지 기독교 지도자들의 생각을 지배했던 것으로 보인다. 오래 전에 예수님의 제자들인 안드레, 도마, 마태 등이 이교 국가들에까지 가서 복음을 전했다는 기록이 있긴 하지만, 로마 교회에서는 로마 제국의 지역 밖으로 조직화된 선교나 전도사역을 거의 실천하지 않았다. 그런 의미에서 5세기 초반부터 성 패트릭으로부터 비롯된 아일랜드 켈트족을 향한 전도사역은 중세 초기, 그러니까 기독교가 로마 제국에서 공인된 이후 처음으로 시도된 야만족들을 위한 의미있는 선교 사업이었으며, 이는 성 패트릭과 그의 후계자들(콜룸바, 콜룸바누스, 아이단 등)을 통해서 로마 교회와는 사뭇 다른 양상으로 독특하고도 효과적으로 진행되었다.

켈트족들은 누구였나?

켈트족(the Celts)은 우리에게는 다소 낯선 부족의 이름이지만, 켈트 양식의 음악과 그림 등은 제법 알려진 편이다. 또한 오늘날 북미에서 크리스마스 다음으로 가장 큰 축제일인 핼러윈(10월 31일)은 바로 아일랜드 켈트족의 고대 풍습에서 유래했다. 켈트족에게는 새해 축제가 10월 31일부터 11월 1일까지 계속되었는데, 이 축제가 이후에 핼러윈의 유래가 된 것이다. 켈트족은 과거 터키 지역에서 거주하다, 일부가 지금의 영국과 아일랜드 지방으로 이주했다. 이들은 인종적으로 볼 때 앵글로 색슨이나 게르만족과는 구분되며, 또한 고대 그리스-로마인들과도 구분된다. 오히려 그들은 터키 및 동유럽에서 비롯되었기에, 나중에 기독교를 받아들일 때도 서방교회의 논리적이고 합리적인 문화보다는 동방교회의 전통과 더욱 가까운 흐름을 보여주곤 했다. 이들은 기질적으로는 매우 감성이 풍부하고, 더불어 즐기는 삶을 좋아하고, 자연과 친화적인 삶을 살았다. 켈트족이라고 할 때는 우선 아일랜드 토착민들과 관련이 깊을 것으로 판단되는데, 단순히 아일랜드뿐 아니라 유럽 전역에서 가장 일찍 뿌리를 내린 원주민으로 볼 수 있다.

'켈트'라는 말 그 자체는 헬라어 '켈토스'(keltos)에서 비롯되는데, 그 의미는 정확히 알 수 없지만 '다른 사람'이나 '낯선 사람'과 비슷한 뜻이었을 것으로 추측된다. 켈트족은 기원전 2000년 무렵부터 유럽의 대부분의 지역에 널리 퍼져 살던 민족으로, 당시에 이미 고도로 발달한 철기문화를 소유하고 있었다. 이들은 하얀 피부에 금발, 푸른 눈의 종족으로 묘사되는데, 그중에는 붉거나 갈색 빛의 머리를 한 사람들도 있었다. 이들의 사회는 아직 가부장적인 제도가 확립되지 않았기 때문에 남녀의 차별이 없었으며, 여자가 전사가 되고 지도자가 되기도 했다. 이들의 지도자들은 왕과 같은 존재가 아니라 매우 부유한 전사들이었고, 매우 정복욕이 강했다. 켈트족들은 기원전 390년 무렵에 로마와 그리스의 델포이를 정벌했고, 찬란한 문명을 꽃피웠다.

그러나 이들의 이런 화려한 시절은 로마와 게르만족에게 무참하게 짓밟히고 말았다. 로마와 게르만족 연합군은 켈트족을 상대로 대대적인 토벌전을 펼쳤고, 오랫동안 평화를 누리던 켈트족은 그들에게 상대가 되지 못했다. 결국 유럽 본토의 켈트족은 게르만족과 로마의 수중에 떨어져 그들과 동화되었고, 그 외의 켈트족들은 영국과 아일랜드로 피신하여 그곳에서 터전을 잡았다. 이런 이유 때문인지 현재 켈트족의 문화나 종교에 대한 것들은 유럽 본토보다도 영국과 아일랜드에서 그 자취를 찾을 수밖에 없게 되었다.

고대 문헌에서 켈트족은 매우 용맹하고 호전적인 민족으로 묘사되었다. 주전 800년경부터 그들의 움직임에 대한 묘사가 나오는데, 그들의 의상은 기이했으며, 말과 전차를 사용했고, 수렵과 축제를 즐긴 것으로 보인다. 로마 제국의 군대는 여러 차례 영국과 프랑스 지역에 거주하던 켈트족과 자주 전쟁을 벌였다. 켈트족들은 전투할 때 머리카락을 모두 뒤로 넘겨서 끈끈이로 고정시켰고, 목에는 금목걸이를 둘렀다. 몸은 허리에 칼이나 단검을 차기 위한 띠를 제외하고는 완전히 벌거벗었다. 켈트족 무사들은 이러한 복장을 한 채 고함을 지르며 적에게 돌격하였다. 이와 같이 기괴한 광경은 문명을 자랑하는 로마 군인들의 눈에 흉측했을 뿐 아니라, 상대하기에 지독히도 불쾌했을 것이다.

이 켈트족 무사들은 개개인의 용맹은 잘 훈련된 로마 군인들을 능가하였으나, 집단으로는 로마군만큼 조직화된 전투를 벌이지 못했다. 이를 사자와 호랑이의 싸움으로 비유하기도 하는데, 호랑이와 사자가 일대일로 싸울 경우 호랑이가 이기지만, 다섯 마리 이상으로 함께 싸울 때면 호랑이는 조직을 갖춰 협동하는 것이 사자에 못 미친다. 그래서 사자들은 한 번에 다섯 마리가 힘을 합쳐 호랑이 한 마리를 공격하는 효율적인 싸움을 하지만, 호랑이들은 그러한 조직력을 발휘하지 못하는 것이다. 마찬가지로 켈트족들은 로마 군대의 소탕전으로 제국 지역 밖으로 밀려나갔으며, 다수는 영국과 아일랜드로 밀려난 것이다. 로마 군대가 영국까지 진출하긴 했지만, 아일랜드까지 정복하지는 못했다.

이러한 용맹성과 함께 켈트족들은 비범한 예술적 영혼을 소유했던 민족이었다. 그들은 이미지와 상징, 이야기, 시 등을 매우 정교하고 다채롭게 즐기던 민족이었다. 기독교가 보급되기 전까지 켈트족은 드루이드교라고 하는 태양을 숭배하는 종교를 믿었다. 여기서 성직자 역할을 하던 드루이드들(Druids)은 예언자이자 재판관이며, 시인과 마술사의 역할을 동시에 수행했던 것으로 보인다. 켈트족들은 글을 몰랐으며, 추상적인 개념보다는 춤과 노래, 이야기, 이미지로 표현하는 데 익숙한 민족이었다. 이러한 켈트족을 대상으로 한 전도 전략은, 그들의 문화적 상황을 섬세하게 고려한 사역 모델이었다는 점에서 당대의 매우 독특하고 의미심장한 노력이었다.

켈트족의 재래 종교: 드루이드교

고대 켈트족의 사제인 드루이드들은 종교적 기능뿐 아니라 관리, 학자, 의사의 노릇까지 겸했다. 이들은 주로 신들에게 제사를 지내고 왕에게 조언을 하는 역할을 하면서 켈트족의 지배 계층으로 군림하였다. 드루이드들은 전투에 참가하지도 않았고 세금을 내지도 않았다. 이들은 마술에 매우 뛰어난 것으로 알려져 있는데, 이들의 마술은 자연의 힘을 빌려 사람들을 축복하였다. 드루이드교는 영혼이 순환한다고 믿었으며, 이를 겨우살이를 추수하는 것으로 비유하였다. 이것이 자연과 계절의 순환을 신비화하고 찬양하는 신앙으로 이어져 켈트족들의 기본 정신세계와 현실세계를 지배했다. 자연 속에 신령이 거한다고 믿으며 자연의 질서를 숭배하는 드루이드 종교는 결국 최고의 숭배 대상으로 태양을 섬기게 된다.

성 패트릭과 켈트족 전도

야만인으로 무시당하며 섬나라에 갇혀 지내던 켈트족을 복음화한 이는 성 패트릭(St. Patrick)이다. 성 패트릭은 390년 무렵 영국의 북동부 마을에서 태어나 자라다가, 16세 때 켈트족 해적에게 붙잡혀 아일랜드에 노예로 끌려온다. 그는 아일랜드의 어느 켈트족의 추장 아래서 소를 치는 목동으로 6년간 노예생활을 하게 되는데, 춥고 황량한 벌판에서 밤새 가축을 돌보는 힘든 일들을 하면서, 소년 패트릭은 자신의 인생에 심오한 영향을 끼치는 세 가지 중요한 체험을 하게 된다. 비록 패트릭은 그의 할아버지가 사제였고 어려서부터 로마 교회의 가르침을 받았지만, 노예로 붙잡혀 가기 전까지는 다소 명목적인 신앙을 지녔던 것 같다. 하지만 아일랜드에서 노예살이를 한 때는 오히려 그의 인생과 신앙을 질적으로 혁신시키는 성숙의 시기가 되었다. 그는 그곳에서 매우 영적으로 중대한 몇 가지 경험을 하게 된다.

첫째로, 벌판에서 소를 지키는 목동으로 일하는 동안 패트릭은 자연 만물을 통해서 하나님의 신성을 체험하는 이른바 '자연은총'을 경험하게 된다. 그는 바람과 피조물, 별들이 빛나는 밤의 어둠 속에서 하나님의 임재를 감지했다. 이를 통해 패트릭은 경건한 그리스도인으로 거듭나게 된다. 둘째로, 그는 아일랜드 켈트족들의 언어와 문화를 이해하게 된다. 이러한 이해력은 오직 그들과 더불어 살 때에만 얻을 수 있는 심오한 차원의 것이었다. 그 자신이 그들의 문화에 동화되며 동질성을 지니게 된 것이다. 셋째로, 신앙인이 된 패트릭은 자신을 노예로 붙잡아 간 켈트족들을 사랑하게 되었고, 그들이 하나님과 화해하기를 소망하게 된다. 언제부터인가 그는 켈트족을 자기 민족으로 느끼게 되었다. 사실 혈통을 따지자면 패트릭도 영국에 거주하던 켈트족 가운데 한 명이었을 것이다.

노예로 잡혀 온 지 6년 뒤, 어느 날 밤 패트릭은 꿈속에서 한 음성을 듣게 된다. "너는 이제 집에 돌아갈 것이다. 너를 위해서 배가 한

척 준비되어 있다!" 다음 날 아침, 잠에서 깬 패트릭이 일어나 해안으로 가보니 배가 한 척 있었고, 패트릭은 그 배를 타고 고향으로 극적 귀환을 하게 된다. 그 뒤 패트릭은 로마에 가서 사제 수업을 받고 영국에서 수십 년간 사제로 봉직하였다. 그러던 중, 48살이 되던 해 패트릭은 자신의 인생을 뒤바꾸는 또 다른 꿈을 꾸게 된다. 빅터(Victor)라고 하는 천사가 그에게 다가와 과거 자신을 노예로 삼았던 추장의 편지를 주고 간 것이다. 그 편지를 읽는 순간, 패트릭은 켈트족들이 절규하며 호소하는 소리를 듣는 듯 했다. "거룩한 노예 소년이여, 와서 우리를 도와다오."

다음 날 아침 패트릭은 자신의 꿈을 사도 바울이 들었던 '마케도니아인의 음성'과 같은 것으로 해석했다. 그리고 복음을 들고 아일랜드로 건너가기로 결정한다. 그래서 그는 교회 지도자들에게 자신을 아일랜드 선교사로 파송해달라고 요청했으며, 결국 패트릭은 아일랜드 지역의 첫 번째 선교사 주교로 임명받고, 일단의 사제 및 다른 신학생들과 더불어 432년에 아일랜드로 떠나게 된다. 성 패트릭이 아일랜드로 오기 전에 이미 로마 교회는 아일랜드 선교를 몇 차례 시도했던 것으로 보인다. 다만, 432년경 성 패트릭이 다시 발을 디뎠던 북아일랜드 지역에는 로마 교회의 교구가 설치되지 않았던 것으로 여겨졌을 뿐이다. 그러나 5세기 초반에 유럽의 정치판도가 불안정해졌고, 로마 교회가 유럽의 언저리에 있는 아일랜드 지역까지 신경 쓸 겨를이 없게 되었다. 따라서 아일랜드 지역은 자연스럽게 로마 교회와의 연결고리가 약해지게 되었고 그다지 내실 있는 선교의 성과가 없었으며, 특히 토착민인 켈트족들 가운데서 전도의 열매는 거의 부재했던 것으로 보인다.

이러한 상황에서 성 패트릭과 그의 동료들은 복음의 불모지인 아일랜드로 건너가, 당시에는 불가능할 것으로 여겨졌던 '야만인' 선교를 성공적으로 수행해낸다. 성 패트릭 일행의 켈트족 복음화가 성공을 이룬 데에는 몇 가지 정황이 유리했다는 사실도 무시할 수 없다. 당시 아일랜드 지역에는 약 150개의 부족이 거주하고 있었으며, 20만에서 50만 명으로 추산되는 전체 인구 모두가 동일한 언어를 쓰고 있었다. 패트릭은 노예살이 시절 이들의 언어와 문화를 익힌 상태였고, 따라서 이미 켈트족 전도를 위한 최적의 준비와 안목을 갖추고 있었던 것이다. 또한 아일랜드에는 5세기까지 드루이드 종교 외에는 마땅한 외래 종교가 소개된 적이 없었다. 게다가 드루이드 사제들의 억압과 착취에 대한 켈트족들의 실망과 반발심도 해묵은 상태였다. 이는 켈트족들로 하여금 패트릭이 전하는 신선한 기독교 복음을 관심 어린 자세로 듣게끔 해주었으며, 게다가 과거 그들의 노예로 부당하게 일했던 자가 다시 돌아와 그들을 위하여 새로운 종교의 가르침을 전한다는 소문은 켈트족들에게 충격을 주었을 것이다.

성 패트릭의 전도 여행과 관련해서 전해 내려오는 몇 가지 일화가 있다. 아일랜드에 도착한 지 얼마 안 되어, 패트릭은 한때 자신을 노예로 혹독하게 부렸던 드루이드교 사제 밀루크(Miliuc)를 찾아가기로 했다. 패트릭이 그를 만나려고 한 것은 자신의 잃어버린 세월을 앙갚음하기 위해서가 아니라, 오히려 자신의 탈출로 밀루크가 입었을 금전적 손실을 보상해주고, 그리스도께서 밀루크의 죄와 죽음의 대가를 치르셨음을 전하기 위해서였다. 그러나 이제는 늙은이가 된 밀루크는 패트릭이 온다는 얘기를 듣고는, 혼자 집으로 들어가 문을 걸어 잠그고 집에 불을 질러 자살했다. 밀루크는 과거 노예 소년이었던 패트릭을 만나 사과를 하고 그의 마법에 홀리는 것보다는 오래된 관습에 따라 죽는 것이 더 명예롭다고 여겼기 때문이다. 잿더미가 된 밀루크의 시체를 본 패트릭은 망연자실해서 목 놓아 울었고, 이것으로 패트릭의 순수하고 고귀한 마음이 켈트족들에게 더욱 더 알려지게 되었다.

다른 한번은 성 패트릭이 라오게어 왕(King Laoghaire)을 만나러 가는 도중에 일어난 일이었다. 패트릭은 그를 노리는 복병들이 잠복해 있을 것이라는 첩보를 듣게 된다. 그때 그가 신께 간절한 마음으로 드린 기도가 바로 오늘날 '성 패트릭의 흉패'(St. Patrick's breastplate), 혹은 '사슴의 절규'라고 알려진 바로 이 기도문이다.

> 나와 함께 하시는 하나님, 내 앞에 계신 하나님, 내 뒤에 계신 하나님, 내 안에 계신 하나님, 내 밑에 계신 하나님, 내 위에 계신 하나님, 나의 우편에 계신 하나님, 나의 좌편에 계신 하나님, 내가 누운 곳에 계신 하나님, 내가 앉은 곳에 계신 하나님, 내가 일어선 곳에 계신 하나님!

패트릭과 그의 동역자들이 이 기도문을 노래로 부르며 계속 나아

가자, 숲에서 그들을 죽이고자 기다리고 있던 병사들이 본 것은 패트릭과 그의 일행이 아니라, 한 마리의 암사슴이 새끼 사슴 20마리를 거느리고 지나가는 모습뿐이었다고 한다. 결국 기도와 찬송이 패트릭과 그의 일행들을 구한 것이다.

성 패트릭이 전하는 기독교의 이야기와 교리를 듣던 켈트족들은 기독교에서 말하는 신비한 진리를 헤아리는 데 상당히 유리한 고지에 있었다고 해도 과언이 아니다. 무엇보다도 그들은 역설(paradox)이라는 개념에 익숙해 있었기에, 그리스도 안에서 신성과 인성이 오묘하게 통합된다는 교리를 받아들이는 데 큰 어려움이 없었으며, 숫자 3을 사랑하던 민족이기 때문에 삼위일체 교리에 대해서도 매우 수용적인 태도를 보였다. 또한 이야기와 영웅을 사랑하던 켈트족들에게 성서에 나오는 많은 담대한 믿음의 영웅들의 이야기는 큰 흥밋거리가 되었다. 더군다나, 종교에 관한 비밀을 오직 성직자들만 독점하고 전수하는 드루이드 종교에 반해, 패트릭이 전하는 종교는 신에 관한 모든 지식을 다 공개하고 모든 사람들과 더불어 행복을 누린다는 것이 신선한 모습으로 다가왔을 것이다.

예술적 커뮤니케이션

켈트족은 야만인으로 취급받았지만, 정서적, 예술적 감성이 풍부한 이들이었다. 원래 제도와 문명이 고도화되기 이전의 사람들은 노래, 춤, 그림, 시 등을 인간 상호 교류의 소재로 즐기기 마련이다. 그런 면에서 아일랜드 선교에서는 로마 교회의 익숙한 관행과는 다른 종류의 접근이 다시금 필요했다. 앞에 소개한 '사슴의 절규'라는 시에서도 볼 수 있듯이, 성 패트릭과 그의 후계자들은 켈트족들에게 복음을 전하기 위해서 다양한 예술적 매체들을 활용하는 신선한 방식을 취한다.

켈트 전도자들은 매우 창의적으로 시각 매체를 사용하였으며, 이를 문화적 배경과 적절하게 연결시켰다. 예를 들어, 태양은 기독교가 소개되기 전에 켈트족의 종교적인 상징이었다. 아마도 켈트족들에게 복음을 전했던 전도자들은 태양을 상징하는 원이 그리스도의 십자가에 의해서 관통되고 있는 모습의 독특한 켈트 십자가를 고안했을 것으로 보인다.[1] 이것은 더 나아가 그리스도의 십자가가 자연만물의 중심인 태양보다 더 크다는 의미로도 다가온다! 켈트족들이 즐기던 시 한 편은 태양이 창조주 하나님의 통치 아래 있음을 묘사하고 있다. "당신께 영광을 돌립니다. 당신의 영화로운 태양, 당신께 영광이 있을 것입니다. 당신의 태양, 생명이신 하나님의 얼굴입니다."[2] 이 시에서 태양은 생명이신 하나님의 얼굴로 재현되고 있는 것이다.

켈트족들이 시각 이미지를 즐겨 사용한 또 다른 예는 서로 뒤엉켜진 형태의 묶음으로, 이른바 켈트 매듭(Celtic knot)이라고 불리는 것이다. 이는 성부와 성자, 성령의 상호 순환적 관계를 보여주는 '페리코레시스'(*perichoresis*) 교리를 단순하면서 생생하게 보여주는 것이라 볼 수 있다.[3] 이것은 단순히 삼위일체 하나님께서 상호 내주하시는 것과 친밀하게 교제하시는 것을 보여주는 데서 그치지 않는다. 켈트 십자가의 이미지들을 보면 이 매듭이 십자가 안을 채우는 모습들이 많이 등장한다. 즉, 예수 그리스도의 십자가 안에서 우리는 삼위 하나님의 깊고도 친밀한 관계 속으로 들어가서, 아무도 끊을 수 없는 그리스도의 사랑 안에 거한다는 메시지를 내포한다!

또한 아일랜드에서 가장 흔하게 볼 수 있는 풀은 토끼풀이라 불리는 샴록(shamrock)인데, 이 역시 삼위로 존재하시는 하나님을 설명하기 위해 성 패트릭에게 사용되었다. 샴록은 세 잎 클로버와 매우 흡사한 모양이다. 하나의 줄기에 세 잎이 있는 모습은 한 분이신 하나님께서 세 위격으로 존재하시는 삼위일체의 신비를 반영하는 도구로 사용되었다. 삼위일체를 가리키는 이러한 상징을 느끼고 이해하면서, 켈트족들은 모든 이들과 세상의 모든 만물들은 조화와 통일 가운데 연결되었고, 궁극적으로는 모든 것들이 하나님의 임재에 의존하고 있다는 사상을 견지할 수 있게 되었다. 드루이드 종교와 같은 이교사상에서는 신들이 서로 사랑하기도 하지만, 싸우고 속이기도 하는 교리를 갖고 있는 데 반해, 기독교의 삼위일체 교리는 켈트족들이 겪어야 했던 열악한 삶의 현실에도 불구하고 궁극적으로 평안과 안전의 근원에 대한 믿음을 제공해준 것이다.[4]

원래 켈트족들은 시인을 현세와 내세의 중개자로 믿어왔기 때문에, 켈트 전도자들은 켈트족들의 이와 같은 전통적 정서에 호소하기 위하여 시를 통하여 기독교를 전했을 것이다. 켈트족들에게 시는 하나님과 진리에 이르는 중요한 길이었다. 다음의 시를 보면 이와 같은 생각이 잘 반영된 것을 확인할 수 있다.

빛을 사랑함이 없이는 그 어느 누구도 시를 사랑하지 못하리
진리를 사랑함이 없이는 그 어느 누구도 빛을 사랑하지 못하리
정의를 사랑함이 없이는 진리를 사랑하지 못하리
하나님을 사랑함이 없이는 정의를 사랑하지 못하리[5]

이들 전도자들은 삼위일체로 존재하시는 하나님과의 친밀한 관계를 표현했고, 창조세계를 긍정하고 경축했다. 시를 사랑하는 켈트족들은 자연스럽게 성경의 시편을 좋아해서 하루에도 30편 이상의 시편을 낭송하였다고 한다. 그뿐 아니라 그들 스스로가 하나님을 기억하는 시편을 직접 지어서 서로 읽어주기를 좋아했다. 앞서 말한 것처럼 이들은 삼위일체의 신비를 대륙의 그리스도인들보다 더 깊이 이해할 수 있었기에, 그들이 지은 시편 기도문에서도 이러한 삼위일체 구조가 잘 드러난다.

오, 나를 찾으신 아버지시여
오, 나를 사신 아들이시여
오, 나를 가르치신 성령이시여[6]

켈트 그리스도인들의 영적, 예술적 비범함은 이러한 삼위일체 기도문의 구조를 일상적 영역에 지혜롭게 적용하는 데 있다.

이 밤에 나는 하나님과 함께 눕습니다
그러면 하나님께서 나와 함께 누우실 것입니다
이 밤에 나는 그리스도와 함께 눕습니다
그리고 그리스도께서 나와 함께 누우실 것입니다
이 밤에 나는 성령과 함께 눕습니다
그리고 성령께서 나와 함께 누우실 것입니다
하나님, 그리스도, 그리고 성령이시여
나와 함께 누우소서[7]

켈트 기독교는 오늘날 우리에게 사소한 일상의 소중함을 회복하도록 도와주는 영적 자산이 된다. 최근 영미권의 기독교 출판계에서는 켈트 기도문을 현대적으로 복원하여 일상적 삶에 적용하는 기도서들이 속속 등장했다. 새 차를 구입했을 때, 직장에 출근할 때, 혹은 운전을 할 때 등과 같은 삶의 아주 사소한 상황들 속에서 삼위 하나님과의 친밀한 교제를 누리도록 돕는 아주 유용한 기도문들이다. 예를 들어서, 시험을 앞두고 드리는 현대식 켈트 기도문으로 이런 게 있다.

시험

나는 진리의 설계자이신 분의 이름으로 이 시험을 축복합니다
나는 악으로부터 보호하시는 분의 이름으로 이 시험을 축복합니다

나는 인도하시는 성령의 이름으로 이 시험을 축복합니다
내 눈을 열어서 이 과제가 당신에게 있는 것을 반영함을 보게
　하소서
나의 머리뿐 아니라 나의 마음으로도 이 과제를 이해할 수 있
　도록 도와주소서
내게 지혜를 주사 사물의 실마리를 파악하게 하시고
유용한 것을 기억할 수 있도록 힘을 주소서
모든 결과는 당신께 맡기며 평안하게 하소서[8]

　또한 켈트족들은 이야기를 좋아하였으며, 특히 고대 영웅담을 즐겨 말하고 들었다. 켈트 전도자들이 전하는 성경 인물들의 이야기를 들으면서 그들은 흥미를 가졌으며, 예수 그리스도의 생애를 들으면서 겸손과 희생의 본에 매료되었다. 켈트 음악은 오늘날에도 큰 인기를 얻고 있는데, 당시에 기독교 선교사들도 음악을 사랑하는 켈트족들에게 음악으로 기독교 메시지를 전했을 것이다. 켈트족들은 일하면서, 놀면서, 기도하면서도 노래를 불렀다. 음악에는 시가 수반되는 경우가 대부분이었다. 원래 켈트족 아기들을 위해 부르는 자장가가 이제는 그리스도의 아기를 위한 자장가의 선율로 바뀌곤 했다.[9]
　켈트 전도의 다매체적 커뮤니케이션 방법은 선교지 원주민들을 정확하고 사려 깊게 이해한 것에서 비롯되었다. 로마 교회의 전도 내지 양육 형식은 교리 문제들을 명료하게 이해하는 데 초점을 두었다. 로마 교회가 기독교 진리를 합리적으로 타당성 있게 전하는 변증

적인 방법론을 취했다고 볼 수 있다면, 켈트족들은 구술과 상상이라는 통로를 통해서 훨씬 더 감명을 받는 민족이었다.[10] 기독교 교리를 전달하고 변증할 때 켈트족들과 로마인들의 차이는 확연히 드러난다. 로마인들은 지식과 교육에 관한한 질서와 명료성을 강조한 반면, 켈트족들은 시를 사랑했고 색과 디자인에서 탁월한 감각을 보였다.[11] 로마 교회의 지배 아래 학문과 문학이 융성했다면, 아일랜드 원주민들에게는 시와 노래, 자연에 대한 관조가 매우 친밀한 관심사였다. 중세 시대 켈트족들을 위해서 시도되었고, 나중에 이들이 주도했던 복음 전도는 복음을 다차원적 커뮤니케이션을 통해 전달하는 시도였으며, 직설적이고 명제적이기보다는 상징적이고 암시적이며 직관적인 전달 방식이었던 것이다. 이와 같이 고대 켈트족을 향해 다양하고 풍성하게 전도를 위한 커뮤니케이션을 한 것은, 한동안 교리적 엄밀성에만 치열하게 열중했던 서구 기독교의 전도 방식을 변방에서부터 반성하도록 해주었으며, 오늘에 와서 그 진가가 재조명되고 있다.

논리와 질서를 강조하는 흐름이 중세 로마 교회와 신학의 한 양태였다면, 켈트 교회의 상상력과 감수성, 이야기를 중요시하는 흐름 역시 교회사의 한 지류였다고 볼 수 있다. 이 둘을 비교하여 우열을 가리려고 하는 것은 다소 어리석다. 이러한 켈트족의 취향과 기질은 포스트모던한 시대에 효과적으로 복음 전도를 하기 위해서 진지하게 고찰되어야 할 주제일 것이다. 켈트족 전도는 다양한 커뮤니케이션과 비언어적 매체들을 아주 적극적으로 활용한 사례였다는 점에서 당대의 흐름상 예외적이었으며, 또한 매체의 획일성을 벗어나 다매체를 경험하는 오늘날에 시사하는 바가 크다.

  최근 디지털 사회는 인간 상호간에 교류하고 의사소통하는 범위가 얼마나 다양하며, 심지어 비언어적인 차원으로까지 확대되는지를 여러 각도에서 보여주고 있다. 사실 우리의 옷과 표정, 몸짓, 분위기 등과 같은 비언어적 요소들은 우리의 언어적 메시지를 더욱 명료하고 설득력 있게 제시해주는 중요한 수단이 된다. 프랑스의 신부로서 커뮤니케이션 전문가인 삐에르 바뱅은 이와 같은 다차원의 커뮤니케이션을 하나님의 본질적 성품에 비추어 설명한다. 그는 하나님의 신성은 인간으로서는 다가설 수 없음과 엄청난 간격, 그리고 비예측성을 포함한다고 주장한다. 즉, 초월자의 존재는 순전히 합리적이고 이성적인 용어로만 추론될 수 있는 성질이 아니라는 것이다.[12] 직설적, 추상적 언어가 우리의 관념과 뇌에 다가선다면, 상징적이며 예술적인 언어는 우리의 마음과 무의식에 말을 걸기 때문이다. 초월적 존재가 우리에게 요구하는 신앙의 결단은 빙산의 일각으로 드러나는 인간의 합리적인 이해와 선택뿐 아니라, 그 수면 아래를 차지하고 있는 거대한 정서와 잠재의식의 세계까지 포함하는 전인적인 차원이어야 한다. 이러한 면에서 켈트 기독교에서 보여준 전도 모델과 방법들은 오늘날 복음 전도의 단기적인 효과 차원에서가 아니라, 인간의 합리성과 정서, 그리고 존재의 깊은 영혼이 반응하는 회심을 위해서 곱씹어볼 가치가 있다.

자연친화적 커뮤니케이션

성 패트릭의 회심에 큰 영향을 준 사건이 자연은총의 경험이었고, 그의 선교지인 아일랜드가 푸른 초원과 아름다운 자연으로 충만한 곳이었기에, 자연친화적 커뮤니케이션은 아주 유효한 전도 방식이었다.

앞서 말한 성 패트릭이 토끼풀로 삼위일체를 설명한 이야기와 사슴 떼로 변장하여 매복 병사들의 습격을 모면했다는 전설은, 이러한 자연친화적인 켈트 기독교의 특성을 잘 보여준다. 켈트 전도자들이 그들의 사역 가운데 동물과 친밀했음을 보여주는 이야기들이 많이 전해져온다. 한번은 켈트 성인 중의 한 명인 콜룸바누스(Columbanus, 540~615)가 홀로 숲속에서 시편을 묵상하며 기도를 드리고 있는데, 열두 마리의 늑대가 나타나 평화롭게 곁에 있다가 떠났다는 이야기가 있다. 또한 콜룸바누스가 곰을 설득해서 곰의 동굴을 자신을 위한 영혼의 은신처로 바꿨다는 전설도 있다.

기독교적 전통에서 자연세계에 대한 관점은 크게 두 부류로 나눌 수 있다. 하나는 자연세계를 전적으로 타락의 영향 아래 놓인 것으로 보는 견해다. 그래서 기독교 신앙에서 시급한 문제는 자연세계를 긍정하고 적극적으로 보존하는 것이 아니라, 죄의 파괴적인 결과로부터 영혼을 구원하는 것이라고 본다. 또 하나의 관점은 자연세계가 타락에 앞서 하나님의 아름다운 계획으로 조성된 선한 창조라고 이해하는 것이다. 그래서 그리스도의 구원이 우리로 하여금 창조세계의 근본적 선함과 질서를 회복시키는 일에 동참하도록 만드는 것이라고 본다.

　켈트족들의 기독교는 자연세계를 대하는 태도가 당대 로마 교회와 비교해볼 때 매우 전향적이었다. 로마 교회는 아우구스티누스의 원죄론과 전적 부패론에 따라 자연을 타락이라는 틀 아래서 이해하려는 경향이 강했으며, 이러한 전통은 종교개혁자들을 비롯한 서구 기독교 전통에서 일관된 흐름이었다. 도시문명이 드물고 자연세계와의 친화성이 강했던 비문명인이었던 탓인지, 켈트족은 넓은 들과 나무, 바람, 시냇물, 새와 동물들과의 교감이 강했던 민족이었다. 그래서 이들은 그러한 자연세계의 선함을 인정했고, 피조물들의 한복판에서 삼위일체 하나님의 임재를 느끼고 영적 깊이를 표현하는 데 별 어려움이 없었다.

　켈트족 그리스도인들이 자연을 즐기고 선하게 인정했던 데에는 세 가지 원천이 있던 것으로 보인다.[13] 첫째로는 성경적인 원천이다. 창조 기사를 보면 하나님께서 인간뿐 아니라 자연세계를 창조하시고 '참 좋았더라'고 긍정하시는 장면이 반복됨을 볼 때, 창조세계의 선함은 신학의 매우 중요한 주제임이 분명하다. 더 나아가 구약의 시편을 보면, 해와 달, 산과 강 등의 자연 만물이 하나님을 경배하는 데 동참하고 있으며, 또한 하나님의 임재를 반영하고 있음을 쉽게 볼 수 있다. 또한 이사야와 같은 구약의 선지자들도 자연 만물이 하나님을 찬양하는 데 동참하고 있음을 기술하고 있다. 이와 같이 박력이 있으면서도 서정적 시구로 창조세계의 선함을 표현하고 하나님을 경배하는 것은, 자연친화적인 켈트족들에게 매우 큰 공명을 불

러일으켰음 직하다.

둘째로는 켈트족들 고유의 이교도적인 유산을 생각해볼 수 있다. 기독교가 소개되기 이전 아일랜드의 토착 종교였던 드루이드교는 강과 숲, 언덕 등을 각종 신과 신령들이 거주하는 곳으로 숭배하곤 했다. 자연과 밀착해서 살던 원시인들과 마찬가지로 이교도 켈트족들은 자연세계에 대한 경외심이 있어서 물을 함부로 오염시키거나 나무를 벌목하는 것을 금하곤 했다. 그리스도인이 되어서도 이들은 이와 같은 경외심을 유지하고 있었으며, 켈트족에게 전도하던 선교사들과 수도사들은 이들의 이러한 자연친화적 사상을 기독교적 창조관과 연결시킬 수 있었다. 그래서 수도원 공동체는 종종 이교도의 신들이 거하는 숲속에 지어졌고, 신령이 거하는 곳으로 여겨졌던 샘이나 우물들은 성인들의 이름으로 바뀌었다. 또한 농작물 추수기의 축제들은 교회력으로 편입되었다.

셋째로, 켈트족 그리스도인들은 자연과 더불어 가까이 살면서 자연을 음미하고 연구함으로 창조의 선함을 느끼는 감각을 계발할 수 있었다는 사실이 중요하다. 앞서 말한 것처럼, 그들은 수도원 공동체를 자연세계 속에 조성하여, 늘 곤충과 동물의 울음이나 새의 노래, 바람 속의 나뭇잎이 움직이는 소리 등에 익숙해있었다.

수도원 공동체를 통한 전도

여러 가지 고대 문서와 자료들에 근거하면, 패트릭과 그 일행의 전도 과정은 다음과 같이 진행되었을 것으로 보인다. 한 지역에 도착하면, 먼저 그 마을의 추장을 만나서 자신들이 기독교를 전하기 위해 왔음을 알려준다. 그리고 선교 활동에 특별한 거부감이 없을 경우, 마을 인근에 캠프를 치고 수도원 공동체를 세운다. 그리고 그곳을 기점으로 켈트족들을 만나고 그들을 도와준다. 그와 같은 공동체를 중심으로 패트릭과 동역자들은 켈트족들과 관계를 맺고 그들을 공동체로 초대하기도 한다. 당시 켈트족들은 체계화되고 구획화된 삶을 경험하지 않은 민족이었다. 제각기 흩어져 살았으며, 그들에게 협력적인 공동의 삶이란 금시초문이었다. 이 공동체는 병들고 가난한 사람들을 도와주며 그들의 영혼을 위해 기도했으며, 노인이나 어린이들을 돕는 역할과 가난한 자들을 구제하는 일을 포함하여 활동했다. 또한 거주지가 불분명한 켈트족들이 정리된 삶을 살 수 있도록 배려해 주었다. 즉, 공동체를 통해서 사람들과 접촉하고, 공동체의 삶을 보여주고 나눔으로써 굳건한 전도의 초석을 쌓은 것이다.

이러한 관계와 교제 속에서 켈트 전도자들은 기독교의 복음을 주로 비유나 이야기, 시, 노래, 그림, 상징, 또는 드라마 등으로 상상력과 정서적 감수성이 풍부한 켈트족들에게 전했을 것이다. 원주민들이 복음에 반응을 보이면, 자신들의 선교 공동체로 영접하여 함께 예배를 드리고 삶을 나눴다. 그리고 신앙 공동체에 참여한 원주민들을 토대로 그들의 친지나 지인들에게로 전도의 열매들이 번져나가게 한 것이다. 패트릭과 그의 동역자들은 기독교 공동체를 세우는 것을 선교의 주된 목표로 삼고, 28년간 여러 부족들을 순회하며 교회를 세우고 원주민들을 돌보는 일을 감당했다.

초기 중세시대의 수도원은 우리가 오늘날 가지고 있는 수도원이라는 개념과는 약간의 차이가 있음을 새겨둘 필요가 있다. 고대의 수도원에서는 특별히 성스러운 훈련을 받기 원하는 종교인들이 모여 집단적 금욕생활과 경건훈련을 하는 장소로서의 기능뿐 아니라, 일상을 나누는 공동체로서의 기능 또한 중요했던 것이다. 또한 고대의 수도원은 오늘날 우리가 생각하는 것과 같이 널찍한 대지 위에 평화로운 정원과 옷깃을 여미게 하는 성스러운 건물들로 채워지지도 못했다. 고고학적 발굴에 따르면, 대부분의 숙소들은 매우 허술하게 지어진 집들이었고, 오직 예배당과 게스트하우스만이 돌이나 나무로 좀 더 그럴싸하게 지어졌다. 수도원 공동체에서는 기도와 접대가 중요한 목적이었기 때문이다. 때로는 인구밀도가 매우 높았고, 어린이를 비롯한 가족들이 함께 있었으며 가축들도 사육했기 때문에, 평화롭고 경건한 공동체가 될 수 없었다. 일부 공동체들은 인근에서 가장 많은 사람들이 군집한 하나의 부락으로 자리 잡기도 했다. 초기 기독교 수도원은 '고독한 영성'을 추구하는 이들로 시작되었다. 수도자들은 주로 평신도들이었으며, 수도원은 도서관과 교육기능까지 수행하게 되었다.

이러한 수도원 공동체의 기능은 6세기 중반 콜럼바(Columba)라고 하는 켈트 교회 지도자에 의해서 본격화된다. 스코틀랜드 북부에 있는 아이오나에 도착한 콜럼바는 수도원을 중심으로 전도활동을 시작한다. 7세기 중반에 가서 영국 지역의 복음화는 상당한 진척을 보이게 되며, 로마 교회의 영향력이 쇠퇴한 자리를 이제는 켈트족들의 선교가 메우고 있었다. 콜럼바를 비롯한 켈트 수도사들은 순례의 삶으로 유명했다. 페레그리니(peregrini), 즉 '걸어 다니는 자들'이라는 별칭을 얻은 이들은 인근 영국과 스코틀랜드뿐 아니라, 정반대 방향으로 대서양 북쪽으로도 배를 타고 아이슬란드까지 순례와 전도의 길을 떠나기도 했다. 6세기 후반부터 7세기 초반에 활동한 콜럼바누스(Columbanus)는 이러한 아일랜드 수도원 공동체를 정례화하여 유럽으로 확산시키는 데 중요한 역할을 한다. 이 당시 켈트 선교는 프랑스와 스위스, 폴란드 지역에까지 이르렀으며, 선교의 중핵을 이루는 곳은 수도원 공동체였다. 또한 수도원 공동체 안에는 교육기관이 포함되어있었고, 명성이 알려지면서 영국의 왕가들이 특별히 그 자녀들을 수도원으로 보내곤 했다. 여기서 기독교 교육을 받은 왕가의 자녀들이 돌아와 영향을 줌으로 간접적인 전도가 이루어진 것이다.

여기서 켈트족들을 중심으로 한 아일랜드 수도원 공동체를 다른 기독교 조직과 비교해서 파악할 필요가 있다. 먼저, 당시 유럽 기독교 세계를 감독하던 로마 교회는 전형적인 교구 제도를 갖추고 있었다. 이것은 교황을 정점으로 하부 교구로까지 교회를 계층화하는 신본주의적 위계질서였다. 일단 로마 교회의 교구 제도는 잘 정돈된 마을을 전제로 이루어졌다. 교회가 한 마을의 중심에 있고, 길들 역시 교회를 중심으로 정비되어 있다. 그러나 켈트족에게는 질서 있는 체제를 갖춘 마을은 없고, 부족민들을 위한 임시 거처만이 존재할 뿐이었다. 그리고 사람들이 주로 왕래하는 길은 해안선을 따라 위치했기에, 사람들의 여로에 수도원 공동체가 들어섰다.

또한 켈트족들의 수도원은 당시 동방교회의 수도원 운동으로부터 많은 발상을 얻긴 했지만, 몇 가지 점에서 근본적으로 달랐다. 동방 수도원 운동이 로마 세계의 물질적 타락과 교회의 부패로부터 도피하기 위해서 시작된 반면, 켈트 수도원은 세속사회 속으로 침투해서 교회를 연장하기 위한 일환으로 세워진 것이다. 동방의 수도사들은 수도원으로 후퇴하여 자신들의 영혼을 수련하고 고양시키지만, 켈트 수도사들은 다른 이들의 영혼을 구원하기 위하여 수도원 공동체를 조직했다. 동방의 수도원은 고립된 장소에 위치하고 있지만, 켈트 수도원은 이교도들이 많이 거주하는 지역에서 가까운 곳에 자리 잡았다. 물론 켈트 수도원에도 수도사들과 수녀들이 있어서 영성수련을 했으나, 그들 외에도 교사들과 학자들, 장인, 예술가, 농부, 가족 등이 수도사들과 함께 어울렸다. 성직자 중심으로 움직이는 장소가 아니었기에, 켈트 수도원은 일종의 평신도 운동이라고도 불린다. 성직자들도 일부 있었지만, 수도원 내에서 자신의 직업을 갖고 있는 이들이 많았다. 이들은 더욱 쉽게 다른 세속인들과 관계를 맺을 수 있었다. 7세기 무렵에는 콜럼바누스의 지도 아래 켈트 수도원 공동체가 베네딕트 수도원과 마찬가지로 예배와 공부, 노동이 조화를 이루는 곳으로 정착된다. 특히 수도원에서 성경뿐 아니라 서양고전을 필사하고 연구하며 보존하던 관습은 훗날 르네상스를 일으키는 중대한 자산이 된다. 그래서 서양문화의 인문 부흥은 아일랜드 수도원이 일군 것이라는 평가까지 나온다.[14]

이러한 아일랜드 수도원 운동이 우리에게 던져주는 교훈을 두 가지로 집약할 수 있다. 첫째로, 이들의 복음 전도는 공동체를 기반으로 했고, 공동체가 메시지였다는 사실이다. 수도원이 개인의 고독한 명상을 위하여 존재하는 것이 아니라, 대안적인 공동의 삶을 발전시키고 충전하기 위한 기능을 수행함으로써, 그리스도인들의 삶의 양식(forms of life)이 곧 강력한 전도의 실체가 되는 것이었다. 공동체 구성원들은 서로 돕는 협력 전도를 했다. 그들이 사랑하고 돕는 행위 자체가 메시지였다. 20세기 최고의 커뮤니케이션 학자인 마샬 맥루한은 "매체는 메시지다."(The medium is the message.)라는 유명한 말을 남겼다. 우리는 종종 음성과 언어를 통해 제시되는 메시지가 의사소통과 설득의 핵심이라고 생각하지만, 실상 많은 경우에서 메시지는 다양한 경로로 전달되게 마련이다. 어느 통계에 의하면, 사람들이 어느 사람의 강연을 듣고 난 뒤 기억에 남는 것들 중에서는 그가 전한 강연의 내용보다는, 그의 몸짓이나 목소리, 억양과 톤이 훨씬 더 큰 비중을 차지한다고 한다. 교회의 경우도 마찬가지다. 교회가 전하는 복음의 메시지 그 자체만큼이나 메시지를 전하는 매체 그 자체가 곧 메시지를 대변한다는 것이다. 여기서 가장 중요한 매체는 개별 인간이 아니라, 공유된 문화를 향유하는 공동체여야 한다. 그동안 전도는 너무나도 자주 마치 '빼어난 영웅'의 작품인양 치장되었다. 불같은 구령의 열정과 탁월하고 담대한 복음제시의 은사를 지닌 이들이 독점하고 무용담을 늘어놓으면, 다른 이들은 그저 부러움과 열등감 속에서 간증에 몰입하는 경우가 태반이었다. 그러나 복음 전도는 한 개인의 구령 역량을 보여주는 경쟁 무대가 아니다. 가장 온전한 복음 전도는 공동체를 보여주는 것이며, 회심은 바로 공동체를 경험하면서 그 신념을 받아들이고, 언어와 문화에 익숙해지는 것이다.

켈트 수도원 공동체 운동이 보여주는 두 번째 교훈은 일상의 중요성이다. 인간이 가장 많은 시간과 관심을 투자하는 영역은 바로 일상이다. 사람들의 삶은 매 순간마다 먹고 마시고 잠자고 대화하고 기뻐하고 슬퍼하는 일상의 마디마디 속에 놓여 있다. 그리고 기독교 영성은 바로 인간의 몸이 움직이며 접촉하는 그 일상 영역의 분명한 지침이며, 그 일상을 풍요롭게 하는 풍부한 원동력이다. 성경에 나오는 많은 인물들은 철저하게 세속적이며 일상적인 삶 속에서 하나님께서 살아계심과 예수 그리스도께서 진리이심을 증거하였다.

그러나 서구신학의 지나친 관념론은 신앙의 영역을 일상의 영역과 분리시키는 경향이 있었다. 인간의 일상으로부터 지극히 초연하신 하나님, 현세와는 무관한 신비주의 영성, 또는 현세를 초월하는 이원론적 내세관은, 사람들이 날마다 부딪혀야 하는 현실의 주제들을 간과하게 만드는 것이다. 그런 면에서 켈트 수도원 공동체는 일상적이고 문화적인 전도의 좋은 모델이라고 볼 수 있다.

한 가지 명심해야 할 점은 켈트 기독교, 혹은 켈트 영성이라는 표현을 주의하여 이해해야 한다는 사실이다. 당시에는 켈트 사상과 모델로 통일된 특별한 교회 형태가 존재하지 않았다. 아일랜드와 영국 지역의 교회들은 로마 교황청의 지시를 따르고 있었고, 또한 많은 교회들이 로마 교회의 위계질서를 지키고 있었다. 다만, 당시에 토착민들의 문화와 정서에 부합하는 선교의 시도들이 있었음을 고려할 때, 켈트 전도, 혹은 켈트 영성이라는 표현을 사용하는 것뿐이다.

또한 제도적 교회보다 느슨한 공동체적 교회가 더 우월함을 증명하는 것으로 사용되어서는 안 된다. 켈트 공동체가 선교에 매우 신속하게 대응할 수 있는 구조를 갖춘 것은 사실이지만, 후일에 왕족이나 귀족들에게 수도원이 운영되었는데, 그 이후에 바이킹의 습격을 받아 그 유산의 상당부분이 소실되기 전까지 상당히 부패했던 것도 사실이다.

켈트 기독교의 지속적 성장

패트릭의 전도가 어느 정도의 성과를 거두었는지 정확히 측량하기란 쉽지 않다. 하지만 여러 문헌을 통해서 대략 짐작해볼 때, 패트릭과 그의 동역자들은 약 700개의 교회를 세웠고 1,000명의 사제들에게 안수를 준 것으로 보인다. 패트릭의 일생 동안 총 150개의 켈트족들 가운데 30에서 40개의 부족들이 복음화된 것으로 보인다. 또한 패트릭의 업적은 사회적인 영역들에 걸쳐있다. 그는 처음으로 노예제도에 대항해서 반대의 목소리를 높이고 폐지 운동을 벌였던 사람이다.[15] 그의 생애 동안 아일랜드에서 노예매매가 중단되는 일이 있었고, 살인이나 부족 간 전쟁과 같은 폭력행위들이 줄어들었다고 역

사가들은 기록한다. 패트릭이 세운 교회 공동체는 아일랜드 땅에 관용과 평화를 보급하는 일을 소홀히 하지 않았다.

당시 로마 교회의 관행에서 볼 때 주교가 하는 일은 행정과 목양이었다. 기존의 교회들을 잘 관리하고 신도들을 돌보는 일이 주교의 일차적인 과제였던 것이다. 그에 반해서, 패트릭은 그의 일생 동안 지속적으로 '이교도들'과 '죄인들', 그리고 '야만인들'을 찾아 나서는 일에 더욱 매진했기에, 때로 이러한 그의 행보는 로마 교회의 지도자들로부터 비난의 표적이 되곤 했다. 성 패트릭은 자신의 소명을 사도적 전통의 계승으로 확고하게 인식하고 야만인들을 향한 전도사역에 더욱 박차를 가했지만, 그렇다고 해서 로마 교회의 감독과 지시를 벗어나진 않았다. 로마 교회와 별개의 교단이나 교회를 세우지 않았고, 로마 교회의 구조와 시스템을 가급적 존중하며 아일랜드에 이식하고자 했다. 켈트 기독교의 독특한 양상인 수도원 공동체를 통한 선교 모델은 오히려 성 패트릭의 사후에 본격적으로 발전되었다고 봐야 할 것이다. 실제로 중세의 선교운동을 주도한 이들은 이들 성 패트릭과 그의 후계자들인 콜럼바, 콜럼바우스, 아이단(Aidan)과 같은 켈트 수도사들이었다.

현재 성 패트릭은 아일랜드에서 국부로 추앙받고 있으며, 매년 3월 17일은 미국과 영국에서 그를 기념하여 성 패트릭 기념일(St. Patrick's Day)로 지킨다. 오늘날 성 패트릭 기념일은 아일랜드의 이 선구적 선교사가 미개한 지역으로 여겨졌던 땅에 들어가서 보여줬던 기념비적인 업적과는 관계없이, 젊은이들에게는 하루 종일 맥주를 마시는 날로, 아이들과 청소년들에게는 녹색 옷을 입고 등교하는 날 정도로 인식되고 있다. 녹색이 성 패트릭 기념일의 상징이 된 것은 그가 켈트족을 전도하면서, 아일랜드의 푸른 자연 환경을 통해서 하나님의 임재와 그분과의 교통을 강조하였기 때문인 것으로 보인다. 이제 켈트 전도를 인식한다면, 해마다 3월에 찾아올 성 패트릭 데이가 단순히 아일랜드인들의 국가적 축제일로 그치는 것이 아니라, 중세시대에 빛나는 창의적 선교와 자연 속에 드러나는 하나님의 은총을 새롭게 묵상할 수 있는 기회가 될 것이다.

켈트 전도의 여정

성 패트릭은 로마 교회의 교구 제도에 준해서 켈트 교회의 체계를 세우고자 했고, 각 교구를 담당하는 주교들을 파송하곤 했다. 그러나 그가 죽은 지 얼마 뒤, 켈트 교회는 로마 교회의 전통적 교구제와는 다른 체제로 변모하게 된다. 종래 로마 교회식 교구 조직을 더 이상 지탱하기가 힘들어졌다. 이 기간에 수도원 공동체를 통한 전도와 목양 구조가 주요한 구심점으로 세워지게 된다. 켈트 전도자들이 사람들에게 접근하여 그들을 복음화시키는 구조와 순서는 로마 교회의 일반적인 방식과 차별화되었다.

이를 간단히 정리하자면,[16] 로마 교회의 전도 방식은 (1) 복음 제시, (2) 그리스도 영접, (3) 기독교 공동체로 수용의 순서로 진행되었

다. 반면, 켈트 기독교의 전도는 (1) 먼저 사람들과 친교를 나누며 그들을 기독교 공동체로 초대해서 공동체의 삶을 경험케 한다. (2) 둘째로, 그러한 교제 가운데서 사람들과 같이 시간을 보내며 노래하고, 이야기를 나누고, 기도하면서 복음을 공유한다. (3) 이 과정에서 사람들은 어느덧 전도자가 믿는 것을 서서히 자신도 믿게 된다. 그러면 전도자는 그 사람을 믿음으로 초대한다. 사람들은 기독교 메시지의 개념을 이해하고 논리에 설득되어 지적인 동의로 믿음에 이르는 경우보다, 먼저 기독교 신앙이 구현된 삶을 함께 나누면서 경험하다가 어느덧 지적으로 동화되는 경우가 더 많다는 것이다. 그래서 오늘날의 여러 전도 연구에서도 대다수의 회심은 지적인 깨달음이 선행하기보다는 관계를 통해서 일어난다는 가설을 확인하고 있다. 이런 식의 실제 전도 과정을 '믿음 이전의 소속'(belonging before believing)이라고 한다. 이는 중세 켈트 전도와 초대교회 전도 모두에서 공히 증명되며, 앞으로 전도의 발상 전환에서 초점이 되어야 할 주제다.

비록 켈트 기독교는 로마 교회가 감독하던 지역의 언저리에 머물던 운동이었지만, 21세기 복음 전도를 위해서 매우 심오한 통찰을 제공한다. 켈트 전도 모델에서 우리가 배워야 할 중요한 교훈은 전인적 인간을 향한 전인적 복음 전도사역의 필요성이다. 복음은 분명 언어로 선포되어야 한다. 그러나 그 언어는 결코 교리의 핵심을 담고 있는 몇몇 명제에 국한되지 않는다. 사람들은 생생한 복음을 원한다. 삶으로 체화되고 구현된 복음을 접하고 싶어 한다. 복음의 개념적 변증은 여전히 필요하다. 그러나 개념이 뼈대라면, 예술과 공동체와 인간적 교제는 복음의 뼈대에 살을 입히는 중요한 자원이다. 인간은 해골로 만나지 않고, 뼈와 함께 살과 피를 지닌 전인적 존재로 만난다는 것을 염두에 두어야 한다. 이것이 우리가 안고 있는 21세기의 전도 과제를 조명해주는 켈트 전도의 혁신적 지혜다.

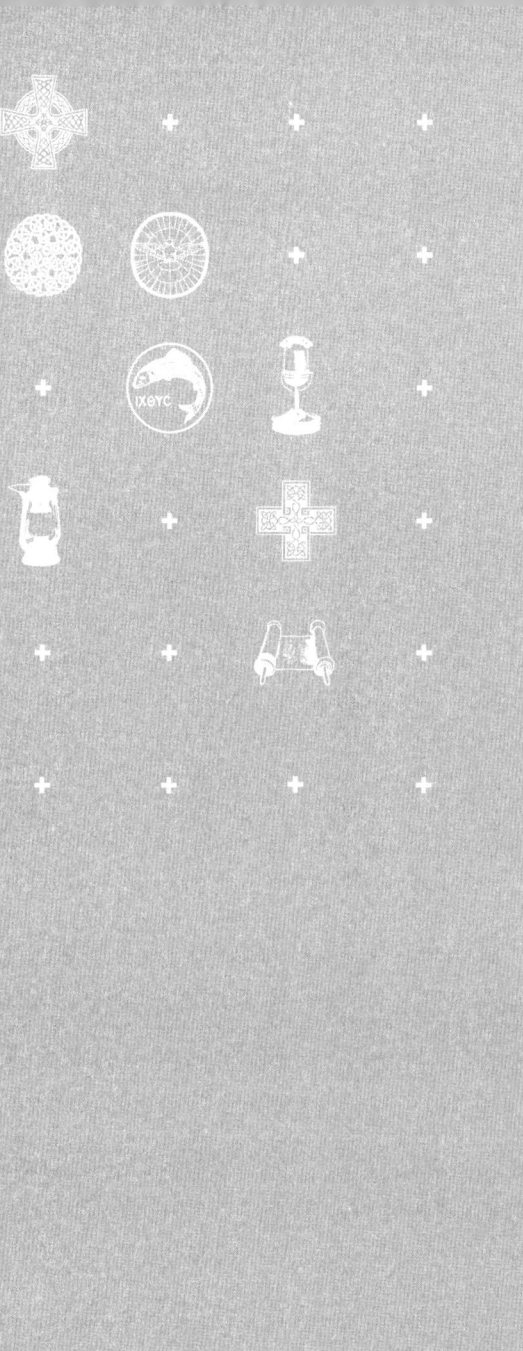

5장
종교개혁 시대의 전도

종교개혁 시대에도 전도가 존재했을까? 이미 기독교화 된 대륙에서 신구 종교 간의 대립에서 불신자 전도라는 개념이 가능하겠는가 하는 의문을 품을 수 있다. 그러나 복음 전도사역은 복음의 바른 이해와 선포를 반드시 전제해야 한다. 종교개혁 운동은 복음의 정수를 재발견하고 이를 새롭게 전파한 운동이었다. 그런 의미에서 전도에 관한 측면에서 종교개혁의 중요성은 지대하다. 또한 단순히 교회 밖의 사람들을 신앙 공동체로 데리고 오는 것뿐 아니라 명목상의 신자들을 주체적으로 신앙을 고백하고 신앙적 경험에 이르게 하는 것까지 전도의 범위에 포함시킨다면, 정교한 의미에서 전도와 관련하여 종교개혁 시대의 의미를 논할 수 있다. 선교신학자 데릴 구더는 종교개혁의 의의를 이렇게 평가한다.

> 종교개혁은 명목상의 기독교라는 문제를 여러 가지 방식으로 다루려고 시도했다. 성경을 자국어로 번역하는 것, 교리 문답서를 만드는 것, 평신도를 훈련시키기 위해 교구 학교를 설립하는 것과 같은 온갖 시도는 사람들로 하여금 중세 가톨릭의 '암시적인 신앙'으로부터 성경을 아는 그리스도인의 '명시적 신앙'으로 나아가게 만드는 중요한 조치들이었다.[1]

중세 후기 가톨릭의 부패와 잘못된 신앙 체계로부터 사람들에게 바른 구원의 길과 성경적 삶의 길을 제시하는 사역이야말로, 종교개혁 시대 전도의 중요한 의의였다. 전도와 관련해서, 종교개혁자들이 이러한 바른 신앙과 구원의 길을 당대의 사람들에게 어떻게 제시했는가에 초점을 맞추게 된다. 종교개혁 시대에 효과적으로 전도가 이루어졌던 일로부터 나는 두 가지 의외의 교훈을 주목하고자 한다. 하나는 종교개혁 시대의 전도는 '영성 사역'과 다차원적 커뮤니케이션이 견인했다는 것이다. 영성 사역은 구체적이고 실제적인 말씀 선포를 통해 사람들로 하여금 하나님과 직접적으로 교제하도록 장려했다는 의미에서고, 다차원적 커뮤니케이션이란 종교개혁자들이 종교개혁의 메시지를 사람들에게 전달할 때 이전의 가톨릭교회보다 더욱 효과적이고 전인적인 통로를 활용했다는 점이다. 이 장에서 나는 종교개혁자들이 이신칭의를 비롯한 바른 신앙과 기독교적 삶을 제시함으로써 어떻게 가톨릭이 지배하던 유럽에서 설득적 우위를 점하게 되었는지를 살펴서, 오늘의 전도를 위한 교훈들을 발견하고자 한다.

중세 가톨릭의 공적주의 신앙

중세 후기 시대의 신앙은 오직 하나님께서만이 하시는 일을 인간의 수단과 노력으로 대치하려는 시도로 점점 채색되고 있었다. 구원을 받기 위해서는 하나님의 은혜와 예수 그리스도의 속죄 사역뿐 아니라, 인간도 반드시 무언가를 기여해야 한다는 발상이 신앙 교육에 더욱 깊이 침투해 들어왔다. 하나님께서는 그리스도의 구속 사역을 통해서 구원의 가장 어렵고 힘든 부분을 완성해주셨으나, 죄인인 인간이 그리스도의 대속 사역의 유익을 얻기 위해서는 최선의 사랑과 순종으로 하나님을 향해 나아가야 한다. 특히 인간의 죄를 철저하게 지적하고 이 죄 문제를 해소하기 위해서 인간 편에서의 수행과 고행이 강조되어, 이 시기에 죄 문제에 병적으로 집착하는 참회 교본과 교육 자료들이 나오게 되었다. 그리고 하나님 앞에서 인간을 합당하지 않게 옥죄는 죄의 위협으로부터 인간이 해방되려면 철저하게 율법적인 경건훈련을 하고 자기 학대를 하며, 심지어 금전적으로 기여해야 했다. 하나님의 은혜와 그리스도의 구속 사역을 순전히 믿고 그에 합당한 삶을 감사함으로 누리기보다는, 인간을 위해 하나님께서 하신 일을 얻으려면 인간 쪽에서 특정한 종교 의식과 규범을 치열하게 수행해야 한다는 사상이 사람들에게 흘러 들어온 것이다. 이와 같은 억압적이고 공적주의적인 시스템이 만연함에 따라 일반 대중의 피로감과 반감도 상당했으리라 추측할 수 있다.[2]

종교개혁자들은 이러한 가톨릭의 공적주의 신앙과 교회의 부패에 대항하여 본래의 성경적인 구원관과 신앙관을 총체적으로 회복하고자 한 것이다. 그들은 사도 바울과 아우구스티누스에게서 분명해진 것처럼 구원이 하나님의 전적 은총이라는 사실을 재발견하고, 예수 그리스도의 유일무이한 십자가에서의 대속과 '오직 믿음' 사상을 전파하였다. 종교개혁 운동의 발원을 사회, 정치, 경제적 차원의 여러 시각에서 조명할 수 있지만, 개혁자들 자신들은 신학적이고 교리적인 문제에 집중하였음이 분명하다. 결국 종교개혁 운동은 복음의 본질을 회복하여 사람들을 로마 가톨릭의 잘못된 공적주의 신앙의 속박에서 벗어나게 하려는 새로운 전도사역이라 할 수 있다. 이 운동의 결과로 잘못된 유형의 기독교에서 정통 복음적 신앙의 기독교로 전례 없는 대량 회심이 일어나게 되었다. 어떻게 이와 같이 새로운 기독교로 대규모 회심이 일어났을까? 전도사역의 구체적인 맥락에서 이를 살펴보자.

종교개혁 운동의 영성적 혁신

종교개혁자들이 바른 구원론과 교회론을 세우는 데 중점을 두었음은 분명하다. 이는 가톨릭의 공적주의로 오염되고 왜곡된 대중의 영적 생활을 바로 잡기 위한 것이었다. 인간은 근본적으로 영적인 존재다. 초월자와의 관계 속에서 자신의 정체성과 사명을 찾고, 자존감을 회복한다. 물론 기독교에서의 초월자는 성경으로 자신을 계시하신 하나님이시며, 예수 그리스도의 죽음과 부활을 통해서 인간은 이 사랑과 용서의 하나님과 직접적 교제를 이룰 수 있게 되었다. 영적인 갈망이란 바로 이와 같이 초월적이며 인격적인 하나님과의 관계를 갈망하는 것이다. 중세 후기 가톨릭에서는 이 하나님을 진노의 하나님으로 표현하고, 구원을 위한 조건에 그리스도의 대속적 죽음 외에 인간의 기여를 추가하였다. 교회는 인간이 믿어야 할 것보다는 행해야 할 것을 강조했다. 사람들은 믿음을 통한 자유보다는 온갖 종교적 요구사항의 압력 아래 놓인 처지가 되었다. 이런 상황에서 종교개혁자들은 성경적인 바른 믿음을 선포하고, 분명한 성경적 신앙 교육을 강조했다. 중세인들의 영성적 갈망 앞에서 종교개혁자들이 이렇게 의도한 바는 설교 사역의 회복을 통해서 가장 효과적으로 실행된다. 종교개혁의 성공을 가져온 영성적 혁신은, 바로 하나님의 말씀을 직접적으로 선포하고 가르치는 설교를 회복하는 일이었다.

중세 후기의 설교 풍속

종교개혁이 일어나긴 전, 가톨릭의 중세 후기 시대에는 설교가 활성화되지 못했다. 당시에는 성경이 번역되지도, 보급되지도 못했던 시대여서, 사람들이 유일하게 성경 말씀을 듣고 하나님에 대해서 배울 수 있는 기회는 교회의 예배에 참석하는 것이었다. 그런데 가톨릭에서 드리는 미사는 모든 순서가 당시의 평민들이 알아들을 수 없는 라틴어로 이루어졌으며, 미사 시간에는 영성체와 같은 의식들과 라틴어로 된 예문 낭독이 주를 이룰 뿐 성경의 말씀을 대언해주는 설교를 들을 기회가 없었다. 당시에 대부분의 사람들에게 설교를 듣는 일은 오늘날과 같이 매주 정기적으로 찾아오는 것이 아니라 간헐적으로 일어나는 행사였다.

중세의 설교 전통에 대한 연구들에 따르면 설교를 들을 수 있는 기회는 주로 연중 사순절 참회 기간이었다.[3] 대부분의 설교자들은 이미 대중적인 설교로 명성을 누리던 도미니크나 프란시스코 수도회의 수도사들이었다. 이들은 청중을 사로잡을 수 있는 수사학과 웅변술, 그리고 무대 위에서의 안무 기술까지 익히며 인기 있는 설교자로 자리 잡았다. 이들의 설교는 한번에 네다섯 시간에 이르는 경우가 많았다. 중세 유럽의 도시들에서 설교는 마치 대중의 눈과 귀를 자극하는 공연과 같았다. 도시의 관료들은 유명 설교자들에게 금전적으로 지원하면서까지 그들을 초청하여 설교할 수 있는 무대를 제공하였다.

중세 수도사들의 설교는 다양했다. 때로는 교회와 성직 제도를 신랄하게 비판하여 사제들의 반발을 불러일으키기도 했으며, 비판적인 설교자들은 교회로부터 해당 도시에서의 설교를 금지당하는 경우도 있었다. 그래서 교회력과 예문에 따라 늘 같은 유형의 미사를 집전하는 사제들과, 연중행사 성격이 짙은 대중 설교를 하던 수도사들 간에는 묘한 긴장이 조성될 수 있었다. 종교개혁 이전의 대중 설교는 압도적으로 참회의 교리에 집중하는 경향을 보였다. 능숙한 설교자는 청중들의 죄의식을 일으킨 다음 구원에 이르는 길을 제시한다. 설교자들 가운데에는 회개하고 성경의 가르침에 따라 더욱 성결한 삶을 살도록 권면하고 끝나는 경우도 있었고, 어떤 설교자들은 참회의 필요성을 역설한 뒤 실용적인 용서의 방법을 가르치는 경우도 많았다. 이는 개인적 회개뿐 아니라 사제의 사죄 선언이 결합되는 형태로 나타난다. 이러한 정죄하는 설교자들 중에서 극단적인 예가 '강단 테러리스트'로 알려진 사보나롤라(Savonarola)다. 그는 이탈리아의 피렌체를 중심으로 사역하면서 교회의 부패와 도시의 영적 오염을 강력하게 질타하며 수많은 청중에게서 인기를 끌었다. 한때 피렌체의 지배 가문인 메디치 가문이 쫓겨나면서 통치권을 행사하기도 했으나, 그의 증오 어린 독설과 폭압적인 순결주의 때문에 대중에게서도 지지를 잃고 결국 종교권력에게 목숨을 잃고 만다.

종교개혁이 발발하는 16세기 초반 유럽의 도시들에서는 이러한 대중 설교가 필요하다는 인식이 높아지고 있었다. 수도사들의 설교는 자극적이고 지나치게 참회에 집중하는 성향을 띠긴 했으나, 사람들이 교회와 신앙에 대해서 새로운 관심을 갖고 안목을 넓힐 수 있는 기회이기도 했다. 이러한 상황에서 종교개혁자들은 설교자로서의 역할을 더욱 치열하고 충실하게 수행하며, 종교개혁의 메시지를 사람들에게 널리 알리게 된다.

종교개혁자들의 설교

개혁자들은 사람을 변화시키는 설교의 힘을 믿었다. 중세 수도사들의 도시 대중 설교라는 풍속이 형성된 상태에서 대중을 복음적 신앙으로 계몽할 수 있는 탁월한 통로로서 설교에 주목하였다. 그들은 설교를 통해서 하나님의 영이 생명의 역사를 일으킨다고 믿었으며, 또한 중세 수도사들의 설교 사역을 보면서 하나님의 은총을 효과적으로 전달해야 할 필요성도 인식하였다. 무엇보다도 개혁자들이 설교 사역에서 가장 크게 혁신한 것은, 설교를 정기적 예배의 핵심으로 정립하였다는 점이다. 중세 가톨릭의 피상적이고 형식적인 신앙생활에서 간헐적으로 들을 수밖에 없던 설교가, 개신교회에서는 신앙 형성의 규칙적이면서도 핵심적인 부분으로 자리 잡게 된 것이다.

종교개혁자들은 쉬지 않고 그들의 생애 마지막 순간까지 엄청난 양의 설교를 하였다. 중세 시대의 가톨릭교회에서는 일반 평민들이 알아들을 수 있는 설교가 흔치 않았고, 그나마 순회 수도사들이 간헐적으로나마 설교했던 데 반해, 개혁자들은 한 주에도 수차례에 걸쳐 설교를 하였다. 당시에는 설교자들의 설교 모음집이나 요약본들이 인쇄되곤 했었는데, 루터의 설교 모음집은 모두 1,800편이나 되었다. 취리히의 츠빙글리도 1519년부터 1522년까지 그의 회중들에게 마태복음과 사도행전, 그리고 여러 서신서들에 대한 강해 설교를 연속적으로 행함으로써 종교개혁의 사상을 전파하는 데 놀랄 만한 역할을 감당했다. 츠빙글리의 후계자인 하인리히 벌링거는 일주일에 설교를 6번이나 했으며, 그의 44년 목회 동안 모두 7,000회 이상의 설교를 한 것으로 유명하다. 칼뱅 또한 일 년 동안 286회의 설교를 했으며, 그의 목회 사역 기간 동안 4,000회의 설교를 한 것으로 추산된다. 따라서 종교개혁자들에게 설교는 대중적 복음화의 통로이자, 신앙 교육과 교회 설립의 중추적인 역할을 담당하는 것이었음이 분명하다.

종교개혁자들이 설교에 헌신했던 모습은 인상적이었으며, 후대의 개신교 목회자들에게 모범이 된다. 루터는 신중하고 철저하게 설교를 준비했다. 그는 설교자가 본문을 잘 읽고 철저하게 연구하여 그 뜻을 풀어야 한다고 생각했다. 특히 루터가 설교에서 가장 중요하게 본 것은 중심 메시지였다. 그는 청중을 향한 설교에서 성경의 체계적 이해를 바탕으로 사람들의 삶에 중심 메시지를 반복적이며 효과적으로 적용해야 한다고 보았다. 취리히의 개혁자인 츠빙글리는 설교자로서의 사역 기간은 3년으로 짧았으나, 사순절 축제를 상징적으로 폐지하고 설교를 중심으로 한 예배를 강조했다. 더 나아가 그는 과거 사제로서 맡았던 고백 성사와 미사 인도를 내려놓고 오직 설교에만 집중하고자 하였다. 츠빙글리의 후계자였던 벌링거도 이러한 설교자로서의 확고한 사명을 공유했다. 그는 목회자는 성경의 심오한 진리를 공동체 안에 현존하게 하는 것이라고 보았다. 칼뱅 또한 탁월한 설교자로서, 그의 훈련된 법학적 역량과 비범한 기억력은 성경을 구체적이고 명료하게 강해하는 데 탁월한 기여를 하였다. 설교자로서 칼뱅의 명성은 그가 활동하던 제네바를 넘어서 전파되었고, 종교의 자유를 찾아 도피하던 많은 사람들이 그의 설교를 듣고자 제네바로 몰려들기도 했다.

종교개혁 운동은 설교의 회복과 부흥이 주된 추동력이었다. 사실 성경적으로 '전도'라는 말은 '설교'와 별 차이 없이 사용된다. '전도하다'라는 의미의 '유앙겔리조마이'라는 단어는 분명 존재한다. 그러나 이는 설교, 혹은 선포의 의미로 쓰이는 '케뤼조'와 큰 의미 차이 없이 교차되어 사용된다. 케뤼조는 사실 전달하다는 의미일 뿐이다. 생각해보면 당연한 일이지 않을까? 예수님과 사도들이 하는 주된 일이 복음을 전하는 것이었으며, 이 '복음을 전하다'는 말에는 '복음'과 '전하다'는 의미가 함께 있으니, 복음을 가리키는 유앙겔리온이 동사화하면 '복음을 전하다', '복음화하다'라는 의미일 것이다. '전하다'는 응당 그 무엇보다 '복음'을 전하는 것이니 말이다. 즉, 신약 성경에서는 설교가 전도였고, 전도가 곧 설교였다. 그런 의미에서 종교개혁자들이 설교를 회복한 것은 전도사역의 핵심을 짚은 것이다.

더욱 중요한 기준은 설교의 핵심을 이루는 메시지다. 루터와 그의 제자들은 모두 공통적으로 이신칭의라는 핵심 교리를 집중적으로 설파했다. 또한 그들은 '순수한 복음'(*Rein Evangelium*)을 열정적으로 강조하며, 그들의 설교를 듣는 모든 이들의 입술에 '순수한 복음'이 구호로 자리 잡게 만들었다. 개혁자들은 이처럼 설교의 중요성을 강조하면서, 성경적으로 바른 복음을 효과적으로 전달할 수 있도록 설교

자들을 양성하는 데도 힘썼다. 설교가 성경 말씀에 집중하는 강해에 치우칠 경우 자칫 무미건조해지고 관념적으로 흐를 수 있는 위험이 있기에, 설교자는 그가 전하는 말씀에 열정을 부여해야 하고 또한 공동체의 삶에 명료하게 적용하도록 준비되어야 했다.

이와 같은 종교개혁자들의 설교 회복과 활성화는 오늘날 개신교의 말씀 중심의 신앙생활이라는 전통을 만들었고, 개혁자들과 일반 신도들의 관계는 말씀 선포를 통해 더욱 명확한 영적 유대를 이루었다. 새로운 기독교 운동으로서 종교개혁은 사람들로 하여금 정기적으로 설교를 들으면서 영적 자양분을 공급받도록 하는 성경 중심적 신앙생활의 전통을 수립했다. 특히 당시에는 아직 글을 읽을 줄 아는 사람들과 읽지 못하는 사람들이 혼재되어 있었던 상황에서, 정기적인 말씀 선포는 개신교 신앙과 구원관을 전파하는 데 아주 효과적인 매체였다.

사람들은 언제나 자신들의 현실적 문제들과 인생의 의미에 심오한 가이드를 제공받으려는 영성적 갈망을 안고 있다. 중세 후기 가톨릭은 수행과 고행과 참회를 강조하며 사람들에게 규례와 예식에 참여하도록 요구했다. 그러나 모호하고 권위적인 종교 활동으로는 대중이 하나님과의 관계에서 갈등하고, 성직 제도의 횡포에 실망한 문제를 극복할 수 없었다. 그러나 종교개혁은 명료한 영성적 대안을 제공했다. 그것은 바로 '오직 믿음'으로 하나님과 직접적으로 교제하는 것이었으며, 성경의 말씀을 듣고 그 가르침을 구체적 삶에 적용하는 것이었다. 기독교의 영성은 인간 스스로 자신을 정화하고 수행으로 고상한 종교적 경지에 이르도록 돕는 신비적 수행이 아니다. 참된 기독교의 영성은 말씀과의 만남으로 하나님을 알고, 실생활에서 말씀을 적용하는 경건의 훈련이다. 이러한 종교개혁의 영성적 혁신은 설교를 회복하고 단순하고 명료하게 복음의 메시지를 선포하는 일에 기반을 두었다.

복음 전도의 핵심에는 메시지가 있다. 성경에는 인간을 향한 하나님의 사랑과 하나님께서 인간을 위해 하신 일들에 대한 놀랍고 풍성한 이야기들이 담겨 있다. 복음 전도자는 이 고대의 이야기를 당대의 사람들에게 풀어줌으로써 하나님을 만나게 하는 사명을 안고 있다. 미국 남침례교단의 대표적 교회성장학자인 톰 레이너(Thom Rainer)가 조사한 바에 따르면, 과거에 교회를 다니지 않다가 처음으로 신앙생활을 하게 된 이들이 교회를 선택할 때 가장 중요하게 여기는 기준은 설교였다고 한다. 흔히 우리는 사람들이 친절한 교회, 삶의 필요를 채워주는 교회, 시설이 편안한 교회를 선호할 것이라고 생각한다. 레이너는 이러한 생각이 구도자들에 대한 잘못된 신화라고 지적한다. 구도자들이 기독교 신앙에 관심을 보이고 실험삼아 발걸음을 할 때, 그들이 가장 중요하게 여기는 것은 바로 설교였다. 물론 교인들의 친절함도 교회에 호감을 느끼게 하는 매우 중요한 요소이긴 했다. 그러나 교인들의 친절함보다 더욱 중요하게 지목된 것이 바로 설교였다. 단순히 감동적이거나 재밌는 설교를 선호하는 것이 아니라, 교리적으로 건강한 설교를 선호했다는 점도 의미심장하다.[4]

종교개혁의 전도는 바로 설교의 부흥이었다. 그런데 오늘날에는 전도를 이벤트나 대화기법으로 여기는 풍조가 심하다. 이런 것들이 불필요하다는 것은 아니지만, 근본적으로 인간의 총체적 변화를 목표로 삼는 전도사역이라는 관점에서, 하나님의 구원 이야기를 선포하는 복음의 메시지를 전달하는 일이 그 어느 아이디어나 시도보다 결정적으로 중요하다는 사실을 다시 명심해야 한다.

종교개혁의 문화적 커뮤니케이션

종교개혁의 정신을 두드러지게 하는 모토 가운데 하나가 바로 '오직 성경'(sola scriptura)이라고 해서, 흔히 종교개혁자들이 청중과 커뮤니케이션하는 방식으로 설교와 성경공부에만 집중했을 것으로 보는 시각이 있다. 더군다나 구텐베르크의 인쇄술 발명으로 성경이 대량 인쇄되었기에, 신앙 양성을 위한 개신교의 커뮤니케이션은 기록된 말씀과 선포된 말씀으로 제한하는 경향이 있다. 그러나 실제로 종교개혁의 정신과 메시지는 매우 다양한 매체를 통해서 전파되고 확산되었다. 실제로 설득의 싸움에서 단일한 커뮤니케이션의 통로만으로 우위를 점하기는 힘들다. 종교개혁자들은 비록 설교를 회복하고 성경을 중시하도록 하는 일에 주력하긴 했으나, 종교개혁의 의의를 사람들에게 알리는 데 다매체적 커뮤니케이션을 활용하기를 게을리하지 않았다.

노래

노래는 인간에게 주어진 창조주의 귀한 선물이다. 인간은 노래로 감정과 의욕을 표현하고, 지식과 정보를 나누기도 한다. 산업사회 이전까지 노래는 인간이 상호 교류하는 데 사용하는 가장 보편적인 자기표현 양식이었다. 사람들은 모이는 곳마다 노래를 불렀다. 엄마가 아이를 잠재우면서 노래를 불렀고, 누군가를 만나기 위해 기다리는 시간에도 노래를 부르며 기다렸다. 치료를 받거나 고통을 느낄 때에도 노래를 부르며 아픔을 해소했다. 군인들은 행진하면서 군가를 부르고, 선원들은 노를 저으면서 뱃노래를 불렀다.

일반적인 생활공간 전반에서 사람들은 노래를 불렀으며 각각의 정황에 맞는 노래가 있었으나, 유독 교회에서만은 그럴 수 없었다. 중세 후기 가톨릭교회들에는 사람들이 함께 부를 수 있는 회중 찬양이 없었기 때문이다. 교회에서는 성가대가 그레고리안 영가를 즐겨 불렀다. 그러나 그레고리안 영가는 라틴어로 작사되었으며, 평민들은 성가대에 설 수 없었고 오직 사제들만이 성가대를 할 수 있었다. 산업사회 개신교의 예배 형식에서는 이미지와 내부 장식, 성직자의 의상이 자취를 감추고, 고해성사나 참회의 시간이 없어졌다. 그리고 설교가 길어지고 함께 부르는 찬양이 생겨난 것이 중세 가톨릭교회와는 달랐다. 더 이상 사제 성가대가 찬양을 독점하지 않고, 회중의 공동 찬양이라는 참여적이고 생동감 있는 예배 순서가 정립된 것은 종교개혁 운동에서 중요한 의미가 있는 일이었다.

종교개혁자들 가운데 가장 적극적으로 노래를 활용한 이는 루터였다. 마틴 루터 자신이 노래에 재능이 있었고, 세련된 음악적 감수성을 지니고 있었다. 그는 음악이 선하게 사용될 수 있다는 확고한 신념을 갖고 있었다. 그래서 그는 "노래의 선물과 결합된 언어의 선물은 오직 인간에게만 주어졌으며, 우리는 이를 통해서 하나님의 말씀을 선포할 수 있다."5라고 믿었다. 마틴 루터는 많은 찬송가들을 만들었으며, 그의 종교개혁 초기 사역지인 비텐부르크에서는 40여 곡의 찬송가 선집이 만들어졌는데, 그 가운데 절반을 루터가 작사했다. 루터파의 이러한 회중 찬송은 대중에게 급속히 번져나갔다. 특히 루터의 경우에는 가사의 전투성이 두드러지는데, 가톨릭 미사의 변질과 성직자들의 부패와 세속화를 노래로 담았다. 루터와 동시대의 급진 종교개혁자인 토마스 뮌처가 그레고리안 영가를 독일어로 번역해서 부르게 하는 것이 사람들의 마음에 그리스도의 성육신 사상을 새길 수 있는 방법이라고 생각한 데 반해, 루터는 그레고리안 영가의 번역으로는 진심어린 찬양을 하기에 불충분하다고 생각하고 평민들에게 실제로 익숙한 멜로디에 '거룩한' 가사를 담는 방식을 선호했다.6

   루터와 그의 동역자들은 노래와 더불어 교리도 가르쳤으며, 그리스도인의 이웃 사랑과 봉사를 노래로 담기도 했다. 그리하여 루터의 사역은 이러한 회중 및 대중 찬송이 보급되면서 더불어 탄력을 받게 된다. 익숙한 선율의 노래들은 루터의 종교개혁을 성공적으로 끌어가는 데 매우 중요한 역할을 한 것으로 평가된다. 사람들에게 단순하고 쉬운 멜로디로 종교개혁의 사상을 담아서 기억하기 편하게 만들어서, 종교개혁이 몇 사람의 사적인 시도가 아니라 공동의 새로운 흐름으로 느끼도록 한 것이다.7

칼뱅의 경우 루터처럼 노래와 음악을 적극 장려하진 않았으나, 제네바 교회의 시편 찬송으로 유명하다. 제네바 개혁교회는 예배에서 시편 찬양을 중심으로 삼았다. 회중의 시편 찬양은 칼뱅의 제네바 개혁 교회를 특징짓는 요소였다. 이 시편 찬양은 그 뒤로 영국과 스코틀랜드 개혁교회에도 보급되어 예배에서 설교 전후에 불렀다. 16세기 유럽 대륙은 시적 에너지가 넘치는 시대였고, 칼뱅의 시편 찬양은 이러한 시대적 감수성과 영성을 잘 담을 수 있었다. 또한 17세기 영국 국교회는 상업적인 발라드풍 선율에 종교적 주제를 담아서 부르기도 했는데, 이는 평민들에게서 기독교 메시지를 대중화할 수 있었던 계기가 되었다.

설교와 음악 외에, 종교개혁 사상을 전파하는 데 일익을 담당한 또 다른 커뮤니케이션 수단은 희곡(drama)이었다. 중세 시대의 희곡들은 크게 3주제를 다루었는데 신비, 기적, 도덕이었다. 신비 희곡은 예수의 생애와 고난을 극적으로 표현하였고, 기적 희곡은 성경의 이야기뿐 아니라 각종 전설적 소재들을 다루었다. 도덕 희곡은 덕, 악, 양심, 믿음 등의 추상적 덕목들을 의인화하여 극으로 표현하는 방식이었다. 이런 희곡들의 공연에서는 설교가 함께 이루어지는 경우도 많았는데, 극장은 중세 시대에 대중들에게서 연출의 효과를 가장 뚜렷하게 기대할 수 있는 곳이었다. 극장의 공연에는 노래와 북, 나팔, 오르간 등의 악기들이 동원되었고, 중세의 설교자들은 대중들에게 자극과 재미를 주려고 했다.

종교개혁자들은 극장 공연의 이러한 엔터테인먼트적 특성을 잘 알고 희곡을 개신교 신앙 교육에 적극 활용하였다. 그러나 지나친 초월적 감정주의(예수의 고난)는 경계하면서, 성경의 이야기와 개신교 사상을 전하는 데 주력하였다. 개신교 극작가들뿐 아니라 개혁자들 자신이 직접 희곡을 지어서 신앙교육 커리큘럼으로 삼기도 했다. 또한 가톨릭교회의 억압으로 개신교 신앙의 자유가 허용되지 않는 곳에서는 극장의 공연을 통해 개신교 이념이 암시적으로 전파되는 경우도 있었다. 희곡은 대본(글), 연설, 음악, 몸짓 등의 여러 커뮤니케이션 매체들이 결합되어 공연되기 때문에 대중에게 종교개혁의 사상을 전파하는 데 매우 효과적인 수단이었다. 따라서 루터, 멜랑흐톤, 벌링거 등은 희곡으로 개신교 신앙을 전파하는 것을 옹호하였다.[8]

이미지

정통 개신교 신앙은 교회 안에서 각종 눈에 보이는 형상이나 이미지들을 거부하는 전통을 견지해왔다. 이는 종교개혁자들이 교회를 개혁하면서 십계명의 제2계명을 진지하게 적용하여 교회 안의 많은 신상, 조각, 그림 등을 다 제거하였으며, 교회를 강의실과 같은 분위기에서 오직 말씀에 집중하도록 하는 공간으로 만들었기 때문이다. 종교개혁이 구텐베르크의 인쇄술 발명과 더불어 성경책을 보급하고 성경 말씀을 강조하였기에 '책의 종교'로서의 특성이 한층 강화된 것처럼 보인다. 보는 것을 멀리하고, 말씀을 듣는 것과 읽는 것에 주력하는 종교로서의 면모를 갖춘 것이 사실이다. 그러나 인간 커뮤니케이션에서 보는 행위는 자연스럽고 필연적이다. 아무리 책을 강조하고 말씀 듣기를 강조해도, 인간은 보는 것으로부터 지대한 영향을 받는다.

종교개혁자들이 교회에서 모든 종류의 볼 것을 제거했던 것은 사실인데, 이는 두 가지 측면에서 평가할 필요가 있다. 우선적으로는 교회 내의 시각적 형상들이 내용 없는 피상적인 우상숭배로 흐를 수 있었기 때문이다. 특히 중세 가톨릭에서는 평민들이 이해할 수 있는 언어로 예배를 드리지 않고 성경을 제대로 가르치지도 않으면서, 오직 성상과 그림, 건축을 향해 막연한 종교적 숭배심만 불러일으킬 위험성이 매우 컸다. 이는 인간의 기복적, 신비적 종교심과 결합되어 왜곡된 신앙을 낳을 수 있기 때문이다. 시각적 형상들을 제거한 또 한 가지 중요한 이유는 가난한 자들을 구제하는 데 쓰여야 할 헌금이 성스러운 조각과 장식을 마련한다는 명분으로 헛되이 쓰일 수 있었기 때문이다.[9]

종교개혁자들이 이미지의 가치를 전적으로 부정한 것은 아니다. 루터는 볼 것으로 가득한 극장에서의 공연을 신앙 교육적 측면에서 긍정적으로 고려한 것처럼, 칼뱅도 인간의 상상력과 연출력이라는 하나님께서 주신 은사를 부끄러워할 필요가 없다는 의견을 피력하기도 했다. 그리고 이러한 칼뱅의 사상은 종교개혁 이후 개혁주의 신앙이 형성된 네덜란드와 같은 나라들에서 다양한 개신교 화가들(뤼스다엘, 렘브란트 등)이 등장하여 활동하는 토양을 마련한 것으로 평가된다.[10]

당시에는 일반적으로 문맹률이 상당히 높았다. 평민들의 다수가 교육을 받지 못하여 글을 읽을 수 없는 현실이었다. 인쇄술의 발명으로 책이 대량 보급되긴 했지만 평민들이 구입하기엔 여전히 고가의 제품이었다. 게다가 충분한 영양을 공급받지 못하는 탓에 보통 사람들의 시력은 일찍 감퇴하였다. 이러한 상황에서 종교개혁 운동이 책으로서의 성경에 의존하기는 쉽지 않았다. 아직 글을 읽지 못하는 대부분의 전근대적 시민들을 고려하여 개신교 신앙을 전파할 방식이 필요했던 상황이다. 그래서 종교개혁자들은 시각적 효과를 줄 수 있는 매체를 고안하는 데, 대표적인 것이 목판화(woodcut)였다. 마틴 루터가 종교 개혁을 하는 모습을 목판화로 그리고, 그것을 대판지(broadsheet, 두꺼운 큰 종이) 형태의 홍보 전단으로 찍어 대중에게 보급하는 방식이었다.

루터의 단순한 복장과 단호한 표정은 대중들에게 화려하고 탐욕적인 가톨릭 사제들과 대비되는 인상을 심어주었다. 그러나 판화 전단을 보급한 일은 종교개혁 운동이 표방하는 바른 성경적 신앙을 전달하는 것이 주된 목적인데, 자칫 루터라는 한 인물을 신비화하고 추앙할 수 있는 위험성도 있었다. 또한 목판화의 그림이 왜곡되어 읽힐 수도 있었다. 따라서 목판화 전단에 그림의 의미를 설명하는 글을 넣는 방식을 취했다. 글을 읽을 줄 아는 사람이 글을 모르는 사람에게 이 홍보전단의 그림을 보여주면서 내용을 설명해줌으로써 종교개혁에서 주장하는 순수한 복음과 '오직 믿음'의 사상을 전달하였던 것이다.

종교개혁 운동이 가톨릭이 지배하던 유럽 대륙에서 설득 경쟁을 벌이며 대중들에게 영향력을 줄 수 있었던 이유들을 살피자면, 이밖에도 고려해야 할 중요한 다른 요소들도 있다. 특히 구텐베르크의 인쇄술로 성경이 보급되고 르네상스로 인문주의가 발달한 일은 종교개혁이 성공한 가장 큰 배경을 이룬다. 하지만 나의 관심은 종교개혁자들이 그들의 신학적 신념을 효과적으로 전달하기 위해서 했던 노력들을 커뮤니케이션 관점에서 보려는 것이다. 왜냐하면 전도사역의 핵심에는 커뮤니케이션이 있기 때문이다. 그런 면에서 전도에 관한 종교개혁의 의의로 주목할 필요가 있는 것은, 개혁자들이 바른 복음을 전하기 위해서 다양한 커뮤니케이션을 시도했었다는 것이다. 종종 종교개혁의 사상을 극단적으로 이해해서, 인간의 영혼을 변화시키는 데에는 오직 말씀 외에 다른 어떤 것도 필요하지 않다는 주장들이 나오기도 한다. 심지어 인간의 이해와 필요를 고려해서 접근하려는 시도들을 하나님의 은총과 인간의 노력을 결합시키는 유사 펠라기우스적인 변질이라고 비판하는 소리들도 있다.

그러나 종교개혁자들은 그와 같이 편협하거나 일률적으로 복음을 전달하지 않았다. 그들은 당대의 민중들이 알아들을 수 있고 민중들에게 전달될 수 있는 방식을 적극 사용하였으며, 오히려 중세 가톨릭의 권위주의와 형식주의와 비교할 때는 혁신적인 차원에서 복음을 풍성하고 다양한 방식으로, 또한 실질적인 삶의 상황에서 적용 가능하게 전달하였다. 당시 종교개혁자들의 설교는, 라틴어로 드려지는 뜻 모를 미사에 질식당하던 대중들에게 하나님의 말씀을 직접 공급할 수 있는 가장 효과적인 영성적 매개체였다. 거기에다, 회중 찬양의 발전은 사람들이 예배에 직접 참여하게 하여 종교개혁 신앙에 활기를 북돋아주는 기여를 하였다. 또한 극장 공연을 위한 희곡은 새로운 개신교도들과 그들의 자녀들을 위한 특별한 신앙교육의 수단이 되었으며, 목판화를 통한 종교개혁 전단들도 대중에게 쉽고 친밀하게 다가설 수 있는 일종의 전도지 역할을 하였다.

지금까지 논의해왔던 것을 중심으로, 나는 종교개혁의 전도 동력으로 영성적 혁신과 문화적 커뮤니케이션을 주목해야 한다고 주장한다. 성경 중심으로 삶을 인도하는 설교 사역의 회복이 영성적 혁신의 역할을 담당했고, 노래, 희곡, 그림 등이 함께 어우러져 종교개혁의 사상을 총체적으로 대중에게 부각시키는 문화적 커뮤니케이션 기능을 했다.

가톨릭의 대응: 예수회와 바로크예술

16세기 초반 독일과 프랑스를 중심으로 시작된 종교개혁 운동이 유럽 전역으로 확대되면서, 가톨릭교회의 교세는 크게 위축되었다. 점점 확산되는 종교개혁에 위기의식을 느끼던 가톨릭교회 진영을 더욱 몰아세운 사건은 1527년 일어난 로마의 약탈이었다. 한때 보름스 종교회의에서 루터를 파문했던 신성로마 제국의 황제 카를 5세는 교황청, 프랑스, 이탈리아 등이 자신을 반대하는 동맹을 이루자 군대를 소집하여 로마에 이른다. 이때 모집된 군사들 가운데 가장 호전적인 그룹은 독일에서 온 개신교도 용병들이었다. 이들은 단순히 용병으로서 몸값을 받으려는 목적으로만 전쟁에 임하지 않았고, 가톨릭의 중심지인 로마 교황청을 징벌하겠다는 목표를 가지고 있었다. 로마에 입성한 그들은 가톨릭에서 신성하게 여기는 성지와 성물들을 닥치는 대로 파괴하고 사람들을 학살하였다. 이 전쟁으로 로마는 폐허가 되었으며, 베드로를 비롯한 성자들의 무덤이 완전히 훼손되었고, 이 결과를 본 가톨릭의 지도자들은 엄청난 충격을 받게 된다. 이들에게 이단자들이었던 개신교도들의 교황청 습격과 약탈은 세상의 종말이 다가온 것이나 다름없었고, 다시금 가톨릭교회를 정비하고 수호해야 한다는 긴급한 필요성을 느끼게 해주었다. 그래서 이 로마의 약탈 사건은 가톨릭 내에서 교황을 수호하고 반종교개혁 운동의 불씨를 지피는 계기가 된다.

예수회의 영성 운동

가톨릭의 반종교개혁 움직임을 앞장서서 주창한 이들은 예수회였다. 예수회는 스페인 출신의 군인이었던 로욜라의 이그나티우스로부터 시작된 수도회 운동으로서, 가톨릭의 갱신과 진보에 큰 기여를 하였다. 이그나티우스는 한때 군인으로 프랑스와의 전투에 나섰다가 다리를 크게 다치는 중상을 입고 적군인 프랑스 군대의 병원에 입원하게 된다. 원래 호전적이고 용맹했던 그였지만, 병상에서 몸을 움직일 수 없는 처지인지라 간호사들이 건네준 신앙 전기들을 읽으며 시간을 보내야 했다. 그리스도의 생애와 성인들에 관한 전기를 읽으면서 감동을 받은 이그나티우스는 자신의 삶을 전적으로 돌이키는 회심의 경험을 하게 된다. 원래 충성과 헌신을 지극한 덕목으로 여겼던 그는 이제 새로운 주인인 예수 그리스도를 위해서 할 수 있는 일을 찾게 되었고, 몸을 움직일 수 없는 상태에서 예수님과의 깊은 교제를 갖고자 묵상과 상상을 통한 영적 훈련을 하게 된다.

병원에서 퇴원한 그는 성지순례를 하고 나서 사제의 길을 걷는다. 이후에 그는 자신이 터득했던 영적 묵상의 방법들을 토대로 다른 이들과 함께 철저한 제자의 길을 걷는 수도회 모임인 예수회를 조직하고, 우여곡절 끝에 교황청으로부터 승인을 받는다(1540년). 이그나티우스의 영적 묵상 방법을 담은 『영신수련』은 그의 처절하고도 획기적인 회심 경험의 실체를 담은 것이기도 한데, 그가 이렇게 깊은 영적 묵상을 통해 그리스도와의 교제를 체험한 일은 루터의 이신칭의 깨달음에 비견할 만한 종교적 각성이었다. 다만 루터는 가톨릭교회를 떠나서 새로운 영적 순례에 나섰지만, 이그나티우스는 가톨릭교회 안으로 더 깊이 들어가게 되었다.[11] 그가 예수회를 창설한 것은 원래 신앙의 전파를 위해서였으나, 당시 개신교의 확산을 저지할 돌파구를 마련해야했던 가톨릭 교황청에서는 예수회를 인정하고, 예수회 수도사들에게 가톨릭 신앙을 변호하고 수호하는 임무를 맡긴다. 예수회는 교회의 머리이신 그리스도께 대한 순종의 표시로 그의 대리자인 교황에게 충성하고 복음을 전파하며 교육사역에 몰두하기 시작한다.

1545년부터 1563년까지 18년 동안 열린 트리엔트 종교회의에서는 개신교에 대한 대응책을 마련하고 가톨릭의 정통 교리 정립과 교회의 갱신을 위한 방안을 모색하게 된다. 처음에는 개신교도들과의 화해를 도모하는 움직임도 있었으나, 결국 종교개혁의 주요 교리인 이신칭의와 성경의 유일한 권위를 인정하지 않으며 가톨릭 중심주의로 회귀한다. 가톨릭의 권위와 정통성을 고수하면서도, 트리엔트에 모인 가톨릭의 지도자들은 교회 제도와 목회적 갱신의 필요성은 절감했다. 특히 그들은 종교개혁이 발발하게 된 주된 이유 중의 하나로 목회적 보살핌이 빈곤했음을 지목하게 된다.[12] 그래서 가톨릭 사제들에게 목회적으로 보살피는 기술을 가르치고 더욱 책임감을 갖도록 강조하였으나, 이 분야에서 가장 두각을 발휘한 그룹은 예수회라고 봐야 할 것이다. 예수회의 활약은 영성 훈련과 교육, 선교에서 두드러졌다. 예수회의 선교사들은 남미나 중국, 일본 등지에까지 파송되어 가톨릭의 선교 전성기를 이루었고, 고등교육 기관 설립에도 헌신하여 수많은 학교들을 세우게 된다. 사실상 예수회의 조직과 역동성이 지난 밀레니엄의 후반부 기간 동안 가톨릭의 특징이자 강점이었던 것이 사실이다.[13]

전도와 관련하여 볼 때 예수회의 영성 훈련은 의미심장하다. 이그나티우스의 체험적 영성 훈련서인 『영신수련』은 하나님의 임재를 깊이 체험하고 자신의 삶을 규칙적으로 돌아보게 하는 기도와 묵상의 세계를 경험하게 해주었다. 이러한 예수회의 영성 훈련은 가톨릭의 내면 사색적이며 관조적인 영성적 전통을 이룩한다. 종교개혁자들이 성찬이나 구원론과 같은 여러 교리들에서 서로 다른 해석과 입장을 내놓으면서 사변적인 교리 논쟁에 들어가는 사이, 가톨릭은 예수회를 중심으로 사람들을 더욱 풍성한 영성적 체험으로 인도해주는 활로를 찾았다고 볼 수 있다. 앞서 종교개혁자들의 설교 회복을 영성적 혁신으로 평가한 이유가 여기에 있다. 원래 종교개혁은 사람들과 하나님의 직접적 관계를 복원시켜주며, 바른 구원관과 성경중심의 신앙을 가지도록 이끌어준 운동이었다. 그러나 이러한 종교개혁의 대중적 영성운동이라는 가치를 16세기 중반에는 가톨릭의 예수회가 주도하게 된 것이다. 이는 오늘날에도 반추해봐야 할 교훈을 부여한다. 어떤 의미에서 전도사역은 이야기의 싸움이다. 사람들의 실제 삶을 의미 있게 해주고, 깊은 인생의 질문에 답을 주는 메시지를 제공할 수 있느냐의 싸움인 것이다. 그 점에서 초기 개신교는 상당한 성과를 거두었고, 얼마 안가서 가톨릭이 그 성과를 공유하게 된 것이다.

바로크 양식, 반종교개혁의 예술적 전파

신실한 정통 가톨릭 신자들에게 종교개혁 운동은 성상파괴 행위로 보였을 것이다. 제네바의 개혁자들인 츠빙글리와 칼뱅은 강력하게 교회의 조각이나 그림들을 제거했다. 개신교도들이 득세하는 지역에서는 성상파괴 현상이 벌어졌다. 그러한 상황에서 가톨릭교회의 정통성과 권위를 상징적으로 표현해주는 예술적 활동이 필요했다. 바로크(Baroque) 양식은 가톨릭교회의 중흥을 가장 잘 보여주는 예술양식이라 할 수 있다. 바로크 양식은 17세기부터 본격화되었지만, 가톨릭교회가 종교개혁의 충격파로부터 서서히 벗어나기 시작한 16

세기 중반부터 가톨릭의 중흥과 더불어 빛을 발하기 시작했다.

개신교의 종교개혁이 미술과 건축에서 절제된 태도를 보였다면, 가톨릭의 종교개혁은 강력한 미술의 힘을 이용하여 장엄한 건축과 생동감 있는 그림과 조각들로 대중의 시선을 사로잡았다. 가톨릭교회는 로마의 바티칸을 다시금 모든 교회의 중심지로 우뚝 세우기 위해 성 베드로 성당의 덮개인 돔을 건축한다. 교회 안에는 가톨릭의 전통적 교리를 상징하는 성모 마리아 상을 묘사해놓았고, 교부 시대 지도자들의 조각과 그림을 제작하여 가톨릭교회가 기독교의 역사적 적자임을 증명하려 하였다. 뛰어난 예술가인 미켈란젤로는 직접 바로크 양식을 창출하여 가톨릭의 예술적 중흥에 큰 기여를 했고, 베르니니와 같은 예술가는 로마의 외관을 바로크 양식으로 치장하면서 로마를 거대하고 신성한 교회의 모습으로 만들었다. 이그나티우스를 기념하는 로마의 성 이그나티우스 교회 천장에는 바로크 양식을 대표하는 '성 이그나티우스의 영광'이라는 천장화가 있는데, 거기에는 구름을 타고 승천하는 이그나티우스의 모습과, 그를 환영하는 동시에 배교자들을 내쫓는 천사들의 움직임이 긴박하고 생생하게 펼쳐져 있다. 그래서 사람들은 과거 중세 시대에 하늘을 찌를 듯 높은 첨탑으로 설계된 고딕 양식의 성당들이 천국을 가리켰다면, 바로크 양식의 웅장하고 화려한 건축물들과 예술 작품들은 아예 천국을 성당 안으로 옮겨 놓았다고 말했다.

트리엔트 종교회의는 가톨릭의 음악 세계에서도 변화를 꾀했다. 지오반니 팔레스트리나(Giovanni Palestrinna)에게 교황청 작곡가라는 호칭을 주고 그가 만든 노래들을 회중찬양으로 공식적으로 인정하면서, 다른 여러 가톨릭교회를 위해 일하는 작곡가들에게 영감을 주었다.[14] 특히 16세기는 음악적 감성이 풍부하게 솟아나던 시기였기에, 합창이나 오페라에 가톨릭의 신앙을 담는 작업은 매우 효과적이었다. 그래서 종교개혁자들이 회중찬양을 만들며 대중이 함께 신앙을 노래에 담아 표현하게 했던 것처럼, 가톨릭의 반종교개혁도 대중적 음악의 가치를 인식하고 장려하는 것으로 나타난다.

이러한 영성적(예수회), 예술적(바로크) 노력들로 인해서 가톨릭교회는 16세기 후반에 이르러 과거 종교개혁 운동으로부터 받은 충격을 극복하고, 프랑스의 거의 대부분을 개신교로부터 되찾고 독일의 절반 가까운 지역에서 영향력을 회복한다. 사실상 유럽 남부 지역은 거의 다시 가톨릭으로 돌아갔다. 물론 이러한 가톨릭의 종교 영토 수복에는 종교계 외부와 관련된 정치적 요소가 상당부분 관련되어 있었다. 종교개혁 운동 자체가 당시 로마 교황청의 지배권에 맞서려는 유럽 각국 영주들과 이해관계가 맞아 떨어진 것도 엄연한 사실이기 때문이다. 따라서 종교적 개혁이라는 명분 아래 치열한 권력의 암투가 벌어지고, 이 와중에 수많은 이들이 종교전쟁과 종교재판으로 목숨을 잃는 참사가 빚어지기도 했다. 이러한 정치와 종교 간의 결탁으로 일어난 위그노 종교전쟁, 로마의 약탈, 재세례파 학살과 같은 비참한 결과들은, 아무리 종교개혁자들의 정신과 신앙규범을 존중한다 할지라도 철저하게 반성해야 할 과제다. 우리는 루터와 칼뱅과 같은 종교개혁자들이 성경과 사도들의 신앙 전승에 기초한 바른 신앙의 세계를 회복해주었기에 그들을 따르는 것이지, 그들의 모든 행위와 삶을 추앙하는 것이 아니기 때문이다. 그런 면에서 그들의 종교개혁이 지닌 정치적 유착의 한계나 종교 간 대립과 전쟁을 불러일으키게 한 호전성에 대해서는 객관적으로 평가할 필요가 있다.

종교개혁의 전도적 의의

이러한 정치적 배경과 환경을 떠나서 우리가 종교개혁으로부터 전도의 교훈을 얻는다면, 바로 그들의 영성적 접근과 다양한 문화적 커뮤니케이션에 관한 것이다. 중세 후기 가톨릭과 비교할 때, 종교개혁은 성경적 복음에 충실했고 전인적 인간을 존중하며 접근하고자 했다. 간단히 말해서, 영성과 예술은 종교개혁이 당시에 설득력을 가질 수 있던 중요한 통로였다. 그리고 이와 같은 소통의 통로를 가톨릭이 차용하여 가톨릭 중흥의 발판을 마련했다. 물론 종교 개혁적 관점에서 나는 가톨릭의 주관적이고 신비적인 영성이나 화려한 건축과 조각으로 나타나는 종교적 예술 활동에 동의하지 않는다. 그러나 이는 사람들의 일상생활과 긴밀하게 연결되는 기독교 신앙, 그리고 인간의 시각과 청각, 촉각, 경험 등을 다차원적으로 고려하는 기독교 커뮤니케이션의 예로서, 바로 복음 전도를 위해서 영성과 예술의 회복이 중요하다는 사실을 일깨워준다.

영성과 예술은 밀접한 관련을 맺는다. 사람들이 종교 외에 영성적 경험을 할 수 있는 중요한 통로가 바로 예술이다. 예술은 사람들에게 '초월'을 경험할 수 있는 기회를 제공하기 때문이다. 무엇보다 예술은 그 예술이 추구하는 경지에 들어서기 위해서 몰입과 헌신을 요구한다. 이 점에서 종교와 상당히 유사하다. 프린스턴 대학의 종교사회학자인 로버트 우쓰노우(Robert Wuthnow)는 영성과 종교의 상관성에 관한 광범위한 연구를 통해 "사람이 예술적 관심에 더욱 깊은 관심을 가질수록, 근래 기도나 묵상과 같은 영적 생활에 더욱 헌신할 가능성이 높다."[15]고 평가한다. 여기서 영적 생활이란 정기적으로 교회를 다니며 헌금을 내고 맡은 직분에 충실히 봉사하는 제도적 차원의 종교성보다는, 자신의 정체성을 발견하고 인생의 방향을 정립하며 타인과의 의미 있는 관계를 경험하는 삶을 말한다. 이러한 삶의 가치를 모색하기 위해서 예술은 초월의 경험으로 불안한 자존감, 타인과의 갈등, 육체적 한계를 뛰어 넘도록 도와준다는 것이다. 실제로 많은 화가나 시인, 음악가들이 종교와 깊이 연루되어 종교적 주제를 표현하지 않았던가? 앞 장에서 켈트 전도 모델에서도 드러났지만, 예술은 신앙을 표현하고 경험하는 매우 중요한 통로가 된다. 특히 오늘날과 같이 전인적 감각이 강조되는 시대에, 교리나 명제에 국한하여 기독교 신앙을 전달하는 것은 커뮤니케이션 측면에서 매우 불리하다.

  그런데 예술적 장치를 활성화한다고 해서 교회 안에 시각적 장치를 더 많이 늘리고, 화려한 밴드와 고급 음향기기를 설치하는 것만이 대안은 아니다. 핵심은 예술적 감성의 계발에 있다. 미적, 예술적 감각은 설교자의 문체와 어투에, 그리고 교회 안의 여러 공간에 담겨있다. 시적, 문학적 감성이 정제되고 세련된 설교 언어를 조성할 수 있고, 내러티브적 상상력과 긴장감이 설교의 플롯을 이끌어갈 수도 있다. 설교자의 모습과 의상이나 교회 안 '성물'들의 배치와 주위 배경 그 자체가 시각적인 효과를 충분히 자아낼 수 있다. 이미지와 음악 등의 예술성은 반드시 고도의 현대적 기법으로만 표현되는 것이 아니라, 교회의 일상적인 모습에서 간결하고 절제된, 그러면서 깊이 있는 방식으로 스며들 수 있다.

더 중요한 것은 교회가 예술적 상상력과 창의력을 장려하고 고양하는 역할을 담당하는 것이다. 수동적이고 답습적인 형태의 교육이 더욱 심화되는 21세기 한국의 현실에서 교회가 구성원들과 그들의 자녀들이 협력하고 참여하는 예술적 활동들을 북돋운다면, 그것은 대안적인 공동체이자 선교적 전초기지 역할을 시작하는 작지만 소중한 발걸음이 될 것이다.

선교 동력의 약화

종교개혁 운동은 기독교 세계 내부에서 치열한 설득 싸움을 벌였으나, 아쉽게도 타문화 선교에는 별다른 노력을 기울이지 못했다. 종교개혁자들에게서 선교 활동이 미비했던 것은, 우선 개혁자들의 주된 관심이 바른 신앙과 바른 교회를 정립하는 것이었기 때문이었다. 또 한편으로 지리적으로 해상권을 장악했던 국가들이 모두 가톨릭의 통치 아래 있었기 때문에 해외로 나가기 어려웠다는 점도 무시할 수 없다. 칼뱅의 제네바 교회에서는 프랑스와 브라질에 선교사를 파송하며 현지에 개혁교회의 기초를 닦는 등의 노력을 보이기도 했으나, 전반적으로 종교개혁 이후 개신교회들은 신학적 난제들을 깊이 토론하고 정리하는 개신교 스콜라주의에 빠져들면서 신앙이 형식화되고 정체되는 양상을 띠었다.

종교개혁 운동이 내적 전도에서는 성과를 거두었으나 약 200년 동안이나 유럽 대륙 너머로 확대되지 못하고 고착화된 원인이, 종교개혁이 정치권력과 제도가 동반되는 교회 갱신의 틀을 견지한 나머지 자발적이고 공동체적인 신앙운동으로서의 정체성을 발전시키지 못한 점에 있지 않나 조심스럽게 진단해본다. 종교개혁 운동에서는 재세례파 외에는 전도와 선교의 뚜렷한 움직임이 일어나지 못한 것으로 평가된다. 재세례파는 예수 그리스도의 대위임령을 그들의 신학적 중심으로 삼고, 삶과 교회에 철저하게 적용하고자 하였으며, 복음 증거를 모든 신자의 소명으로 삼았다. 이들의 전도 동력은 사실 국가나 정치권력과 결합된 교회들을 그들이 부정적으로 인식한 것에서 비롯하였다. 재세례파는 관제화 된 교회들은 이미 참된 교회가 아니기 때문에, 유럽 기독교 전체가 이미 이교도와 근본적 차이가 없다고 보았다. 그들은 유럽 기독교 전체가 배교한 것으로 보고 초대 기독교 공동체의 회복을 위해서 선교적인 노력을 기울여야 한다고 보았다.[16] 이러한 재세례파의 입장은 지나치게 배타적인 성격을 띠긴 하지만, 당시 그들이 박해받던 상황에서 그리스도의 몸 된 참된 공동체를 전하려는 순수한 열망에서 비롯된 것임을 감안해야 한다. 전도와 관련하여 중요한 사실은, 재세례파가 공동체적 노력을 강조했고, 그 공동체가 선교적으로 열린 자세를 취했다는 점이다.

인간이 새로운 종교로 회심하기 위해서 반드시 필요한 것은 과거 자신에게 익숙했던 공동체로부터 배척되는 고통과 상실을 보상해주는 새로운 결속이다. 종교개혁자들도 이러한 공동 삶의 가치를 인식하고, 그들의 다양한 사역과 활동을 통하여 개신교도들이 공유할 수 있는 총체적 행동양식을 형성하고자 했다.[17] 그러나 이들이 내포한 근원적인 문제는 종교개혁이 얼마나 국가와 관청의 요구와 간섭에서 독립할 수 있는 초월적, 대안적 공동체를 창출했는가 하는 점이다. 루터가 두 왕국론을 말하고, 칼뱅이 제네바에서 기독교적 모델 사회를 구현하려고 했으나, 이들의 종교개혁도 근본적으로 국가로부터 자유롭지 못하며, 자주 긴장과 협조를 오갈 수밖에 없었다. 전반적으로 주류 종교개혁 운동은 결국 서구 기독교 국가 체제(Christendom)의 궤적으로부터 특별하게 일탈하지 않았다. 이는 하나님 나라의 독특한 공동체가 복음 전도의 사역에 기여할 수 있는 엄청난 잠재력을 가리는 결과를 낳고 만다. 적어도 전도에 관해서는 근대에 이르기까지 이러한 한계가 지속된다.

반수도원주의에 대한 반성

다른 한편으로 종교개혁자들이 수도원 운동을 배척함으로써 그 운동이 전통적으로 보존해왔던 순례적 영성이 개신교 사회로는 이어지지 못한 점도 반성해야 할 대목이다.[18] 본래 중세 시대부터 수도원 운동은 기독교화된 유럽 대륙에서 선교의 명맥을 지속적으로 유지했던 힘의 원천이었다. 아일랜드(켈트 교회) 수도사들과 프란시스 수도사들은 복음에 합당하게 검소한 생활을 하며 도시와 시골로 다니며 사람들을 환대하고 복음을 전했다. '그리스도를 위한 순례'(*peregrinatio pro Christo*)라는 이상은 이들에게 자기 부인에서 세상을 향한 선교로 나아가는 중요한 원리였다.[19] 종교개혁자들이 보기에 수도원들은 신비주의와 금욕주의의 공간일 뿐 아니라, 허울뿐인 경건 아래 탐욕적인 종교 관료들의 부패의 온상이기도 했다. (이러한 사실은 영화로도 만들어진 움베르트 에코의 「장미의 이름」을 보면 극적으로 표현되어 있다.) 하지만 수도원 전통에는 고립적이고 탈세속적인 종교 생활만 있는 것이 아니라, 세상을 향해서 나아가는 순례적, 선교적 운동도 강력하게 자리 잡고 있었다. 아쉬운 것은 종교개혁자들이 수도원 운동을 비판하다가, 이와 같은 그리스도를 위하여 (참회와 구원을 위해) 세상으로 나아가는 순례적 영성의 전통까지 약화되었다는 점이다. 따라서 순례적 영성의 약화는 그 안에 내재된 선교의 동력까지 함께 약화되는 결과를 낳았다는 비판적 진단이 가능하다.

    수도원 운동은 세상을 거부하고 세상에 관여하지 않으려는 의도가 있었지만, 오히려 수도원 운동으로 철저하게 고양된 영성은 세상 속에서 차별적이고 대안적인 섬김과 증거의 삶을 살게 만들었다. 중세 시대 탁발수도사들이 이슬람권을 포함한 먼 지역으로 나아가 복음을 전했고, 종교개혁 이후 가톨릭에서는 (개신교 운동이 유럽 대류 안에 머무는 동안) 예수회 등을 통한 수도원 영성 회복 운동이 활성화되면서 수도사들이 개척자로서 아시아와 남미, 아프리카를 향해 왕성하게 선교활동을 했다.

삭막한 도시문명과 물질주의 속에서 분투하며 영혼이 병들어가는 현대인들에게 수도원 운동은 새로운 울림으로 다가온다. 인간의 내면을 더욱 관조하고 소박한 생활양식을 실천하며 이웃을 환대하는 수도원 운동의 전통은, 오늘날 가톨릭뿐 아니라 개신교 곳곳에서 새롭게 조명을 받고 있다. 수도원 전통을 봉쇄수도원과 같이 고립된 공간이나 특출한 종교생활 수행자들의 집단으로 제한하는 방식이 아니라, 세속의 일상 속에서 구현하려는 움직임이 있다. 최근 미국 필라델피아에서 홈리스들과 연대하여 그들의 권익을 위해 헌신적 삶을 살았던 신수도원운동(New Monasticism)은 주목할 만하다. 한국에도 저서가 소개된 셰인 클레어본과 조너선 윌슨하트그로브와 그의 동료들은 치열한 수도원적 영성 훈련과 단순한 공동체적 삶, 그리고 철저한 사회적 제자도에 헌신하며 소비적 자본주의 시대에 복음주의적인 신수도원운동을 이끌고 있다.[20] 단순히 사회 개혁적인 신수도원운동만이 있는 것이 아니다. 가정에 수도원의 리듬과 문화를 도입하려는 시도도 있다. 이는 베네딕트 수도원의 일과 노동 기도라는 3가지 운영 원리를 가정생활에 창의적으로 적용하여 가족 간의 관계를 회복하고, 영적이며 즐거움이 있으며 이웃을 환대하는 건강한 기독교 가정을 세우려는 의미 있는 몸짓이다.

종교개혁의 전도 신학적 유산

앞서 지적한 것처럼, 종교개혁자들은 선교의 노력은 고사하고 선교에 대한 기본 개념조차 없었다는 비판이 많다. 적어도 종교개혁과 이후 200년 동안 개신교에서 뚜렷한 선교적 움직임이 없었던 것도 사실이다. 그러나 이 책의 1장에서 본 것처럼, 선교를 단지 해외선교가 아니라 그리스도인과 교회의 세상을 향한 하나님 나라 증거로 본다면 종교개혁 운동 안에 내재된 선교적, 전도적 역량은 대단한 것이었다. 당시 개혁자들이 직면했던 가장 큰 과제는 바른 교회를 세우는 일이었기에, 그들이 외부 선교에 관심을 충분히 기울일 수 없었던 것은 사실이다. 그러나 종교개혁의 바른 신앙과 바른 교회의 모델을 정립하는 일은 그 이후 더욱 활발한 전도사역들의 토대가 되었다. 더 나아가 루터는 활동하는 신앙을 강조했고, 칼뱅은 더욱 세상에서 신자의 책임을 강조한 신학자였다. 그런 면에서 루터, 칼뱅과 같은 이들은 본질적인 선교신학을 제시했다고 볼 수 있다. 선교신학자 데이비드 보쉬는 이런 면에서 종교개혁의 선교적, 전도적 의의를 결코 간과하지 않는다. "개혁자들의 신학의 출발점은 사람들이 세상의 구원을 위해 무엇을 해야 할 것인가가 아닌 하나님께서 이미 그리스도 안에서 하신 것이었다. 하나님께서는 그의 빛을 가지고 땅의 백성들을 방문하신다."[21] 즉, 전도는 하나님의 주권적 구원 역사에 속해 있으며, 인간의 기법이나 전략이 아닌 복음 그 자체가 사람을 변화시킨다는 것이다. 따라서 바른 복음의 이해를 확립하고 이 복음을 바르게 전하는 교회를 세우는 일이 복음 전도에서 우선적으로 중요한 과제가 된다.

또한 종교개혁자들은 하나님의 주권적 은총을 강조했기에 복음 전도의 더욱 크고 본질적인 신학적 틀을 세우도록 도와준다. 자칫 전도가 인간의 노력과 재능에 의존하는 것으로 변질될 수 있는 위험성이 많지만, 개혁자들의 하나님 은총 신학은 전도의 주도권을 인간이 아닌 하나님의 주권에 있음을 명시하며, 그에 대한 인간의 신실한 응답을 강조하게 된다. 이는 전도의 결신을 위해서 천박한 엔터테인먼트 기법이나 인위적 자극을 사용하려는 유혹을 근본적인 차단한다. 따라서 우리는 그리스도의 주권과 성령의 역사에 의지하여 당장의 결과에 일희일비하지 않고 겸손히 인내하며 복음을 증거하는 삶을 살 수 있다. 그리고 이는 자연스럽게 교회에서 지속적이고 바른 신앙의 양육을 강조하는 쪽으로 이어지게 된다.

사실 칼뱅의 『기독교 강요』와 같은 저술이나 그의 사역은 어린 신자나 초신자들을 위한 신앙교육에 초점이 있었다.[22] 그는 인생의 거의 절반을 목회자로서 설교와 가르침으로 보통 사람들의 신앙을 바른 기초 위에 세우는 데 주력하였다. 『기독교 강요』 초판은 원래 신앙문답을 위한 교재의 형태였으며, 하나님을 아는 바른 길을 제시하는 게 목표였다. 따라서 칼뱅에게 복음 전도란 하나님의 주권적인 구원의 부르심에 회개와 믿음으로 그리스도께 나아가는 지속적인 과정이라고 볼 수 있다.[23] 이는 즉각적 회심과 결과에 치중하던 부흥주의 시대의 전도와는 확연히 다른 차원의 관점을 제공해주며, 오늘날 더욱 진지하고 온전한 전도와 양육의 통합적 모델을 모색하기 위해 되새겨야 할 귀한 신학적 원천이 될 것이다.

종교개혁 이후 한동안 영적 매너리즘이 고착화되던 개신교회에 새로운 선교의 열정을 일으킨 이들은, 독일의 경건주의자들과 진젠돌프를 위시한 체코슬라바키아의 모라비안 교도들이었다. 이들은 최초의 개신교 선교 사역을 시작하면서, 동시에 사회 구제 사업에도 힘썼다. 이들의 선교의 열정은 특히 공동체적 영적 나눔과 경험적이며 실천적 신앙에 투신하면서 축적된 자양분에서 비롯된 것으로 보인다. 또한 영국에서는 존 웨슬리가 올더스게이트의 회심으로 감리교 신앙 운동을 일으키며 왕성한 전도 활동을 벌인다. 웨슬리의 부흥과 전도 운동의 저변에는 신도회, 속회 등으로 구성된 소그룹 영성운동이 토대를 이루었다고 볼 수 있다. 존 웨슬리는 사람들이 속회(class meeting, 10~12명의 신앙 성장과 친교를 위한 모임), 신도반(band, 2~3개의 속회에 하나의 신도반이 형성되어 죄 고백의 모임을 가짐), 연합신도회(society, 죄 용서의 열망을 가진 30명 정도의 집회)로 구성된 공동체 모임에 정규적으로 참석하며 온전한 영적 성숙과 성장을 이루도록 체계를 세웠으며, 이는 오늘날 소그룹과 셀그룹 신앙운동을 위한 모델이 된다.

또한 종교개혁과 칼뱅주의의 전도적 유산은 17세기부터 미국의 (칼뱅주의) 청교도들로 하여금 인디언 선교를 시작하게 하고, 18세기에는 조나단 에드워즈를 중심으로 한 1차 영적 대각성 운동으로 이어진다. 특히 청교도들의 전도에서 바탕을 이루는 영적 생동감은 그들의 '신성한 집담회'(godly conference)라는 정기적 훈련에서 비롯된다. 주중에 여러 가정이 모여 지난 주일에 선포됐던 말씀에 대한 소회를 나누며 중보 기도하는 집담회는, 청교도들의 개인적 삶에 말씀을 적용시키며 영적 친교를 강화시키는 요소였다. 반복적으로 설교를 들으면서도 변화되지 않던 사람이 집담회를 통해 자신을 드러내고 고백하는 모임을 통해 변화되는 모습을 보았다고 백스터와 같은 청교도들이 술회할 정도로, 이 영성 훈련은 사람들의 구체적인 삶의 변화에 지대한 영향을 준다.

    종교개혁은 외관상 유럽 대륙 내의 자민족 중심의 전도에만 치중한 것처럼 보이지만, 전도의 유산이라는 관점에서 그들이 기여한 것은 구원론과 교회론과 같은 신학적 영역에도 있었다. 그들은 실질적이고 생생한 하나님과의 교제를 강조하고, 그리스도의 대속적 죽음과 하나님의 주권적 은총에 의한 구원, 그리고 바른 복음의 선포로서 설교의 중요성에 집중함으로, 사실상 전도의 강력한 동력이 태동할 수 있는 기초를 제공하였다. 따라서 종교개혁자들의 후예인 오늘날의 개신교 그리스도인들에게서 전도의 열망이 식어가는 것은, 그들의 유산을 바르게 잇지 못했기 때문이다.

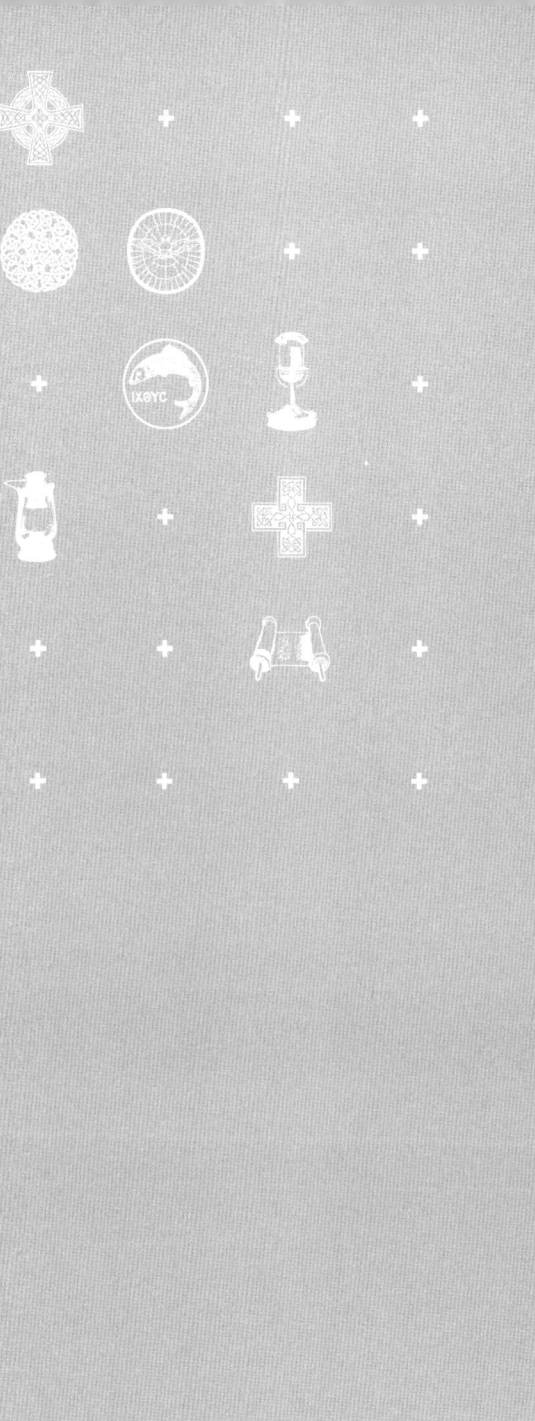

6장
전도특화의 시대: 부흥주의와 구도자교회

✢

✢

✢

 우리가 전도라는 단어를 생각할 때 그리는 통념적 이미지는 어떤 것일까? 아마도 대형 집회 현장에서 그리스도를 영접하고 결신하겠다고 일어나는 모습, 혹은 개인적으로 노방전도를 받고 그 자리에서 결신의 기도를 드리는 모습이 익숙할 것이다. 그런데, 우리가 알고 있는 이와 같은 전도의 모델, 즉 불특정다수를 향해서 현장에서 복음을 제시하고 복음 제시 이후 결신을 요청하는 이러한 스타일은, 사실 시대적 소산일 가능성이 농후하다. 인간이 하는 모든 방법론들은 역사적 정황을 벗어날 수 없기 때문이다. 20세기와 21세기의 그리스도인들이 경험했던 대부분의 전도 모델들은 그 이전인 19세기의 전도 모델, 특히 미국을 중심으로 한 대각성운동과 부흥운동의 영향권 아래 있었다고 볼 수 있다. 특히 전도를 다른 사람을 믿도록 설득하는 뛰어난 은사를 지닌 설교자의 역량에 달린 것으로 보는 흐름이 일어났다. 사실 18, 19세기 미국 사회는 세속화의 정도가 매우 심했고, 교회 출석률은 아주 저조했다. 교회 등록교인은 17퍼센트였으며, 출석교인은 6 내지 7퍼센트에 지나지 않았다. 이러한 상황에서 19세기 부흥 전도의 시대가 시작되어 미국의 도시들이 각성하고 교회 출석자는 43.5퍼센트로 대폭 늘어난다.[1] 이러한 부흥시대의 중심에는 찰스 피니, D. L. 무디가 있었고, 20세기 중반에 빌리 그래함이 이 부흥시대의 유산을 이어받았으며, 20세기 후반 구도자 중심의 전도 운동이 부흥시대를 수정하며 뒤잇는다.

현대 전도의 원형

불신앙의 시대는 오히려 전도를 위해 새로이 연구와 노력을 기울이게 하는 역설적 효과가 있다. 전도의 전문성은 2차 대각성 운동 때 더욱 심화되는 현상을 보이는데, 특히 찰스 피니와 D. L. 무디, 그리고 빌리 그래함으로 이어지는 부흥주의의 시대에서 두드러진다. 전도에 대한 우리의 이해와 방법은 대부분 이때 특화된 전도의 모델을 따르고 있다. 이들 근대의 위대한 전도자들이 공유하는 대표적인 특징들을 정리하면, 부흥주의(revivalism), 결신주의(decisionism), 즉각주의(instantism)라 할 수 있다.

찰스 피니(Charles G. Finney 1792-1876): 근대 전도의 아버지

미국인들뿐 아니라 우리나라 그리스도인들까지 전도와 부흥운동을 동등하게 인식하도록 만든 배경에는 '근대전도의 아버지'라 불리는 찰스 피니라는 걸출한 전도자가 있다. 19세기 초중반에 활동했던 피니는 전도의 역사의 새로운 장을 연 인물이라 할 수 있다. 모든 기독교 사역 모델과 방법론은 신학이 그 근간을 이루고 있다는 점에서, 피니의 배경과 신학을 살펴보는 일은 그의 전도 방법론을 이해하는 데 필수적인 과정이다.

부흥주의 시대의 배경

피니의 시대는 미국의 제28대 대통령인 앤드류 잭슨(Andrew Jackson)의 재임이 끝나가던 시절로서, 여전히 잭슨 대통령이 내건 기치와 이념이 미국 사회 전반에서 유효하던 시기였다. 잭슨의 시대는 소수 엘리트의 독점적 통치에 반대해서, 보통 사람이 부상하는 민주적 가치를 옹호하던 때였다. 부유하고 뛰어난 지적 리더십을 갖춘 이들이 국가를 경영하는 모델이 토마스 제퍼슨의 구상이라면, 잭슨의 민주주의는 보통 시민들이 자발적으로 사회를 이끄는 것을 선호했다. 실제로 잭슨은 평범한 보통 사람들에게 무엇이 옳은지를 간파할 수 있는 본능적 능력이 있다고 믿었다. 따라서 이러한 잭슨의 '보통 사람' 이상은 한 개인의 운명은 개인의 손에 달려있다는 사고를 낳았고, 이는 개인주의와 자기의존적 낙관주의 등을 파생시켰다. 그런 면에서 피니의 부흥 철학은 잭슨의 민주주의에 상응하는 기독교적 반대급부라 할 수 있으며, 그의 설교는 1830년대의 대세를 이루었던 인간 낙관주의와 어울리는 메시지였다.[2]

정치적 환경뿐 아니라, 신학적 환경은 더욱 더 중요했다. 예일대학 신학부에서 가르치던 나다니엘 테일러(Nathaniel Taylor, 1786~1858)는 개혁주의 신학을 부흥주의 운동에 순응하는 신학적 체계를 제공했다. 그는 원래 웨스트민스터 신앙고백을 따르는 입장이었으나 자연 인간의 부패와 영적 무력함이라는 관념을 거부하고, 인간은 자유로우며 합리적이고 도덕적인 피조물로서 하나님을 위한 결단을 내릴 수 있다고 주장했다. 테일러의 신학적 영향력이 커지면서, 부흥운동은 갈수록 죄인들로 하여금 믿음을 갖도록 설득하는 뛰어난 은사를 지닌 설교자들의 성과로 간주되었다. 이러한 정치, 신학적 환경은 부흥주의 시대의 전도 책자들과 방법론에 만연한 '결신주의 신학'을 낳게 된다.[3]

전도와 부흥에 대한 피니의 신학적 이해는 바로 이와 같은 환경에서 발전한다. 당대의 사상적 조류에 부응해서, 피니는 하나님께서 이성과 양심, 그리고 상식을 주셨기 때문에 인간이 점증하는 자연세계에 대한 지식의 도움을 받아 영적인 세계의 법칙에 상응하게 분별하고 행동할 수 있다고 믿었다. 피니에게 전도란 이러한 인간에 대한 이해를 바탕으로 적절하게 조절할 수 있는 사역이었다.

개인적 배경

피니의 회심 경험은 그의 신학에도 지대한 영향을 주었을 것으로 보인다. 자신의 경험을 술회하면서, 피니는 하나님께서 그를 인도하신다는 느낌보다는 자기가 의식적으로 구원을 추구했다는 인상을 준다. "오늘 나는 복음을 영접할 것이다. 아니면 나는 그러다가 죽을 것이다."[4] 따라서 회심 초기부터 피니는 자기 주도적인 의지적 결단과 도덕적 책임에 깊이 의존하였다. 그의 생각에는 구원을 얻기 위해서 모두에게 요청되는 것은 "죄를 단념하고 그리스도께 자신을 드리겠다는 동의를 표하는 일"[5]이다.

피니는 원래 성공적인 변호사였다. 변호사로서의 경험과 전문적 역량은 그의 설교 스타일과 논증방식, 논증기법에 지대한 영향을 주었다. 비록 피니가 법조인의 생활을 포기했다고 해서 '강단 변호사'의 노릇까지 중단한 것은 아니었다. 피니는 종종 일상의 비유와 명쾌한 표현으로 자신의 주장을 청중에게 인상적으로 개진하는 변호사처럼 설교했다. 그래서 피니의 설교는 종종 회중을 향한 설교라기보다는 배심원을 향한 논고처럼 들린다고 한다. 그에게 인간은 자유롭게 반응할 수 있는 존재였다. "인간은 자유로운 행위자다. 즉, 그는 선택할 수 있는 능력과 자유를 갖춘 지성적 존재이기 때문이다."[6]

그렇다면 피니는 구원이 어떻게 일어난다고 보았을까? 피니의 생각에 구원은 '의지적 태도를 변화시키는 것'이다.[7] 그러한 급진적 변화는 인간과 신이 함께 일함으로 일어나는 결과다. 성령께서는 죄인의 의지를 움직이셔서 진리를 인식하고 복종하게 하신다. 즉, 성령의 역사는 죄인으로 하여금 바른 선택을 하도록 설득하는 일로 국한된다. 이 과정에서 성령께서는 설교자를 구원의 역사에 대리인으로 참여시키시기 때문에, 누군가는 성령의 역사에 보조를 맞추어 진리를 명확하고 강력하게 드러내는 일을 떠맡아야 한다.

피니의 전도 방법론

설교: 피니는 즉흥적인 설교에 능했다. 그의 외모는 설교의 효과를 한층 더 빛나게 해주었다. 그의 눈은 청중을 향해 빛났고, 준수한 용모에 세련된 제스처와 여유롭게 미소 짓는 표정이 결합되어 당대 최고의 연기자라고 해도 손색이 없을 정도였다. 피니는 모든 설교는 직접적이고 사실적이어야 한다고 믿었다. 그가 일상적인 언어를 사용했다는 사실은 청중을 향해서 2인칭 '당신'이라는 단어를 자주 사용한 데서 잘 나타난다. 그래서 회중은 마치 피니가 자신을 향해 개인적으로 연설하는 듯한 느낌을 갖게 되었다. 피니에게 설교는 정보 전달이 아닌 설득이었다. 피니는 듣는 이들의 회심에 집중하는 설교를 하라고 가르쳤다.

축호전도: 피니는 일대일 대화와 가정 방문을 전도의 도구로 삼았다. 그는 전도 봉사자 부대를 만들어서 아침 기도 시간과 저녁 예배 시간 사이에 가가호호 방문을 하게 만들었다. 이전에도 축호전도가 없던 것은 아니었다. 피니는 이를 팀 단위로 하게 하였고, 지역을 분류하여 방문하게 하였다. 그럼으로써 피니는 과거 부흥사들이 했던

축호 전도를 더욱 체계화시킨 것이다.

기도: 피니는 기도의 사람이었다. 그와 그의 기도 파트너들은 부흥집회가 있어 바쁠 때에도 하루에 서너 시간씩 기도했다고 한다. 피니가 기도를 강조한 것은, 진리는 사람들을 움직이지만 기도는 하나님을 움직인다는 그의 부흥 철학에서 비롯되었다. 다양한 시간대에 모여 소그룹으로 기도하는 사람들의 모습은 피니의 전도사역에서 자주 볼 수 있는 풍경이었다. 피니는 기도 모임은 그리스도인의 하나 됨을 고양시킬 것이며, 이로써 기도의 영이 퍼져 나가게 되고, 그리스도인들은 죄인을 참회하게 하시고 그리스도 안에서 복 주시는 하나님의 능력 아래로 다른 사람들을 인도해야 한다고 역설했다.

사모자의 벤치: 피니의 전도 방법론 중에서 가장 흥미로운 도구는 '사모자의 벤치'(the anxious bench)다. 피니는 로체스터에서 열린 부흥집회 때부터 사모자의 벤치를 사용하기 시작했다. 사모자의 벤치를 누가 언제부터 사용했는지에 대해서는 논란의 여지가 있으나, 피니는 아마도 감리교도들의 집회에서 착상을 얻은 것으로 추측된다. 이 사모자의 벤치는 탐구실(inquiry room)과 함께 사용되었다. 처음 집회 때 관심 있는 사람들에게 집회 후에 탐구실에 와서 신앙상담을 받을 것을 권면한다. 탐구실에서 죄고백을 하고 인생을 그리스도께 드리라는 격려를 받은 후에, 다음 집회에서는 사모자의 벤치로 나와서 그리스도께 응답하는 표

시를 하는 것이다. 피니는 이 벤치를 죄인의 자만심을 깨뜨리고 하나님의 뜻 앞에 굴복하게 하기 위해 사용했다. 이는 인간의 도덕적 응답 능력에 대한 피니의 확고한 신념이 실천적으로 응용된 사례이기도 하다. 사모자의 벤치는 로체스터 집회에서 성공적으로 도입된 뒤, 피니의 전도 집회에서는 늘 단골로 등장하게 되었다. 이러한 관습이 오늘날 전도 집회에서 이른바 '제단으로의 부르심'(altar call)이라 불리는 결신의 초청 시간의 전조가 되었다는 주장도 있다.

연속집회를 통한 효과증대: 피니는 연속집회를 전도의 도구로 활성화시켰다. 연속집회란 단회적 모임이 아니라 2, 3주에 걸쳐 계속해서 집중 집회를 열어, 죄인의 완고한 마음을 녹게 하는 것이었다. 마치 적진에 집중 포화를 퍼붓는 것과 같은 방식이다. 피니는 연속집회(protracted meetings)를 복음 전도의 도구로 활용하였다. 그는 1830년 로체스터 집회에서부터 연속집회를 사용했는데, 이는 마치 적 진영에 집중포화를 쏟아 붓듯이 죄인들의 완고하고 강퍅한 마음을 무너뜨리기 위한 것이었다. 연속집회는 전도에 괄목할 만한 효과를 드러낸 것으로 보인다.

즉각적 회심: 피니는 회심하기로 결심한 이들에게는 통상적인 신앙입문 기간이 너무 길다고 보았다. 원래 종교개혁 이후로 개신교회가 지켜왔던 회심과정은 교회에 들어온 뒤 수십 주에 걸친 교리문답과 양육과정을 거쳐 결신에 이르고 교인으로 인정받는 것이었다. 그

러나 피니는 자신의 전도 집회 현장에서 마음에 찔려 하나님께 반응하는 사람들을 즉석에서 회심하게 하는 방식을 택했다. 피니가 보기에 당시 칼뱅주의 교회들은 교리교육을 너무 강조하는 경향이 있다고 보았고, 그의 생각에는 강조점이 영적인 상태에 대한 진단으로 옮겨져야 한다고 본 것이다. 교리적인 교육은 나중 문제였다. 또한 피니는 당시 개혁교회에서 시행하던 예비 신자들을 위한 교리문답과 검증 과정이 너무 길고 불필요하다고 비판했다. 그리스도인으로 새로운 삶을 살겠다는 의사 표시만 하면, 교회의 정식 구성원으로 받아줘야 한다고 생각했다.

평가

피니의 전도방법론은 그의 신학의 소산이었다. 즉, 부흥은 에드워즈가 믿은 것처럼 하나님의 놀라운 역사가 아니라, 방법과 수단을 바르게 사용하는 것에서 말미암는 것이라고 보았다. 농부가 씨를 뿌려 농작의 법칙을 잘 준수하면 적정하게 수확할 수 있는 것처럼, 부흥은 영적인 법칙을 따라 순종의 씨앗을 뿌림으로써 그에 상응하는 결과를 보는 것이었다. 이러한 전도 방법론은 150년이 지난 뒤까지 복음주의 개신교에서 은연중에 추종하는 방식으로 자리 잡았다.

피니는 그 누구보다 현대적 전도의 윤곽을 세우는 데 기여하였다. 극적인 형식의 설교, 죄인에게 거룩한 부담을 주기 위한 공개기도, 새신자 입교 과정의 간소화, 축호 전도, 소그룹 기도 모임, 연속집회, 훗날 전도 집회에서의 결단 초청으로 이어지는 사모자의 벤치 등이 그런 것들이었다. 그런 면에서 피니는 부흥공학을 개발한 대표적인 사역자로 꼽히기도 한다. 그러나 전도의 역사에서 그는 전도 방법론보다는 전도 신학 분야에서 더 큰 비중을 차지하고 있다.[8] 선한 삶의 주체가 되는 인간의 도덕적 각성과 결단 능력을 신뢰하며 부흥은 전적인 은총이 아니라 인간의 적절한 계획과 조화에 있다고 본 그의 신학적 관점은, 현대의 전도사역과 영성사역에 깊이 스며들어 있다.

D. L. 무디(Dwight L. Moody 1837-1899): 근대전도의 전문가

피니가 근대적 전도를 태동시키는 데 다양한 방법론들을 선보였다면, 무디는 전문적 기획과 조직화로 전도사역을 더욱 번창시킨 인물이었다.[9] 무디는 과거 성공적인 비즈니스맨으로서의 경험과 감각을 살려 이를 복음 전도에 효과적으로 활용하였다.

혼란의 시대, 기업가에서 전도자로

무디가 살던 시대는 다양한 사회, 경제, 정치적 요인으로 미국인들의 삶이 재조정되던 때였다. 농경사회에서 산업사회로 이동하는 시기여서, 도시는 이농민들과 이민자들로 가득 찼다. 동질사회에서 이질사회로 전환되는 추세였던 것이다. 수많은 대중들은 교육 혜택을 받지 못했고, 도시화가 안고 있는 도덕적 타락상인 범죄, 성문란, 알콜중독 등의 문제들이 점점 부각되었다. 그래서 사회적 계층 간의 위화감과 대립도 큰 문제로 대두됐다.

무디 자신은 저학력의 이농가정에서 자라 자수성가한 사업가로서, 당시 가난한 노동자들의 마음도 잘 헤아릴 수 있었다. 또한 남북전쟁 당시 군목으로 일했던 무디는 사람들의 영혼과 육체를 불쌍히 여기는 마음을 고양할 수 있었다. 그는 사람들을 돌보면서, 이러한 질문들을 갖게 되었다. "왜 어떤 이들은 죽어가면서 구원의 확신이 있고, 다른 이들은 없을까?" 이러한 질문과 고민을 통해서 그는 '영혼의 배려'가 가장 중요함을 깨달았고, 이를 사역에 적용한 것이다. 사람들의 이야기를 듣고 기도해주는 데 전력을 쏟았고, 고아와 젊은이 사역에 헌신하였다.

영혼의 배려와 단순한 메시지

무디의 사역에는 시카고의 가난한 거리 어린이들을 도와줬던 경험과 남북전쟁의 격전지에서 군인들을 위로했던 군목으로서의 경험이 스며들어있다.[10] 신학 교육을 받지 않았던 무디는 야전 병원에서 부상당하거나 죽어가는 군인들을 돌보며, 인간의 마음 안에 있는 희망과 두려움에 자주 직면하게 되었다. 무디는 그들의 이야기를 들으면서 예수 그리스도께로 그들을 인도하려고 해보니, 구원의 확신이 있는 사람과 그렇지 않은 사람들로 나누어진다는 것을 발견했다. 이러한 차이가 어디서 오는 것일까? 무디는 영혼을 향한 보살핌의 문제에서 이러한 차이가 비롯된다는 결론을 얻었다. 무디는 야전병원에서 얻은 경험을 그의 전도사역에 적용하기를 원했다.[11] 그는 탐구자의 방에서 사람들의 이야기를 주의 깊게 경청하였으며 그들과 더불어 기도함으로써, 단순히 선포자일 뿐 아니라 영혼의 친구 역할도 맡았다. YMCA에서도 그는 희망 없이 굶어가는 아이들을 구제하고 돌보면서 도시의 빈곤과 모순을 보았고, 이들을 치료하는 사역이 얼마나 절실한지를 깨달았다.

피니와 달리, 무디는 복음 전도의 응용적 기술을 고안하거나 개발할 수 있는 능력을 갖추지 못했다. 무디의 신학은 쉽고 간결했다. 무디는 복음이 다음과 같은 성경의 세 가지 사실을 축약한다고 믿었다. 인간은 타락으로 손상을 입었다(Ruined by the Fall). 그리스도의 보혈로 구원을 받는다(Redeemed by the Blood). 성령에 의해 거듭난다(Regenerated by the Spirit). 무디의 복음 메시지는 이 세 가지 R을 명료하고 간결하게 제시하는 방식이었다. 청중은 이러한 구원의 길을 선택할 것인지를 결정해야 한다. 무디에게 그리스도인과 비 그리스도인 사이에 중간 지대는 없다. 세상은 신자와 불신자들로 구성되어 있기 때문에, 회심은 즉각적이어야 한다. 그래서 무디의 신학은 즉각적인 응답을 요청하는 선포적 신학이라 할 수 있다.

무디의 전도방법론

탐구자의 방: 무디도 피니와 비슷한 취지에서 '탐구자의 방'(inquirer's room)을 사용했는데, 복음을 잘 이해하기 위해서 앞으로 나와 상담자에게 검사를 받는다. 감정적 흥분이 아닌, 좀 더 편안한 분위기에서 신앙에 대한 상담을 받았다. '결신 카드'(decision cards)를 상담자들에게 나누어 주고, 결신자들이 이 카드를 작성하면 인근 지역교회 목회자와 연결시키는 정보로 활용했다.

전략적 조직화: 무디는 또한 조직 구성에 능한 팀 전도자였다. 그는 이미 YMCA에서 일하면서 체계적인 구제 사업을 해본 경험이 있었다. 무디는 재정 마련과 기도 모임을 위해서 철저하게 준비했다. 그래서 무디의 전도 집회는 철저한 준비와 홍보로 유명했다. 지역을 선정하고 기금모금에 관한 일을 지역 위원회를 조직해서 실행했다. 그의 모든 사역들은 정교한 질서를 갖췄으며, 설교를 할 때도 청중의 상태와 반응에 맞춰 설교의 시간과 메시지를 적절히 조절할 줄 알았다.

음악 전도: 무디는 혼자서 복음 선포를 한 것이 아니라, 늘 당대의 대중가수이며 많은 찬송가들을 불렀던 생키와 협력했다. 생키가 먼저 찬양을 부르며 인도해서 사람들의 마음이 훈훈해지고 위로를 받으면 그다음에 무디가 복음선포와 요청을 하는 식이었다. 오늘날에는 매우 평범해 보이는 이러한 순서가 당시로서는 혁신적인 방법이었다. "사람들이 생키의 음악을 들으러 모이면 나는 그들에게 복음의 그물을 던진다." 그는 자신의 집회에 솔로 가수를 동반한 최초의 전도자라 할 수 있다. 무디의 동료였던 생키는 무디만큼이나 명성이 자자했다. 당시의 사람들은 농담조로 "만일 무디의 설교가 사람들을 인도하지 못하면, 생키의 노래가 사람들을 하나님의 나라로 인도했다."[12]고 말하기도 했다.

간결한 편안한 커뮤니케이션: 무디는 평범한 사람을 위한 커뮤니케이터였다. 형식적인 강단 설교 시대에, 무디는 단순한 메시지와 풍부한 예화들로 설교를 이끌었다. 그래서 미국뿐 아니라 영국에서 무디가 사역할 때도 사람들은 그의 설교를 편하게 들을 수 있었다. 하지만 무디의 설교는 간결하긴 해도, 내용이 빈곤하지 않았다. 3R은 그의 전도 신학을 잘 요약한다. 무디는 이러한 체계를 예화와 이야기들로 살을 붙여 풍성하게 효과적으로 전달했다.

평가

무디는 일주일에 4, 5만 명의 사람들에게 설교했고, 평생 약 1억 명에게 복음을 전파했으며, 10만 명의 회심자를 얻었던 것으로 전해진다. 무디 이후 부흥 집회는 정교함과 조직화가 한층 더 발전되었다. 기금 모금과 홍보, 조직과 프로그램의 역동성을 유지하는 데서 무디는 타의 추종을 불허했다. 사실 오늘날의 전도 집회들 대부분은 무디가 일으켰던 혁신으로부터 거의 바뀌지 않았을 정도로 무디의 영향력은 지금도 건재하다. 그는 매일 집회마다 지난날 몇 명이 회심을 했다는 수를 알려줌으로써 그것을 전도의 성공 기준으로 내비쳤다는 비판도 받는다. 엄청난 수에 비해서 무디 전도사역의 대상자들이 대부분 기존 신자였을 것으로 보인다. 이러한 현상은 오늘날의 전도 집회와 전도 프로그램에서 즉각적이고 가시적인 결신자 수에 집착하는 계량주의로 이어진다.

그러나 무디는 또한 하나님의 사랑을 지극히 강조했던 설교자였으며, 자신의 삶으로 그 사랑을 보여줬던 인물이었다. 아무도 돌보지 않던 거리의 아이들을 사랑으로 감싸 안았고 전인적인 사역을 실천했던 사람이었다. 그의 전도사역의 목표는 그리스도의 제자를 양성하는 데 있었다. 그의 이름으로 신학교가 세워졌고, IVF의 전조가 되는 학생운동이 시작된 것도 그의 위대한 유산이다.

빌리 그래함(Billy Graham): 현대 대중전도의 대부

빌리 그래함은 현존하는 복음 전도의 영웅이자, 많은 미국인들이 미국적 선한 삶의 표본으로 보기도 하는 전도자다. 그는 전 세계를 순회하며, 평화와 도덕적 삶을 홍보하였다. 또 한편, 그는 미국 복음주의를 중흥시키는 데 거대한 영향을 미쳤다. 당시 미국의 교계는 자유주의와 세속적 허무주의자들이 연대하여 복음적 신앙이 약화된 때였다. 그러한 때에 빌리 그래함의 탁월한 전도사역은 복음주의를 소생시켰고, 그의 우산 아래 복음주의 신학과 교회의 부흥이 도모된 것이라 볼 수 있다. 그는 가장 유명하고, 가장 여행을 많이 했으며, 가장 영향력이 있기에, 20세기 후반의 미국 복음주의를 대표하는 인물로 꼽기에 손색이 없다.[13] 아마도 그래함보다 더 많이 알려진 전도자는 없을 것이다. 그는 전 세계를 다니며 복음을 전했다. 빌리 그래함은 자신의 소명을 확고하게 복음 전도자로 규정했다. 그의 인생과 사역을 지배하는 모토는 '그리스도를 위한 결단'이었으며, 회심과 성화에 대한 그의 이해도 결단과 연관되어있었다.

개인적 배경

그래함은 모태신앙으로 자랐으나, 청소년 시절 전율하는 회심의 경험을 하게 된다. 그 뒤로 그는 회심 경험의 절대적 중요성을 깨닫게 된다. 또한 그래함이 성장하고 활동하던 시기는 유럽 전쟁이 끝나고 미국 사회에 낙관주의와 부강한 나라에 대한 건설적 비전이 풍미하던 때였다. 이러한 때에 인간의 결단과 의지는 개인과 사회를 이끌어 가는 매우 중요한 추동력이었다.

그래함이 심한 부상을 입고 그 뒤 자신의 인생을 그리스도께 드리기로 헌신하기 전까지 그래함의 부모는 그리 열심히 교회 생활을 하지 않았다. 빌리 그래함의 부모는 개혁 장로교회에 소속되어 있었으나, 그의 어머니는 플리머스 형제단의 성경 공부에 참석하며 깊은 경건 생활에 들어섰다. 그래함은 장로교회에서 유아세례를 받았고 교리문답과 입교 과정을 다 거쳤으나, 그의 신앙생활에서 가장 중요한 회심은 부흥사 모디카이 파울러(Mordecai Fowler)의 설교를 들은 뒤였다. 그래함은 전에 느껴보지 못했던 무엇인가가 자신의 마음에 말하고 있음을 느꼈다. 그날 밤 그래함은 부흥사의 설교를 듣고 앞에 나아가 인생을 영원히 바꾸는 결단서에 서명을 한다. 결단(decision)이라는 단어는 그래함이 수없이 많이 사용했던 단어다.[14] 그래함에게 이러한 결단의 회심 경험은 그의 인생을 바꾸는 중추적 계기가 된다.

사회·문화적 배경

그래함 이전에 이미 1, 2차 대각성 집회를 거치며 신학적 변화가 요동쳤다. 정통 개혁주의 신앙은 구원을 설명할 때 하나님의 예정과 주권에 중심을 두었으나, 2차 대각성을 거치면서 구원에 인간이 동등한 책임이 있음이 부각되기 시작했다. 하나님의 은혜로 말미암아 인간에게는 하나님을 사랑할 수 있는 능력이 부여되었다는 인식이 팽배해졌다. 결론적으로, 양차 대각성을 거치면서 '하나님께서 인간을 위해 무슨 일을 하시느냐'에서 '인간이 하나님을 위해 무엇을 할 것인가'로 관심이 달라진 것이다. 또한 3차 대각성도 그래함의 사상에 영향을 준 것으로 보인다. 1, 2차 대각성이 개인적 복음과 즉각적 회심을 강조했다면, 이른바 사회복음 운동이라 부르는 3차 대각성은 개인주의 복음에서 사회복음으로 관심을 확대한다. 사회적 복음의 신학적 토대는 예수의 가르침과 하나님 나라에 자리 한다. 3차 대각성은 시대의 진보적이고 실용적 분위기에 기독교를 조화시키려는 시도였다고 볼 수 있다.[15] 그래함은 전통적 복음주의의 신학에 헌신하며 거듭남의 종교로서의 기독교를 주창하며, 세속주의나 도덕적 상대주의와 단호하게 맞서 싸웠다. 신학적으로도 그는 신정통주의나 현대주의와는 선을 긋고, 성경을 믿는 기독교로 되돌아가는 큰 움직임을 형성했다.

그래함은 찰스 피니의 부흥 철학에 신세를 지고 있음이 분명하다. 피니는 인간이 자신의 의지와 선택을 통해서 죄인된 신분에서 벗어날 수 있다고 믿었으며, 구원은 초자연적 역사이지만 인간이 전유하는 것으로 보았다. 제단으로의 부르심과 같은 빌리 그래함 집회의 대표적 순서는 피니가 효과적으로 활용했던 사모자의 벤치로부터 발전되어 나왔다. 그래함은 무디의 합리적이고 효율적인 조직 능력에도 많이 의존했다.[16] 협력 교회의 조직화, 특별찬양 가수, 안내위원 훈련, 성가대 및 기도 모임 인도자 등의 구성은 부흥집회 운동의 표준적인 구조가 되었다. 빌리 그래함의 전도사역은 이러한 오랜 전통이 쌓이고 발전하여 구현된 모습이었다.

빌리 그래함의 전도 신학

그래함은 한편으로는 인간의 죄성과 전적 타락을 주장하면서, 다른 한편으로 인간의 자유와 책임을 강조한다. 인간의 죄성은 그래함의 설교에서 근원적인 출발점이었다.[17] 그래함의 인간관은 창조 교리에 기초를 두고 있다. 그래함에 따르면 죄의 본질은 자기 의지다. 의도적이고 의식적인 행동으로서의 죄에 초점을 두었다. 이것이 바로 그래함이 의지를 인간의 최종 본질로 보는 이유이다. 물론 그래함은 인간의 필연적 죄성도 인정했다. 여기서 그래함의 인간관 안에 긴장이 있음을 확인할 수 있다. 한편으로는 인간의 타락한 본성을 강조하면서, 다른 한편으로는 구원을 받을 만한 의지의 결정적 역할을 강조하는 것이다. 이 점에서 그래함은 무디와 같은 역설적 인간관을 공유한다.

그래함은 회심에서 성령의 중요성을 강조하면서도, 하나님께서는 인간의 의지에 개입하지 않으실 것이라고 주장한다. 전도를 할 때 하나님께서 하시는 일은 설득의 몫인데, 인간의 의지에 반해서 행하지 않으신다고 했다. 왜냐하면 이런 식의 개입은 하나님의 성품에 반하기 때문이다. 따라서 전도는 개인으로 하여금 그리스도를 위한 결단을 내리고 인격적 구세주로 영접하도록 설득하는 기술이다. 빌리 그래함에게는 인간의 의지야말로 곧 인간 자신이었다. 인간은 여전히 선과 악 사이에서 선택할 수 있는 정도의 자유는 보유하고 있다. 결론적으로 말해서, 그래함의 인간관은 한 개인의 운명이 자신이 선택하는 결정, 즉 그리스도를 영접할 것인가 거부할 것인가 하는 결정에 좌우된다는 점에서 개인주의적이다.

'그리스도를 위한 결단'(Decision for Christ)은 빌리 그래함의 신학과 사역을 통합시키는 슬로건이었고, 이는 하나님과의 평화적 관계로 나아가는 것을 뜻했다. 구원을 위한 인간의 몫을 강조한 것이다. 그래함의 신학은 인간론과 죄론을 기반으로 하고 있다. 인간은 전적으로 부패한 죄인이면서 동시에 자유로운 책임을 지닌 존재다. 그래서 인간의 결정과 의지가 매우 중요한 역할을 하게 된다. 그는 전도사역의 출발점을 인간의 죄성으로 보았다. 그에게 전도는 죄에 빠진 인간으로 하여금 그리스도를 위한 도덕적 결단을 내리게 하는 예술(art)이었다. 은혜를 경험하는 공동체보다는 회심을 결단하는 개인주의적 인간론이 더욱 강하였다.

결국 그래함의 회심 신학의 강조점은 개인이 의식적으로 결단하여 하나님께서 부여하신 구원의 선물을 받아들인다는 것이다. 하나님께서는 성령을 통하여 구원의 과정에 참여하신다. 그러나 인간의 구원이 이루어지는 본질적인 지점은 주로 의식적이고 명확한 신앙의 영역에서 결정된다. 그래함은 회심을 회개, 믿음, 새 생명이라는 세

단계로 이해하긴 했지만, 그것은 아주 신속하게 이루어지는 순간적 결정이라고 보았다. 사람이 회심하는 순간과 하나님께서 그가 회심하도록 미리 준비시키시는 과정은 별도로 봐야 한다고 생각했다. 회심 자체가 오랜 시간을 들이는 과정은 아닌 것이다. 그런 면에서 그래함은 회심을 '즉각적 구원'으로 여기는 부흥주의 전통에 서있다.

그래함은 회심의 첫 단계인 회개에는 지성과, 감정, 그리고 의지라는 세 가지 인간적 요소들이 수반되는 것으로 보았다. 회심은 성령께서 지성을 통하여 죄를 깨닫게 하심으로 시작된다. 회개는 성령의 예비적 사역 없이는 일어날 수 없다. 죄의 자각은 성령의 역사이며, 이 역사가 있은 다음에야 인간은 회개할 수 있다. 죄의 자각을 통해서 인간은 죄로 인한 슬픔을 느끼게 된다. 그래함에게 회심에서 가장 중요한 단계는 이러한 지성과 감정을 기반으로 한 의지적 결단이다.

그래함은 그의 전도 설교에서 회심 과정에 하나님의 은혜가 필요하다는 사실에는 많은 관심을 기울이지 않았다. 그의 글이나 책, 설교에서 가장 강조하는 것은 인간의 결단이었다. 죄는 잘못된 선택 행위로 이해되었다. 회개한다는 것은 잘못된 선택을 버리고 돌아서는 것이다. 인간의 편에서 해야 할 일은 하나님께서 의도하시는 것을 행하는 것이다. 인간에게는 구원받고자 하는 의지가 있어야 한다.

전도 방법론

크루세이드(Crusade): 전도 방법론에서 그래함은 앞선 전도자들인 피니와 무디를 계승하고 있다. 그는 새로운 용어를 붙였을 뿐이다. 대표적인 것이 1949년 로스앤젤레스에서 처음 시작된 크루세이드 집회다. 그는 350회의 크루세이드 집회를 직접 주관했으며, 1950년대부터 이 크루세이드는 체계적 팀을 이룬다. 빌리 그래함 전도 집회의 기획과 실행은 효율적이고 합리적인 과정을 겪으면서 더욱 발전되어 간다. 그래함은 현대 기술을 활용하여 짧은 시간 안에 가급적이면 많은 사람들을 전도하고자 했다. 책 출간 뿐 아니라 '결단의 잡지'(Decision Magazine)를 발간하고 편지를 통한 상담 사역을 실시하였고, 그의 전도 집회를 영상으로 만들어 홍보하였으며, '결단의 시간'(Hour of Decision)과 같은 라디오 프로그램을 통해 효과적으로 복음을 전하였다. 그는 텔레비전을 활용해서 자신의 크루세이드 집회에 올 수 없는 농촌 사람들에게도 전도할 수 있었다.

3단계 전략: 빌리 그래함의 전도 집회는 3P(Preparation, Penetration, Preservation), 즉 준비-침투-보존이라 불리는 세 단계를 거친다.[18] 전도 집회가 어느 지역에서 열리기로 결정되면, 그 지역의 교회들을 중심으로 대회 준비위원회가 열려 기도, 재정, 상담요원 훈련, 후속 양육, 안드레 작전 훈련, 청소년 광고, 안내 요원 및 연합 성가대 구성, 방문 계획 등을 미리 의논한다. 빌리 그래함 협회에서는 본부 인력을 보내 이 대회 준비위원회에 많은 사람들이 참여하도록 돕는다. 이 과정을 준비 단계(preparation stage)라고 부른다.

그다음 단계는 침투 단계(penetration stage)인데, 지역별로 기도 소그룹이 구성되고, 협력 전도자들이 지역 목회자들에게 빌리 그래함 전도 집회의 목표를 일깨우는 역할을 담당한다. 그리고 기독교 생활과 증거(Christian Life and Witness) 교실이 조직되어 집회 열리기 2, 3개월 전부터 상담자들을 훈련시킨다. 안드레 작전(Operation Andrew)도 이 시점에 조직된다. 안드레 작전은 그리스도인들로 하여금 주변의 사람들을 집회로 초대할 수 있도록 훈련시키는 시스템이다. 집회 초대장, 포스터, 안내 전단 등의 홍보가 이 단계에서 실행된다.

메시지: 빌리 그래함 전도 집회의 백미는 아무래도 그의 간명하고도 강력한 설교였다. 준수하고 카리스마적인 그의 용모와 시종일관 자신감 있는 표정, 그리고 명쾌한 복음 중심적 메시지는 청중을 압도하기에 충분했다. 시간이 흐르면서 그의 설교는 내용이 좀 더 간결해지긴 했으나, 메시지의 골자는 바뀌지 않았다. 그의 설교에는 수사 기법, 드라마, 제스처, 유머 등이 동원된다. 또한 그는 인간의 죄성을 전제하는 복음적 메시지를 전하는 데 조금도 주저함이 없었다. 로버트 슐러나 오랄 로버츠와 같은 긍정적 사고 주창자들이 인간 안의 놀라운 긍정적 가능성을 먼저 개발해야 한다는 사역을 시작하던 즈음에, 빌리 그래함은 그들과 달리 인간의 부정적 측면부터 먼저 언급한다. 그러한 부정적 인식에서부터 그는 인간이 창조주 하나님께 대한 반역으로 말미암게 얻게 된 대가를 서술하며 절망적 운명의 상황을 강조한다. 그다음에 가서 그는 예수 그리스도를 통해 주어지는 희망의 복음을 선포한다.

빌리 그래함은 성경에 확고한 신념을 둔 설교자였다. '성경이 말하기를'로 선포되는 그의 말씀은 놀랍게도 세속적 자유주의와 인본주의로 물든 서구 사회의 한복판에서 수많은 이들의 마음을 움직였고 성경적 진리의 위용을 당당하게 심어 놓았다. 그는 인간의 죄성과 그리스도의 구원이라는 복음적 진리를 선포하는 일과 더불어, 성경에 나타난 하나님의 역사를 생생하게 전달하는 전도자이기도 했다.

제단으로의 부르심: 빌리 그래함의 은사는 설교에서보다 초청에서 더욱 진가를 발휘한다. '제단으로의 부르심'(altar call)은 그가 고안한 전형적 방법으로서, 피니의 사모자 벤치, 무디의 탐구자의 방을 보완한 것이다. 설교가 막바지에 이르고 결단의 시간이 가까워 오면, 빌리 그래함은 청중을 향해 "오늘 내 인생을 주님께 드리기로 작정하신 분들은 앞으로 나오십시오."라고 요청한다. 그 요청을 듣고 사람들이 연단(제단) 앞으로 나오면 빌리 그래함은 그들을 위해서 결단의 기도를 대신 해준다. 초대에 응하는 자들이 나오는 통로에는 상담자들이 배치되었다. 보통 같은 성별의 상담자들이 응답자들을 맡아서 결신 카드를 쓰게 한다. 2, 3분 정도의 간략한 복음 제시를 한 다음, 상담자들이 응답자들에게 하나님과의 관계를 이해하도록 도와주는 책자를 선물로 준다. 그리고 작성된 결신 카드를 받고 함께 기도를 해주며 교회에 나가도록 권한다. 고민이나 문제가 있으면 언제든지 자유롭게 연락하라고 조언도 한다. 결단 카드에는 결신자들의 주소나 연락처와 같은 인적 사항도 작성하는데, 상담자들은 이 인적 사

항을 토대로 후속관리까지 책임진다. 이를 보존 단계(preservation stage)라 부르는데, 전도 집회가 끝난 이후에 이 대회에 참여하고 협력했던 지역교회들에게 결신자들의 카드를 보내줘서, 그 지역교회들로 하여금 결신자들을 심방하고 교회로 인도하여 신앙이 확립되고 성장하도록 도와주게 하는 일들이 이에 해당된다.

빌리 그래함 협회에서는 전도 집회 이후의 후속 양육이 제대로 이루어지지 않는다는 일각의 비판에 예민하게 반응하여, 가급적 집회 이후에도 오랫동안 아침과 저녁에 응답자들을 위해 기도해주고 신앙생활을 조언해주는 방송을 내보냈다. 모든 응답자들은 3주 안에 전화 연락을 받고 도움이 필요한 지 여부를 질문을 받고, 근처 교회에 나가도록 권면을 받는다.

평가

그래함은 20세기의 가장 위대한 전도자로 평가받는다. 또한 그는 최전선에서 복음주의 운동의 중흥을 이끌었다. 현대 복음주의 운동은 존 스토트와 빌리 그래함의 리더십을 통해 다시 일어나게 되었다. 그래함의 성공은 그의 개인적 혁신성이라기보다는 현대의 기술과 커뮤니케이션 수단들을 그의 전도사역에 효과적으로 활용했기 때문이다. 그러나 그래함의 방법과 신학은 피니와 무디로부터 이어져 온 전통에서 그게 벗어나지 않았다. 그래함에게서 피니의 부흥철학(선택의 강조)과 무디의 실용성(전도 집회 조직)이 결합되어 최종 수렴되었다고 볼 수 있다. 그래함의 사역에서 이전의 사역들과 차이가 나는 부분은 후속 양육 절차의 필요성을 느끼게 해주었다는 점이다. '제단으로의 부르심'을 통해 결신한 사람들은 지역교회의 소그룹에 참여하여 신앙을 더욱 배우고 교회의 책임있는 구성원으로 정착되어야 할 필요가 있다. 영국 교회들에서 나온 통계에 따르면 빌리 그래함 전도 집회 소그룹 양육모임으로 인도된 사람들의 72퍼센트가 교회에 정착한 반면, 그러한 양육단계로 들어서지 않은 이들 가운데서 교회에 정착하게 된 비율은 23퍼센트에 그친다고 한다.[18] 이 사실은 피니나 무디와 마찬가지로 그래함에게서도 반복된 대중적 전도 집회는 책임 있는 교회 생활과 도덕적 훈련과 결합되지 않으면 피상적인 전도에 불과할 수 있으며, 집회에서 드러난 대규모 회심도 사실은 허수에 지나지 않을 수 있음을 상기시켜준다.

20세기 최고의 신학자인 칼 바르트는 1960년 8월에 20세기 최고의 전도자인 빌리 그래함의 집회에 직접 참석한 다음에 평가하기를 "그가 전하는 것은 총구로 위협하는 복음"이라고 일갈했다. "복음을 율법화시키거나 또는 복음을 마치 판매용 상품으로 둔갑시키는 것은 온당치 못하다."[20]며 개탄했다. 우리는 온전하고 신실한 전도의 비전을 위해 부흥 전도자들의 열정과 노력을 존중하고 배워야 하지만, 회심과 부흥의 결과를 위해 그들이 인위적 방법에 의존했다는 비판 또한 신중하게 경청할 필요가 있다.

근대의 부흥전도자들을 어떻게 볼 것인가?

찰스 피니, D. L. 무디, 빌리 그래함은 근대 전도의 대표자들로서 20세기와 현재까지 이르는 전도의 이해와 전형을 구축했다. 그들은 세속화와 도시화로 도덕과 신앙이 혼란스러운 시대에 탁월하게 복음을 선포하며 구령사업의 멋진 풍경을 연출했다. 그들의 전도적 열정과 자산은 오늘날도 복음주의 교회들에 견고한 유산으로 남아 있다. 그들은 조직적인 부흥집회를 통해 집단적 전도의 에토스를 만들었고, 축호전도와 노방전도를 통해 복음 전도의 열정에 불을 지폈다. 그들의 간결하고 명료한 메시지는 20세기의 사영리, 브릿지, 전도폭발 등과 같은 복음 전도의 도구들을 창출하는 데 기여했다. 전도 현장에서 복음의 핵심을 들려주고 이에 대한 즉각적 응답과 결신을 요청함에 따라, 오랜 기독교 국가 시대에 걸쳐 관행으로 체화된 명목상 그리스도인, 미지근한 그리스도인 현상을 깨뜨렸다. 형식과 전통에 얽매인 교회들에서 진부한 신앙생활에 빠진 이들로 하여금 성경에 대한 확신과 그리스도의 제자로서의 삶을 각성하게 했다. 이 신앙의 결단은 하나님께서 예수 그리스도 안에서 이루신 일에 대한 주체적인 응답이므로, 머뭇거릴 이유가 없음을 환기시킨 것이다.

그러나 이들의 위대한 전도사역 가운데는 오늘날의 상황에서는 심층 평가되어야 할 요소들이 있다. 먼저, 이들의 전도사역은 인간의 주관적 느낌과 응답을 강조했다는 점이다. 구원의 과정에서 하나님의 전적인 은혜에 겸손하게 응답하는 것이 아니라, 인간의 감정과 의지가 더욱 중심적인 역할을 하게 된다. 그럼으로써 '내가' 감동받고 깨닫고 각성받지 않는 한 복음의 능력은 인정되지 않는 것이다. 또한 신앙의 주관주의, 감정주의, 또는 집단주의적 효과가 중요해지면서, 인간적인 감동이나 재미를 통한 자극으로 현장에서 반응을 끌어내는 데 몰두하게 된다. 이는 많은 전도 집회들에서 경이로운 수의 사람들이 결신했다고 흥분하지만, 실제로 교회의 책임 있는 구성원으로 성장하는 예는 극히 미미하여, 일시적 이벤트 효과에 머무는 현상을 가져왔다. 그리고 아직도 전도 행사를 기획하는 이들이 이러한 부흥집회의 감정적 분위기에 도취되어 쉽사리 헤어나지 못하고 있다. 과연 고객감동의 전도 집회가 부족해서 한국의 그리스도인 수가 줄어들고 교회의 영향력이 감소하는 것일까?

또한 근대의 부흥 전도 모델들은 걸출한 설교자와 극대의 효과를 위해 조직된 집회에 의존하다 보니, 지역교회가 전도의 주도권을 갖지 못했다. 교회의 정기적 예배와 신자들의 변화된 공동체적 삶이 주위 사람들에게 선한 영향력을 미치면서 그들을 끌어안기보다, 프로그램과 이벤트로 전도를 해결하고자 했다. 우리가 전도의 역사를 살펴보면서 알 수 있는 사실은 이와 같은 특화된 전도사역과 프로그램들은 비교적 최근에 형성된 모델이라는 점이다. 지난 2,000년 교회 역사에서 전도는 설교와 교육과 이웃사랑의 삶 속에 자연스럽게 녹아들었다. 교회 공동체 자체가 본질적으로 하는 사역들이 유기체를 이루어 전도의 성과를 이루었다. 그런데 이 부흥주의 시대를 기점으로 전도가 교회의 공동체성과 분리된 특별한 기법이 되어버렸다. 어떤 의미에서 전도는 교회의 기능들이 온전하게 이루어지고 서로 조화를 이룰 때 나타나는 자연스러운 결과일 수 있다. 회심이 전도의 목표라면, 회심, 즉 영혼의 변화를 일으키는 일은 성령의 역사이기 때문이다. 또한 지역교회가 전도의 주도권을 상실하면서 전도 집회에서 결신하여도 교회의 책임있는 구성원으로 연결되지 못하는 일이 비일비재하다. 집회에서 감동을 받아 그리스도를 영접한다고 해도, 그 결이 그리스도의 몸된 지체가 되는 것과는 별개일 수 있기 때문이다. 기독교 신앙은 개인적으로 믿고 구원받는 것이 아니라, 구원의 공동체로 소속되는 것이다. 따라서 전도의 처음 단계에서 하나님 나라의 공동체, 은혜의 공동체를 경험하며 동화되는 과정에서 신앙의 결단이 이루어지는 것이 가장 바람직하다.

부흥 전도 모델에 대한 구도자 전도의 대응

피니-무디-그래함으로 이어지는 부흥 전도의 모델은 교회의 전도 사역에 큰 족적을 남겼다. 그러나 20세기 후반으로 이어지면서 세속적 인본주의의 물결이 거세지고, 미디어와 엔터테인먼트가 대중의 삶을 지배하면서, 더욱 자유롭고 더욱 개인주의적인 라이프스타일이 고착화되어 부흥시대의 전도 모델이 점차 식상해지게 된다.

20세기 후반 미국에서 현대인들에게 교회는 고루한 종교인들끼리의 모임으로 비쳐지고, 예배는 의미 없는 형식에 불과하며, 기독교 신앙은 급속도로 진화하고 복잡해지는 오늘의 삶과는 무관하다는 인식이 팽배하였다. 이러한 상황에서 교회와 기독교 신앙을 신선하게 제시하며 현대인들에게 다가간 움직임이 바로 시카고의 윌로우크릭 교회를 주축으로 하는 구도자 교회 운동이었다. 실천신학자 로버트 웨버(Robert Webber)는 윌로우크릭교회의 담임목사인 빌 하이벨스와 구도자 운동을 실용적 복음주의로 분류하며, 빌리 그래함으로 대표되는 전통적 복음주의를 갱신하는 흐름으로 분석하였다.[21]

이 구도자 교회 운동은 미국의 특정 세대인 베이비부머 중심의 기독교 운동이라 할 수 있다. 베이비부머는 1946년부터 1964년 사이에 출생한 사람들을 가리키는데, 1945년에 제2차 세계대전이 종식되고 군인들이 집에 돌아오면서 그다음 해부터 신생아의 출산이 급속도로 늘어났다가 1964년에 미국 FDA에서 피임약을 승인하면서 출산율이 떨어졌기 때문에 붙은 명칭이다. 한 세대의 문화적 특징은 주로 그들이 청소년기와 청년기에 공유했던 사회 변동 상황과 밀접하게 연관된다. 이 베이비부머 세대는 미국에서 처음으로 성 혁명과 민권사상, 락앤롤, 히피 문화, 자유의 가치 등을 경험하고 자란 이들이었으며, 동시에 급속한 가정의 파괴를 경험한 세대이기도 하다. 비틀즈나 엘비스 등의 음악을 들으며 대중문화의 폭우로 세례를 받은 이들은 전통적 기독교의 형식적 예배에 지루함을 느끼고, 정통 신앙의 교리주의와 도덕주의에 반감을 안고 교회를 떠났다.

이런 베이비부머들이 어느덧 가정을 이루고 중년의 시기에 접어든 무렵 인간의 '영적 발달 주기'상 자연스럽게 인생에 대한 의문과 삶의 의미에 대한 관심이 찾아오게 된다. 그러나 이들에게 제도권의 기성 교회는 대안이 아니었다. 따라서 많은 이들이 동양사상이나 뉴에이지 등에 관심을 보이기도 했다. 그러나 베이비부머 세대들 가운데 서구 중심의 보수적인 문화성향을 가진 이들에게 뉴에이지나 동양종교에 귀의하기란 불편하고 어색한 여정이었다. 그때 이들의 영적 욕구를 충족시켜 주었던 신앙 운동이 바로 윌로우크릭교회를 중심으로 나타난 구도자에 민감한 예배였다. 교회의 전통적인 의식과 교리 중심적 설교보다는, 자유롭고 생동감 있는 찬양과 간결한 예배 형식, 그리고 삶의 문제들과 직결된 메시지는 이들의 영적 여정에 기독교가 대안이 되게끔 만든 것이다. 젊을 때의 진보적 가치관과 자유주의적 생활양식에 대한 신화에서 벗어나 자녀들의 문제를 걱정하게 되고 인생의 후반기를 정리하고자 했던 이들에게는 좀 더 개방적이고 생동감 있는 영성운동이 필요했고, 그 욕구를 '실용적 복음주의' 교회들이 충족해준 것이다.

구도자 중심의 전도 모델은 부흥 전도 모델과 여러 면에서 차이를 보인다. 무엇보다 구도자 중심 전도는 사람들에게 즉각적인 결신을 요구하지 않는다. 대신 편안하고 친밀한 예배에 참석하면서 충분히 동화된 뒤 기독교에 대한 호감과 친교의 의지가 생기면 그때 자신에게 맞는 소그룹으로 인도된다. 부흥집회라는 이벤트보다는 정기적 예배의 리듬을 선호하고, 즉각적 결신보다는 친교와 탐구를 거친 결신의 장을 제공한다는 점에서 교회 중심의 전도로 진일보한 것은 분명하다.

그러나 구도자 교회들은 전도에서 문화적 접촉과 공감이 중요하다고 하여 예배의 거룩함과 경건함보다는 사람들의 이해와 감동에 더 초점을 맞춤으로써, 하나님께 집중해야 할 예배를 사람에게 매력적으로 호소하는 전도 집회로 전락시켰다는 비판에서 자유롭지 못하다.[22] 이는 전도의 측면에서 볼 때도, 인간의 더욱 깊은 영적 갈망을 어루만지기보다 표면적 필요와 흥미만을 다루는 복음 제시로 전락할 위험이 있다. 또한 이와 같이 자기 필요에 부응하는 신앙의 경험을 제공하다보니, 전인적인 회심과 이웃의 삶에 관심을 갖고 헌신하는 신앙으로의 발전이 일어나지 않았다는 자기반성도 피할 수 없었다. 수년 전 윌로우크릭교회에서 자체적으로 자신들의 구도자 사역을 반성적으로 고찰한 REVEAL이라는 보고서는 그들의 사역이 구도자를 교회로 데려오는 데에는 성공적이었으나, 그들을 제자로 삼는 데에는 실패했다는 반성을 담고 있어서 미국 교계에 파란을 불러일으킨 바 있다. 따라서 구도자 중심의 전도 모델 또한 여전히 전도 특화시대의 한계에서 자유롭지 못했다.

더 나아가서 큰 역사적 흐름에서 볼 때, 근대 부흥시대의 전도나 구도자 전도 모두 기독교 국가시대(Christendom)의 패러다임에 갇혀있다. 교회를 세상의 중심으로 생각하고 그곳으로 사람들을 끌어모으려는 교회성장주의 지향을 견지하고 있기 때문이다. 초대교회와 같이 기독교의 복음이 세상 안에 거류하는 소수자로서 독특한 삶과 실천을 통해 하나님 나라의 소망을 보여주는 전도가 아니었다. 그러나 서구 사회는 기독교국가시대를 완전히 벗어나고 있다. 이 때문에 현 시대는 더욱 영적이고, 더욱 전인적이고, 더욱 총체적 의미에서의 선교적인 교회와 전도의 모델을 요청하게 되었으며, 이로써 영미권에서는 최근 한국에서도 비상한 관심을 모으고 있는 이머징 교회와 선교적 교회 운동이 일어나게 된다.

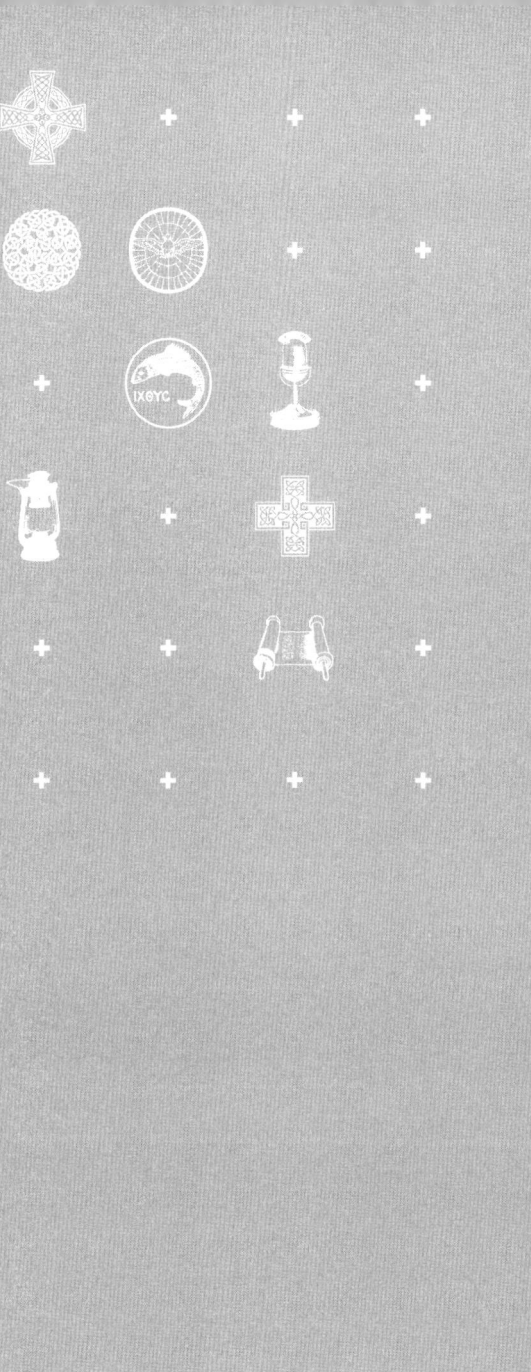

제7장
포스트모던 시대와 한국 교회의 전도 과제

    '포스트모던'(postmodern)이라는 말은 보수적인 교회와 교인들에게 부정적인 어감으로 다가온다. 절대 진리의 개념이 약화되고, 다원주의와 상대주의가 득세하는 세상이 바로 포스트모던 시대로 인식되기 때문이다. 그래서 과연 포스트모던 시대에는 복음 전도가 위기에 처한 것일까? 나는 포스트모더니즘의 다원적이며 상대적인 성향은 경계해야 하지만, 동시에 이러한 성향과 오늘날 우리가 살고 있는 포스트모던한 환경은 구분해서 받아들여야 한다고 생각한다. 현재 우리의 실생활, 즉 우리가 사람들과 소통하며 무엇인가를 계획하며 진행하는 방식들이 포스트모던한 환경 속에서 이루어지고 있음을 알아야 한다. 이러한 포스트모던 시대에 대한 논의는 또한 교회의 사역과도 연관되어 있다. 특히 포스트모던 시대는 교회에서 가장 중요하게 여기는 전도사역에서도 우리에게 발상의 전환을 요청한다. 그럼에도 우리는 여전히 과거 모던 시대에 익숙한 프레임 속에서 전도가 무엇이며, 전도를 어떻게 해야 하는지 보려는 경향이 있다. 따라서 우리가 포스트모던 시대의 전도를 이야기하려면 먼저 모던 시대를 알아야 한다.

포스트모던 전도에 이르는 길

영국 옥스퍼드 대학의 조직신학자인 알리스터 맥그라스(Alister McGrath)는 그의 책 『복음주의와 기독교적 지성』에서 모더니즘의 3가지 테마를 '논리적 일관성'과 '보편성 추구', 그리고 '자율적 개인주의'로 정리한다. 맥그라스는 이와 같은 모더니즘이 지난 200년간 서구 사회와 문명, 제도, 관습들을 지배해왔으나, 이제는 포스트모던이라는 새로운 시대로 접어들면서 그 유효기한이 만료됐다는 것이다. 하지만 어쨌든 꽤 오랫동안 이러한 3대 모던 테마들은 서구 교회와 그리스도인들의 의식과 행동을 지배해왔고, 서구 교회로부터 기독교 신앙의 많은 형식과 내용을 전수받아온 우리 또한 이러한 모던 테마들로부터 자유롭지 못하다. 더 중요한 사실은 이러한 모던 시대의 테마, 즉 모던 시대의 이야기가 우리가 전도사역을 할 때 무의식적으로 전제하고 구체적으로 실행 계획을 수립하는 데에도 지대한 영향을 주었다는 점이다. 그러므로 모던이냐 포스트모던이냐를 논하는 것이 아무리 딱딱하고 식상해 보여도 이는 '지금 여기에서' 우리가 마땅히 행할 전도의 사역을 위해서 분별해야 할 문제이다. 이제 하나하나씩 모던 시대의 테마들로 우리의 과거 전도를 진단하며, 포스트모던 시대의 새로운 전도 과제와 마주해보자.

논리·명제적 전도에서 인격적 이야기의 전도로

첫째는 '논리적 일관성'(logical cosistency)이다. 모던 시대는 사람과 사람의 의사소통에서, 다른 누군가를 설득하고 그로부터 동의를 얻기 위해서는 타당성 있는 주장들을 논리적으로 일관되게 제시하는 것이 가장 중요하다고 봤다. 모든 지식과 진리가 빈틈없는 증거와 유력한 근거들을 갖고 체계적으로 전달되면 사람들은 동의하고 설득될 수밖에 없다는 것이다.

기독교의 복음 전도도 삼단논법이나 인과론에 의거해서 진리의 유력함을 잘 드러낼 때 효과가 있다고 생각했다. 우리에게 익숙한 전도 프로그램들 중에서 이와 같은 논리 중심의 전도 사례들을 얼마든지 찾아볼 수 있다. 가장 대표적인 예가 사영리, 즉 '네 가지의 영적인 법칙'(four spiritual laws)을 담은 복음 전도 방식이다. 이 사영리는 미국 CCC의 설립자였던 빌 브라이트(Bill Bright) 박사에 의해서 창안되고 수십 년간 엄청난 전도의 열매를 거둔 20세기 최고의 전도 프로그램이라 해도 과언이 아니다. 그런데 바로 이 사영리가 전형적인 모던 시대의 논리적 일관성에 기반을 두고 있다. 과학이 법칙을 통해서 물리적 세계를 설명하듯이, 사영리는 창조주이며 구원주이신 하나님의 법칙 아래서 영적인 세계를 설명하겠다는 것이다. 그것도 논리적 인과론을 따라서 말이다.

애초에 빌 브라이트 박사가 사영리라는 전도 프로그램을 처음 고안하고 실행할 때는, 인공위성이 개발되고 새로운 기술문명과 의학이 눈부시게 발전하면서 과학이 인류를 구원하리라는 이상에 젊은 이들이 사로잡혀 있을 때였다. 나중에 빌 브라이트 박사는 미국의 한 기독교 라디오 방송에 출연하여 이 사실을 진솔하게 털어놓은 바 있다. 당시 이 방송은 'Witnessing to Family Series', 즉 '가족에게 복음 증거하기' 시리즈로 제작되어 부부 사이, 사촌 사이, 조부모와 조손 자녀 사이의 모의 상황을 염두에 두고 성경과 하나님에 관해서 어떻게 이야기할지를 시연을 통해 지도해주는 오디오 전도훈련 프로그램이었다. 이 프로의 진행을 맡았던 리처드 더글라스(Richard Douglas)는 빌 브라이트로부터 가족들과 먼저 친밀하고 일상적인 대화로부터 전도를 시작하라는 제안을 듣고, 브라이트에게 그 자신이 직접 만든 '사영리'의 전통적 방식과는 조금 다른 접근법을 취하는 것 아니냐고 물었다. 그러자 빌 브라이트는 그 사실을 인정하면서, 사영리를 구상했던 과학주의 시대와 지금의 시대는 많이 달라졌기 때문이라고 해명했다. 그러면서 그는 앞으로 사영리를 사용한다 하더라도 복음제시의 첫 시작을 '원리'나 '법칙'이 아닌 '하나님과의 인

격적 관계'에 대한 질문으로 바꾸어야 한다고 주장했다.[1]

    논리적 일관성을 중시한 과학과 이성의 시대에 사람들은 '증명된 진리'(truth that proves)를 원했다. 이러한 의식은 서구 기독교에서 변증 운동을 부상시키는 데 큰 역할을 했다. 특히 복음주의권의 변증 사역은 성경의 말씀과 기독교의 교리가 얼마나 합리적이고 논리적이며, 일관된 논리체계를 갖추었는지를 증명하는 데 전력을 기울였다. 이와 같은 논리적 일관성의 변증 사역을 가장 왕성하게 한 이를 꼽자면 프란시스 쉐퍼(Francis Schaeffer)를 들 수 있다. 그는 20세기 중후반 유럽과 미국의 수많은 젊은이들에게 기독교 세계관의 합리적 우월성을 강력하게 호소하며 스위스 알프스 기슭에 위치한 라브리(L'Abri) 공동체에서 전도사역을 해왔다. 쉐퍼는 그의 아내인 이디스 여사가 라브리 공동체의 태동과 사역을 소개한 『라브리』라는 책의 서문에서 라브리 사역은 두 가지 전제에 기반하고 있다고 했다. 첫째, 하나님의 살아계심은 우리의 삶과 일 속에서 증명(demonstration)되어야 한다. 둘째, 기독교는 진리에 관한 정직한 질문에 대하여 정직한 대답을 줄 수 있다. 두 번째 모토에 따라 쉐퍼와 그의 라브리 사역은 기독교의 진리를 합리적으로 논증할 수 있다는 확신 속에서 전개되었다. 그는 기독교 세계관이 참된 진리이기 때문에 인본주의의 그늘에 가려진 사람들에게 더욱 열린 세계를 보여줘야 한다고 믿었다.

    이러한 쉐퍼의 사역이 모던 시대의 논리적 일관성과 가장 부합되는 대표적인 모습은 '불신자의 지붕 벗기기'라는 전략이다. 초월적 신을 믿지 않는 현대인은 폐쇄된 자기 세계 속에서 모순된 논리로 의미 없는 인생을 살 수밖에 없다. 따라서 그들의 머리 위를 둘러싸고 있는 허무하고 잘못된 지붕을 벗겨야만 그들이 하나님을 믿고 진리 앞으로 나올 것이라는 말이다. 쉐퍼의 지붕 벗기기 전략은 예를 들어 이런 경우에 사용된다. 그의 라브리 공동체를 방문한 한 힌두교인이 세상의 모든 것들은 다 허상일 뿐이며, 모든 것은 마음의 태도에 달려있을 뿐이라고 주장했다. 그러자 쉐퍼는 뜨거운 찻잔을 그 힌두교인의 머리 바로 위에서 흔들거리며 옮겼다. 깜짝 놀란 힌두교인이 뜨거운 물이 자기 머리 위에 쏟아질까봐 무서운 표정을 짓자, 쉐퍼는 "이 뜨거운 물은 허상이 아닌가요?"라고 물었다고 한다. 쉐퍼는 무신론자나 불가지론자들로 하여금 그들의 신념이 도달할 수밖에 없는 모순의 극단과 마주치게 해야 한다고 주장한다. 물론 쉐퍼의 사역은 단순히 합리적 논증 사역만은 아니었고, 삶의 매력에 기초했던 라브리 공동체 사역이라는 배경에서 봐야 하기 때문에 단편적으로 판단할 수는 없다. 그러나 그의 저서와 사상이 논리적 일관성과 우월성에 기초하여 기독교를 전하는 방법론을 제시한 것은 분명하다.

인격적 진정성과 이야기

포스트모던 사역자들은 모던 시대의 논리적 일관성을 넘어서는 복음 전도의 이야기를 어떻게 전개해야 할 것인가? 앞서 빌 브라이트 박사의 회고에서도 암시된 것처럼 오늘날의 사람들은 진정성 있는 인격적 관계를 갈망하고 있다. 한편으로 현대인들은 개인주의를 더 편하게 생각하며 익명으로 단절된 삶을 사는 듯하지만, 그들의 내면 깊은 곳에는 오직 하나님께서만이 채워주실 수 있는 큰 구멍이 있다. 사람들은 자신들의 이야기를 들어주길 원하며, 누군가가 자신에게 관심을 갖고 인정해주길 원한다. 따라서 기독교의 진리를 논리적이고 체계적으로 증거하는 일도 중요하지만, 이 증거는 반드시 진정성 있는 관계의 프레임 안에서 이루어져야 한다. 사람들은 증명되는 진리보다 체감되는 진리를 원하기 때문이다. 사람들은 상대로부터 자신이 보살핌을 받는다는 느낌을 가져야만 듣게 되어있다. 사람들은 복음 전도의 대본을 줄줄 외워서 독백하는 식의 전도에 귀 기울이지 않는다. 그 어떤 열정과 용기로 거리에서 복음을 외친다 한들 현대인들에게는 울리는 꽹과리일 뿐이다.

신도림역에서 전도를 하는 안종학 목사라는 분이 있다. 그는 신도림역에서 전자 색소폰을 불며 사람들에게 복음을 전한다. 그런데 그의 대중전도 방식은 조금 독특하다. 원래 그도 길거리 전도자의 열정을 가득 품고 '예수 천당 불신 지옥'을 외쳤다. 그러나 전혀 반응을 보이지 않는 사람들에게 실망한 어느 날, 먼저 그들을 사랑하고 섬겨야겠다는 생각이 들었다. 그래서 그가 신도림역에서 사람들을 위해서 할 일이 무엇인가를 생각해봤더니, 사람들이 지하철 2호선에서 1호선으로 갈아타려면 피곤한 몸으로 높은 계단을 올라가야 하는데 그 순간 멀리서 전동차가 오면 자기가 가는 방향의 열차인지 알 수 없고, 그러다 보면 놓치기 일쑤라는 것이다. 그래서 안종학 목사가 고안해낸 방법이 전동차가 올 때 계단 아래에서 올라오는 사람들에게

피켓으로 어느 방향 열차인지 알려주는 일이었다. 일종의 신도림역 '전철 도착 알리미'가 된 셈이다. 그는 그런 다음 열차가 떠난 뒤에 전자색소폰으로 찬송가 음악을 조용히 연주했다고 한다. 그랬더니, 사람들이 그에게 말을 걸며 찾아오더라는 것이다. 그러면서 알음알음 전도도 이루어졌다고 한다.[2] 복음의 내용을 주입하려고 하기 전에 먼저 그 사람에 대해 진정한 관심을 가져야 한다. 진정한 관심과 사랑이 느껴지지 않는다면, 하나님께 사랑의 마음으로 사람들을 볼 수 있게 해달라고 기도하라! 따라서 포스트모던 시대의 전도는 그리스도인의 성품과 영성이 든든한 토대를 이루어야한다.

전도사역에 제기되는 또 다른 이슈는 이야기의 힘이다. 이야기라고 해서 예화를 많이 사용하거나 역사적 사건들을 재미있게 설명하라는 것이 아니다. 포스트모던 시대의 사람들은 지식과 논리를 갖춘 소수의 엘리트들이 여론을 주도했던 모던시대와는 달리, 오히려 자신과 비슷한 사람들이 전해주는 주변부 이야기에 더욱 관심과 반응을 보인다. 특히, 공감대를 나눌 수 있는 이야기에 귀를 기울이는 것은 당연한 이치다. 이야기 전도는 이전의 대본 전도나 독백 전도의 일방적 커뮤니케이션을 극복하는 신선한 방식이다. 이야기 전도를 한다고 해서 꼭 달변의 이야기꾼이 되라는 것은 아니다. 사람들은 모두 이야기가 있다. 그리스도인은 모두 하나님을 경험한 이야기가 있다. 특히, 예수 그리스도를 따름으로써 변화된 삶의 경험이 있다. 하나님을 알기 전, 예수님을 믿기 전의 자신과 현재의 자신을 비교할 때 분명히 차이가 있을 것이다. 만약 그와 같은 차이를 발견할 수 없

다면, 당신이 정말로 예수 그리스도를 따르는 삶을 살고 있는지 심각하게 자문해야 할 것이다. 당신 자신의 이야기와 경험을 회상해서 그것을 이야기 형식으로 기록해보자. 예수님을 만나기 전, 예수님을 만났을 때, 그리고 예수님을 만난 이후의 변화를 적어보자. 그 어느 전도 프로그램에서 외우는 것보다 훨씬 훌륭하고 유익한 전도의 콘텐츠가 될 것이다.

표준적 전도에서 상황적 전도로

두 번째 모던 시대의 지표인 '보편성 추구'(quest for universal)는 사실 서구인들이 세계를 재패했던 경험에 기초하고 있다. 계몽주의 이후 지난 200년은 서구인들의 문명과 근대화가 전 세계의 생활양식을 바꾸어가는 과정이었다. 산업혁명과 계몽주의를 통해 서구사회는 우월한 기술문명과 이에 힘입은 군사력으로 전 세계를 지배했고, 효율적 식민통치를 위해 자신들의 문명과 의식주를 강요하고 보급했다. 그 결과 서양에서 시작된 모든 사회패턴과 문화유형, 즉 의복, 음식, 교통체계 등이 어디서나 올바르고 우월한 것으로 여겨졌다. 이것이 바로 보편성 추구라는 신념으로 자리 잡았으며, 모든 문제들을 해결하는 열쇠는 가장 우월한 한 가지 답을 똑같이 따라하면 되는 것이 되었다. 비 서구 국가들 중에서도 가장 빨리 서구 문명과 사회체계를 모방하고 이식한 나라들이 앞서 갈 수 있다고 생각했다.

이러한 보편성 추구는 전도를 비롯한 교회의 사역에서도 여전히 작동하고 있다. 어느 한 곳에서 검증된 프로그램은 다른 어느 지역에서도 성공적으로 적용되는 표준적 전도 방식이 될 수 있다는 막연한 믿음이 바로 그것이다. 사람들은 자기만의 문제의식을 가지고 답을 탐색하기보다, 남들의 문제를 해결해준 답이 내 문제도 해결해주리라는 기대를 안고 있다. 이러한 보편성 추구는 주입식 교육에 오랫동안 길들여진 한국인들과 한국 교회의 습속과 더더욱 잘 맞아 떨어진다. 그래서 한국 교회의 목회자들은 '임상', '검증'이라는 단어를 금과옥조처럼 여기게 된다. 자신의 상황에서 회중을 면밀히 이해하고 특유의 리더십을 통해 사역을 만들어가기보다는 다른 곳에서 검증된 보편적 해결사를 찾는 것이다. 이러한 여건에서 프로그램 세미나가 성행하는 것은 너무도 당연하다. 전도 프로그램을 실행할 때면 결신률 몇 퍼센트에 정착률 몇 퍼센트라는, 그야말로 볼썽사나운 공약(空約)이 난무한다. 그러한 장밋빛 전망을 내놓는 세미나와 컨퍼런스가 인산인해를 이루고 현장에 참석해서 감동받았다는 사람들도 많은데, 왜 한국 교회들은 계속 줄어들고 더욱더 많은 사람들이 교회를 떠나고 있는가? 왜 여전히 개신교는 가장 비호감스러운 종교라는 위치를 굳건히 지키고 있는가?

보편성 추구의 원리를 직설적으로 표방하고 있는 꽤 괜찮은 전도 프로그램으로 '알파코스'를 꼽을 수 있다. 알파코스는 사실 포스트모던 시대에 몇 가지 의미 있는 특성들을 보여준다. 먼저 단번에 결신을 요구하지 않는 과정 중심의 전도라는 점, 둘째로 관계와 친교 속에서 사람들에게 접근한다는 점, 그리고 마지막으로 지성과 감성이 잘 조화된 전도라는 점에서 분명히 새로운 전도 방식으로서 높은 지명도가 있다. 그런데 아이러니컬하게도 이와 같은 포스트모던 시대와 부합되는 전도의 양식을 갖추고 있음에도 불구하고 알파코스 본부에서는 교회 지도자들에게 알파코스의 커리큘럼과 실행매뉴얼을 그대로 따라야만 효과를 볼 수 있다고 주장한다. 내용과 시기의 변경을 불허한다는 것이다. 물론 자의적으로 원 프로그램을 각색하거나 차용하는 일은 삼가야겠지만, 알파에서 전제하는 것은 특수성과 상관없이 개교회에도 검증된 본부의 매뉴얼이 더욱 보편적으로 적용되리라는 것이다.

나의 옛 친구 한 명과 오랜만에 대화를 나눌 기회가 있었다. 그 친구는 교회에서 교육부장을 맡고 있는데, 나에게 별안간 '알파'에 대해서 아느냐고 묻는 것이다. 그런데 그 물어보는 말투가 심상치 않아서 무슨 일이냐고 되물었더니 그 친구의 사연은 다음과 같다. 자기 교회에서 알파를 하는데 전 교인이 200명도 안 되는 교회에서 알파코스 봉사자만 30명이 넘고 또 이 프로그램을 실행하려면 매주 식사를 제공해야 하는데, 여기에는 알파를 통해서 전도된 사람들뿐 아니라 봉사자와 스탭들을 위한 식사까지 포함되어 있다는 것이다. 그런데 정작 알파코스로 전도된 게스트는 5명뿐이고, 그것도 5명 모두가 한 가족이었다. 그러니 교육부장인 친구는 배보다 배꼽이 더 큰 행사에 과도한 식비를 지출하는 게 영 못마땅한 것이다. 검증된 보편적 프로그램을 모방하는 데는 이런 문제가 있다. 또한 검증된 프로그램을 모방하면 정말로 효과가 있는지도 의문이다. 전도사역도 사람과 사람이 만나서 교류하는 과정인데, 하나님의 형상을 따라 저마다 독특하게 지어진 인간을 특정한 틀 안에서 이해하고 예측한다는 것이 과연 가능하기나 할까?

DIY 전도

포스트모던 시대에 보편성을 추구하는 것을 넘어 전도의 새로운 방향을 설정하는 방법은 무엇일까? 나는 'DIY', 즉 'Do It Yourself' 정신이 필요하다고 본다. 자신들이 직접 연구하고 적용하며 시행착오를 거쳐 교회마다 독특한 전도사역 방법을 개발하는 것이다. 물론 이미 만들어진 프로그램이나 교재도 유용하며, 거기에 충분히 DIY 원리를 가미할 수 있다. 인간은 다른 만큼이나 공유하는 속성도 많기 때문에 이미 검증된 프로그램들은 개교회 사역자들이 투자해야 하는 시간과 노력을 줄여주고, 대신 자기들 상황에서 접목하는 일에 더욱 집중할 수 있게 해주는 효과가 있다.

영국의 구세군 리서치에서 2004년에 조사한 바에 따르면 1990년대 이후 영국에 여러 개의 소그룹 양육 전도 프로그램들이 생겼는데, 그들 가운데 가장 전도의 효과가 높게 나타난 프로그램은 바로 지역교회에서 자기들 스스로 개발하거나 기존 프로그램을 번안한 DIY 사역들이었다고 한다. 기존 전도 프로그램의 경우도 DIY의 여지를 많이 줄 경우 더욱 성공적이었다. 예를 들면 영국성공회에서 공식적으로 개발하고 보급한 '엠마우스 전도 프로그램'(Emmaus)은 알파코스에 비해서 새 신자 결신률이 약간 앞섰고, 기존 교회 출석자들의 결신률보다는 두 배 가까이 앞섰다. 이는 커리큘럼의 변경을 불허하는

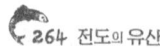

알파에 비해서 엠마우스가 제목이나 기간 등을 각 문화와 지역교회에 맞게 상황화하도록 권장하는 유연성이 있기 때문인 것으로 보인다.

정해진 대본을 암기하게 하고, 이미 연출된 시연을 보여주며 똑같이 따라서 전도하면 된다고 홍보하는 프로그램들을 경계해야 한다. 하나님께서는 인간을 그렇게 단순하게, 재미없게 만들지 않으셨다. 교회의 전도사역을 위해서 지역교회의 리더들이 함께 모여 기도해야 한다. 기도하고 고민해야 한다. 고민하며 토론하며, 토론만 깊어지기 전에 어설프고 자신이 없더라도 실행해야 한다. 무조건 베끼려 들지 말고 각각의 교회에서 다르게 적용해야 할 것을 꼭 찾고, 남들의 성공 효과를 보고 나도 그러한 성공적인 결과를 보장받겠다는 욕심을 내려놓아야 한다. 모든 결과는 하나님께 달려 있다. 우리는 씨를 뿌리며 물을 주는 자들일 뿐이다.

개인 전도에서 공동체 전도로

모던시대의 3번째 지표는 자율적 개인주의다. 근대 서구 사회는 개인의 존엄과 자유, 선택에 가장 높은 가치를 부여했다. 사회는 개인들의 합의와 계약에 의해 구성된 집단일 뿐, 인간됨의 최소 단위는 개인이었다. 그래서 지난 200년간 서구 사회는 개인의 역량과 자질을 가장 중요한 가치로 보았다. 무슨 문제든 개인이 홀로 판단하고 결정하는 것이며, 타인에게 영향력을 발휘하는 것에서도 개인의 능력과 은사에 달려있는 것이었다.

전도도 마찬가지였다. 개인이 중요하기에 전도를 특출하게 잘하는 개인들을 부각하고 심지어 보상까지 줬다. 지난 200년 동안 전도 사역에서도 모든 책임과 성과가 개인에게 달린 것처럼 간주되었다. 근세 이후의 교회사를 보면, 이른바 '전도의 달인'들이 줄줄이 등장한다. 요한 웨슬리, 찰스 피니, 드와이트 무디, 빌리 선데이, 그리고 20세기에 이르러 스탠리 존스와 빌리 그래함에 이르기까지 우리는 위대한 전도자 개인들의 헌신과 업적을 기억한다. 전도는 바로 그러한 사람들의 특기이며 그들과 같이 하는 것이 전도의 정석이라는 듯이 말이다. 한국 교회를 둘러보아도 해마다 수천 명을 전도하고 결신시켰다는 이른바 각종 전도왕들이 기독교 언론의 조명을 받고 교회 집회들의 단골 강사로 유명세를 얻고 있다. 평범한 교인들은 전도왕들이 들려주는 혁혁한 성과의 전도 무용담을 들으며 경이롭게 보기도 하고, 한편으로는 대리만족을 느끼기도 한다.

전도왕들의 사역과 열정에 무슨 문제가 있다는 말이 아니다. 전도왕 개인들의 열정과 헌신은 우리에게 예수님을 증거하는 삶의 사명을 다시금 일깨워주고 지금도 얼마나 많은 영혼들이 진리를 갈급해 하는지를 엿보게 한다. 문제는 이러한 전도왕들의 활약이 대다수 신자들로 하여금 전도로부터 자신을 소외시키게 할 수 있다는 점이다 (교회성장학자들에 따르면 한 교회에서 공개전도를 할 수 있는 외향적 은사의 소유자는 5내지 7퍼센트 수준이라고 한다). 보통 사람들은 프로들의 공연을 보면서 자신들과는 무관하게 여기는 반면, 자기와 비슷한 사람들의 공연을 보면 자기도 하고 싶다는 의욕을 갖기 마련이다. 우리 마음속에는 전도왕들을 우리가 현실적으로 따를 수 있는 모본으로가 아니라, 마치 서부영화에서 악당들에 맞서 홀로 마을을 지키는 고독한 총잡이처럼 우리를 대신해서 싸울 복음의 전사로 미화시키려는 의도가 잠재되어 있는 것은 아닐까.

나 홀로 전도를 넘어서 함께하는 전도로

이처럼 전도사역을 개인의 역량과 성과에 맡기는 흐름에서 가장 큰 문제는 공동체를 통한 전도가 약화된다는 점이다. 예수님께서는 구원의 복음 사역을 제자들의 공동체에 맡기셨다. 공동체를 통한 전도는 포스트모던 시대 전도사역의 세 번째 큰 축을 이룬다. 포스트모던 시대의 역설적인 현상 중에 하나는 많은 사람들이 극단적인 개인주의 성향을 보이면서도, 다른 한편 연결과 소속을 갈망한다는 점이다. 이는 페이스북이나 트위터 등의 소셜 네트워크 서비스(SNS)가 선풍적 인기를 끄는 것에서도 잘 드러난다. 공동체적 전도라는 것은 개인이나 특수사역기관이 아닌 교회가 전도의 주도권을 쥐는 것을 말한다. 공동체적 전도는 이를 행하는 자나 받는 자 모두에게 적용된다.

첫째, 전도는 홀로 하는 것이 아니라 함께하는 것이다. 외향적이고 용감한 성격에, 직설적으로 대화를 주도하는 이들만이 전도하는 것이 아니라는 말이다. 전도사역에 각기 다양한 성격의 사람들과 그들의 다양한 은사들이 협력할 수 있어야 한다. 어떤 이는 사람들과 관계를 맺고 사람들을 초대하는 은사가 있을 수 있고, 또 어떤 이는 사람들을 잘 대접하며 친밀한 분위기를 조성하는 은사가 있을 수 있다. 그런가 하면 사람들에게 복음을 명료하고 설득력 있게 복음을 제시하는 은사를 지닌 이들도 있을 것이다. 또한 공동체 전도에서는 일대일 전도와는 달리 불신자의 질문과 의문에 혼자서 답을 해야 하는 난감한 상황을 피할 수 있다. 서로가 각기 다른 신앙 여정의 상태에서 자신의 경험과 이해를 토대로 다양한 대답을 줄 수 있다. 신앙 연륜이 오랜 사람이 완숙한 답변을 주는가 하면, 갓 신자가 된 사람은 생생한 경험담을 들려줄 수도 있기 때문이다. 이렇게 공동체가 함께 서로를 존중하며 답을 추구하는 유익이 있다.

둘째, 전도 대상자들도 한 개인이 아닌 공동체를 통해 복음을 접하는 것이 중요하다. 교회가 예수님의 몸 된 공동체로서 예배드리는 모습, 이웃을 섬기며 봉사하는 모습, 서로 진정성 있게 교제하는 모습 등이 그들로 하여금 복음적 삶이 어떠한지를 짐작하게 한다. 그래서 위대한 선교학자 레슬리 뉴비긴은 '복음의 해석자로서의 회중'[3], 즉 교회 공동체의 생활 방식이 복음의 실체를 보여준다고 한 것이다. 우리가 전하고 나누는 모든 메시지는 메시지의 내용 그 자체만으로는 아무런 이해와 감응을 주지 못한다. 물론 성령께서는 그 어떤 메시지라도 사용하셔서 변화의 능력을 일으키실 수 있다. 그러나 통상적으로 인간의 지식 습득과 이해의 과정에서는 사회적 실체가 없는 메시지는 관념 속에만 어설프게 머물 뿐 가슴으로 내려오기 힘들다.

따라서 전도를 교회 공동체의 함께하는 삶과 분리시킬 수 없다. 그 어떤 전도 프로그램도, 그 어떤 열심 있는 전도자 개개인도 그들이 속한 교회 공동체의 건강한 삶과 감화력 있는 예배가 없이는 복음 증거의 한계에 다다르게 된다. 이것이 바로 한국 교회가 그토록 전도를 강조하고 각종 전도 프로그램들이 속속 등장해도 여전히 교세의 퇴보를 막기 어려워하는 근본적 이유일 것이다.

이제 포스트모던 시대의 새로운 전도 이야기를 정리해보자. 전도의 테마가 아래와 같이 세 가지로 요약된다. 이는 전도의 내용뿐 아니라, 전도의 형식에 대해서도 진지하게 성찰하게 해준다. 형식은 대수롭지 않은 도구가 아니다. 형식은 단순히 내용을 위한 도구에 그치지 않고, 내용을 더욱 의미 있게 만들어주기도 한다. 형식 속에서 내용이 더욱 생생하고 진실하게 다가온다.

모던 시대	포스트모던 시대
논리와 명제적 복음제시	인격적 진정성과 이야기
일률적 메시지와 정해진 방법	상황화와 창의성
개인 중심의 전도	공동체를 통한 전도

요즘 전도하기 어렵다는 말이 자주 들리는데, 복음에 응답하지 않는 사람들만을 탓할 것이 아니라 시대를 분별해야 할 그리스도인의 책임도 고려해야 한다. 한국 사회에서 그리스도인들의 지나치게 적극적인 전도방식은 상당히 볼썽사나운 모습으로 비쳐지면서 전도에 대한 인식이 더욱 나빠지고 있다. 최근에 서울대학교의 어느 학생 동아리에서는 '전도 거부 카드'가 등장하기까지 했다.[4] 전도할 자유가

있다면, 그 전도를 거부할 자유도 있다는 것이다. 또한 하루가 멀다 하고 언론에서는 교회와 목회자들에 대한 부정적인 기사들을 쏟아 내는 마당에 이제는 한국 사회에서 교회에 다닌다는 말을 떳떳이 하기도 쉽지 않다. 한국 교회에 대한 부정적인 편견을 유포하는 원흉으로 안티기독교 운동을 지목하는 이들도 있지만, 실상 문제는 우리에게도 있다. 전도가 어려운 이때가 우리에게는 놓칠 수 없는 깊은 반성의 기회일 것이다. 우리는 계속해서 모던 시대의 해묵은 부대에 늘 새로운 복음을 담으려 하는 것은 아닐까.

나는 포스트모던 시대라고 해서 특별히 전도가 더 어려워졌다고 보지 않는다. 오히려 포스트모던 시대는 모던 시대의 어그러진 프레임에서 벗어날 수 있는 촉매제 역할을 할 수도 있다. 포스트모던 시대는 절대 불변의 복음을 담을 신선한 부대를 필요로 할 뿐이다. 우리가 오늘날 예수님의 명령을 따라 진정으로 이웃을 사랑하는 삶을 실천하려면, 그 사랑은 포스트모던 시대 사람들이 진리를 소통하고 관계를 이루는 그 생활 방식을 이해하고 존중하는 일에서 시작되어야 할 것이다.

한국 교회의 전도, 어디로 갈 것인가?

지금까지 2,000년의 교회 역사에서 오늘날 가장 중요하게 되새겨 봐야 할 대표적인 전도의 모델들을 살펴봤다. 내가 지속적으로 주장하려고 했던 논지는 전도에 대한 우리의 이해를 교회 역사의 총체적인 프레임에서 보자는 것이다. 지난 200년 동안의 전도가 즉각적 회심을 이끄는 결신형 전도였다면, 그보다 더 큰 역사의 프레임 속에서 전도는 곧 신선한 복음의 메시지와 하나님 나라의 삶을 증명하는 것이었고, 전도의 가장 유력한 매체는 바로 교회였다. 이는 우리의 전도사역에 발상의 전환을 요청한다. 그렇다면 지금 여기 21세기 대한민국에서 전도는 어디로 가야 할까?

이 책의 전체적인 논지는 오늘날의 과제에 바르게 대응하기 위해서는 먼저 역사적으로 이어져 온 전도의 유산을 발견해야 한다는 점이다. 그러한 역사적 궤적 속에서 현 위치를 이해해야 한다. 그렇다면, 이 책의 마지막 논의로 한국의 역사가 복음과 어떻게 만났으며, 어떠한 기독교가 형성되었는지를 살펴보고 미래의 전도를 모색해보자.

초기 한국의 기독교(1): 성경 기독교

한국의 기독교 역사에서 특이한 점은 서구 제국주의의 개방 강요에 의해서 기독교를 받아들인 것이 아니라, 우리 민족 스스로 기독교를 주체적으로 수용했다는 것이다. 구한말의 위기에서 더 이상 국가를 지탱하지 못하는 성리학의 질서와 이념을 뛰어 넘어야 할 그 무엇을 모색하던 이들에게 기독교가 대안으로 부각되었다. 특히 한국 기독교는 자생적 특성이 강하다. 초기 한국의 기독교인들은 선교사의 전파에 의해서 기독교를 알게 된 것이 아니라, 번역된 성경을 읽고 연구하며 기독교 안에서 민족의 갈 길을 찾았다. 만주지역에서 존 로스 선교사와 함께 서상준 등의 매서인들이 성경을 번역하고 인쇄한 다음 평안도 및 황해도 지방으로 들어와서 성경을 보급했고, 일본에서 유학 중이던 기독교인들이 복음서들을 번역하여 반포하는 사업을 활발하게 벌였다. 성경은 한국 교회를 성장시키고, 한국적 기독교를 규정지은 결정적 특징이었다. 외국 선교사들에게도 한국인들의 이러한 '성경 기독교'는 인상적으로 다가왔다.

> 이 땅에서 발전되고 있는 기독교는 출중하게도 성경기독교이다. 복음 전도자들이 전도하기 위해 가져가는 것은 성경이다. 믿어지고 있는 것은 하나님의 말씀이며 그것에 의해 사람들이 구원받고 있다. 한국 기독교인들이 매일 먹고 마시는 양식은 성경이다.······성경은 이 땅에 사는 수많은 사람들의 정신적이고 영적인 자양분 중에서 가장 중요한 자리를 차지하고 있다.[5]

한국 기독교의 주체성과 자생성을 이루었던 근간에는 바로 성경에 대한 연구와 헌신이 있었다. 이는 한국이 기독교를 수용하는 과정에서 성경이 민족적 각성과 변화를 일으키는 메시지를 공급했다는 의미이다. 본래 조선의 선비들이 유교의 경전을 읽으면서 한 구절 한 구절을 곱씹으며 깊이 묵상하고 삶으로 살아내려고 했던 것과 같이, 초기 기독교인들은 성경에 온 몸과 마음을 투여했고 전인적인 변화를 경험하였다.[6] 한국의 기독교는 성경 위에 기반을 두었으며, 성경적 복음의 메시지와 깊이 조우했던 종교였다.

전도사역의 회복은 반드시 복음에 대한 헌신과 신념을 바탕으로 해야 한다. 그리고 그 복음은 철저하게 성경에 뿌리를 두고 있으며, 성경의 말씀을 신선하게 이 시대에 들려주는 것이어야 한다. 복음은 곧 말씀 사역이자, 그 말씀을 전하는 선교사역이다. 전도에 여러 방법론적 아이디어를 동원하는 것보다 더욱 근본적이고 시급한 과제는 바로 성경의 메시지인 복음으로 이 시대를 조명하고, 그 복음을 듣게 하는 일이다.

초기 한국의 기독교(2): 대중적 기독교

한국 기독교는 가톨릭이나 일본 기독교와는 달리 대중적이고, 서민적이었다. 앞서 한국 기독교의 특징을 성경 기독교라고 명명했는데, 이는 한국 기독교의 수용 과정에서 한글이 지대한 역할을 한 것과 관련이 있다. 기독교가 수용되고 성경이 보급되면서 번역된 성경을 읽고자 하는 사람들에 의해서 한글의 보급이 크게 활성화된다. 한글은 문맹률이 높았던 당시의 여성과 평민들이 성경을 읽을 수 있게 했고, 그들을 계몽시키고 주체적이며 민족적인 의식을 갖도록 만드는 촉매제 역할을 했다. 이렇게 한글은 성경 기독교가 대중화되는 데 거의 결정적인 역할을 한다.

과거 가톨릭은 실학자들을 중심으로 들어왔다가 큰 탄압을 받고 위축되었다. 또한 개화기에는 서구 선교사들의 세력을 등에 업고 권세를 부리다가 민중들로부터 외면을 받기도 했다. 일본에서는 기독교가 몰락한 사무라이 후손들이 자신들의 지위와 역할 회복을 위해 국가개량의 목적으로 수용된 측면이 있다. 그래서 일본의 기독교는 서구 문명과 교양을 가장 빨리 흡수하는 통로이면서, 동시에 상류층의 지적이며 자유주의적인 종교로 머물렀다. 또한 처음 출간된 일본어 성경도 문어체 일본어로 번역되어 지식인을 위한 경전의 성격이 강했다. 한국의 기독교는 봉건 질서의 구습으로부터 벗어나는 해방의 통로이자, 일반 대중들이 참여하여 교회를 세워나가고 그들의 생활 속에서 증언하고 나눔으로 교회를 성장시켰다.[7]

이러한 한국 기독교의 대중적 성격은 복음적이며 개인적인 성향을 강하게 띠었다. 구한말 암울한 상황에서 민중에게 퍼져나간 기독교 신앙은 어찌할 수 없는 사회의 구조적 한계 안에서 고통당하는 평범한 이들의 삶을 위로하고 내세의 구원에 대한 소망을 품게 하는 초월적 복음 신앙을 갖게 된다. 이러한 복음적 신앙이 자기 개인의 안위에 몰두하게 하는 기복적이고 사적인 신앙으로 발전되는 문제점도 있었지만, 이러한 개인주의적인 복음 신앙이 한편으로 한국인들의 절박한 상황에서 진정성 있는 믿음을 지켜왔다는 점도 고려해야 한다.[8] 일본과 같이 기독교를 문명개량의 통로로 받아들이다가 문명만 지키고 신앙은 퇴색되어가는 형태가 아니라, 오히려 개인에게 역동성 있는 신앙으로서 한국 기독교가 유지되어온 점은 인정받아야 한다.

성경 기독교와 대중적 기독교라는 두 특성 위에서 한국의 현대 역사 속에서 어떻게 한국인들이 복음의 메시지와 자신의 삶을 실제적으로 접목시켜왔는가를 살펴보자. 이는 복음 전도에서 가장 중요한 과제이다. 인간은 사회문화적 환경의 영향 가운데서 종교를 받아들이기 때문에, 기독교의 복음 또한 문화의 옷을 입고 사람들에게 호소하지 않을 수 없다. 이는 자칫 복음의 본질이 왜곡될 수 있는 위험성도 안고 있지만, 동시에 복음의 문이 열리는 기회가 될 수도 있다. 이러한 가능성과 위험을 동시에 인식하면서, 전도사역은 복음이 실존적 상황 속의 사람들에게 어떻게 연결되는지를 가장 중요하게 점검해야 한다. 바로 이것이 복음이 들리게끔 해야 하는 전도자의 핵심 과제이기 때문이다.

복음은 한국의 문화와 어떻게 만났는가?

한국 문화 전문가인 탁석산은 최근 현대 한국 사회의 궤적을 정신적 가치의 측면에서 흥미롭게 분석하였다. 그는 현대 한국 사회가 지나온 길을 '생존-생활-행복-의미'의 시대로 구분한다.[9] 이 네 가지 시대 구분은 각기 한국인이 인생의 즐거움을 어디에 삼았는가, 즉 그 당대에 가장 중요하게 여겼던 인생 가치가 무엇이냐에 따라 성립된다.

첫 번째, 생존의 시대는 조선의 몰락부터 1961년 군사 혁명까지의 시기이다. 이때는 건국의 시기였으며, 동시에 생존이라는 절체절명의 과제가 주어졌던 시기였다. 치열한 생존 경쟁 속에서 사람들이 요령껏 살아가지 않으면 안 되는 사회였다. 이때에 기독교는 근대적 문명의 대표 주자 가운데 하나로 자리매김하였다.[10] 여기서 근대적 문명은 지독한 가난으로부터 탈출시켜줄 수 있는 구원자였다. 1898년 5월 25일자 매일신보 논설에는 다음과 같은 글이 실렸다.

> 지금은 대한에도 예수 그리스도를 믿는 동포가 많이 있으니 믿는 형제자매를 대하여서는 우리가 그 교를 가지고 더 말하지 아니하여도 아시는 바이어니와 우리가 특별히 믿지 않는 동포들을 위하여 예수교가 나라 문명부강과 독립 자주의 근본이 되는 줄을 깨닫게 하노라……그러므로 사람마다 예수교만 실노히 믿을 지경이면 군신과 부자와 부부와 장유와 붕우 사이에 의리와 정의가 있어 일국의 태화세계가 될 터이니 우리나라 동포들은 힘써 예배당을 찾아가서 전도하는 말도 자세히 듣고 성경도 많이 보아 모두 진정으로 믿는 교우들이 되어서 나라를 영미국과 같이 문명부강케 만들기를 우리는 진실로 바라노라.[11]

당시의 기독교는 한국의 역사적 유산으로는 해결할 수 없는 생존의 문제를 풀어줄 실체였으며 가장 고차원적인 종교였다. 이러한 생존 동기는 인간에 결핍된 필요를 채우려는 기복신앙의 확산으로 나타났으며, 그와 같은 신앙을 가진 자들에게 하나님은 그들의 당면 생존 문제를 해결할 수 있는 존재로 다가왔다.[12] 따라서 해방과 한국전쟁 이후의 교회에 대한 이미지는 외국교회의 원조를 대변하는 사회구호 단체였으며, 이는 선교의 영역을 넓히는 결과를 가져오게 된다.[13]

두 번째는 생활의 시대다. 이 시기는 경제개발계획이 본격 가동된 박정희 정권부터 80년대 중반까지에 해당된다. 산업화시대이자 민주화시대였던 이 시기의 사람들은 기본적인 의식주를 해결하고 인간다운 생활을 모색하기 시작했다. 민주화를 향한 노력은 상대적으로 소수의 의식 있는 대학생들과 운동가들의 몫이었고, 다수 국민들은 생존의 문제를 해결하면서 여가를 누릴 수 있는 생활을 더욱 갈망하게 되었다. 생존에 여가를 더하면 생활이 된다. 산업화, 도시화의 풍토 속에서 열심히 노력하면 사회적 신분의 상승이 가능하다는 기대가 사람들 사이에서 높아지면서 두 가지 현상이 크게 일어난다. 첫째 현상은 민족 대이동이고, 둘째는 '하면 된다'는 경쟁사회의 에토스다.

이 시기에 대중적 기독교는 오랜 빈곤에서 벗어나는 소망을 담은 부흥집회, 또한 병의 고통과 재난으로부터 보호받기를 바라는 치유신앙 및 기도원 운동으로 발전하게 된다. 특히 60, 70년대 남북 간의 대치상황에서 비롯된 불안하고 혼란스러운 사회, 정치적 상황은 사람들의 안정 심리를 촉발시켜 종교에 기대게 했다.

세 번째는 행복의 시대다. 이 시기는 20세기 말까지라 할 수 있다. 사람들이 어느 정도 경제적 지위와 사회적 권리에 접근하게 되자, 이제는 자신의 재산과 정치적 자유를 지킬 수 있는 민주주의를 향한 강한 열망을 표출한다. 특히 1980년대 중반 이후 거리로 쏟아져 나온

시민들의 자발적 민주화 운동이 그 대표적인 형태다. 또한 정치적 권리뿐 아니라 개인의 선택과 행복을 추구하는 풍토가 일어나기 시작했다. 개인의 행복이 중요한 가치를 점하게 되고, 행복한 삶이 화두가 된다.

기독교 목회자들의 메시지도 서서히 중산층 신도들의 안정과 자기존중의 욕구에 초점을 맞추게 된다. 비록 이 땅 위에서 경제적으로 풍요하지만 마음은 불안하고 고독은 더 심화된다. 이 동안에 '경배와 찬양' 열풍이 일어나면서, 찬양이 은혜를 받는 주요한 매개체가 된다. 또한 성경을 개인에게 적용시켜 자기를 돌아보며 구체적 삶에서 적용하는 큐티 운동도 활성화된다. 치유와 회복이라는 주제가 일반 신도들의 마음속으로 파고들기 시작했다.

네 번째로 의미의 시대다. 21세기에 들어서면서 한국 사회가 의미추구 시대에 접어들었다는 여러 신호가 나타나기 시작한다. 의미의 시대란 생존이나 여가, 쾌락 그 이상의 가치를 사람들이 찾기 시작했다는 것이다. 이제는 외적 조건을 충족하여 얻는 행복 그 이상이 필요하다는 것이다. 심리적 안정과 만족만으로는 진정한 행복을 찾기에 뭔가 부족한 것이 있음을 직감했다. 과연 인생의 의미는 무엇일까 하는 질문이 불거지기 시작했으며, 타인을 배려하며 더불어 사는 삶의 방식으로 봉사와 기부가 널리 확산되고, 다양한 동호회를 통해 각기 삶의 의미를 찾는 이들이 늘어났다. 그러나 앞선 시대의 표상인 생활의 욕구, 행복의 욕구가 아직 종료되지는 않았다. 따라서 의미추구의 시대가 본격적으로 진전된 것은 아니지만, 큰 흐름에서는 지금의 시대정신이 의미의 문제를 제기하는 것이라는 사실이 변하지는 않을 것이다.

　이 시점에서 한국 기독교는 어떤 의미를 추구해야 할까? 영성적 추구는 의미 추구의 시대를 관통하는 주된 흐름일 것이다. 영성의 발견은 미래의 대표적 트렌드로 주목받고 있다. 복잡하고 분주한 삶 속에서 사람들은 내면세계를 탐구하여 참된 자기를 재발견하도록 도와주는 프로그램을 찾고 있다. 지난 수십 년간 종교적으로 가장 괄목할 만한 성장을 보인 가톨릭에서는 피정을 대중에게 개방하여 현대인들의 의미 추구에 대한 해법을 제시하고 있다. 생산과 성장의 시대, 자기 행복의 시대에는 대중에게 별로 관심을 받지 못하던 불교가 오히려 21세기에 들어서면서 무욕의 삶과 산사체험 등을 통해 상당한 흡인력을 행사하는 것은, 행복의 시대에서 의미의 시대로 전환되고 있다는 증거다. 묵상과 영성의 가치가 널리 확산되고 있으며, 현대적 찬양과 문화적 상관성을 중심으로 하던 예배에서 경건하며 내면을 깊이 있게 관조하는 예배로의 변화가 필요하다는 소리도 높아지고 있다. 기독교 윤리학자 노영상은 영성 훈련과 복종과 섬김이 구현되는 예배 갱신을 통해 기독교의 이미지를 회복해야 한다고 주장하는데,[14] 이는 복음 전도의 과제와 관련해서도 중요한 시사점을 던져주고 있다. 과거의 전도가 천당, 행복, 문제해결을 약속했다면, 이제는 사람들이 더 깊은 차원의 인생 가치를 경험하고 싶어 하기 때문이다.

시대 전환과 복음 전도의 모델들

위와 같은 세대론과 인생가치론의 변화에 비추어볼 때, 복음 전도를 위해 교회는 구체적으로 어떻게 대응해왔으며, 앞으로 어떠한 방향을 취해야 할까? 즉, 한국의 이러한 문화적 변동과 복음은 어떻게 조우했을까? 각 시대를 반영하는 전도의 모델을 예들을 살펴보자.

생존의 시대: '예수 천당'의 복음

생존의 시대에 기독교는 서구 문명과 근대화의 매개체로 나타나기도 했지만, 대중들에게 가장 가까이 다가온 복음은 내세를 약속하는 메시지였다고 볼 수 있다. 이제는 거의 전설적인 이야기가 되어버린 최권능 목사의 '예수 천당 불신 지옥'이라는 외침은 과거 늘 위기의식 속에 살아야 했던 생존의 시대를 반영하는 전도라고 볼 수 있다. 생존의 시대는 죽음이 그리 멀게 느껴지지 않는 시대였다. 몸부림치며 살지만 현실의 삶은 전쟁, 굶주림, 질병에 노출되어있었다. 그러므로 비록 현실은 암울하고 힘겹지만 예수를 믿으면 영원한 천국에서 보상받는다는 믿음이 하루하루를 살아가는 강력한 위로가 되었다. 사실 전도폭발 프로그램의 핵심인 "오늘 밤 죽는다면 천국에 갈 수 있겠느냐?"는 연결 질문은 생존의 시대를 겪어온 사람들에게는 험난한 시대를 살면서 지속적으로 자문해왔던 문제였기에 더욱 유효할 수 있었다. 물론 죽음 이후에 대한 관심은 인류학적 보편성을 띤다. 그러나 이 질문이 더욱 절실하게 다가오는 특정 시대나 연령이 있게 마련이다.

생활의 시대: 희망의 복음

생존을 넘어서 더 나은 삶을 추구하던 이 시대를 대표하는 전도는 사영리일 것이다. "하나님은 당신을 사랑하시며 당신을 위해 놀라운 계획을 갖고 있습니다!" 사영리의 이 첫 번째 원리는 예수 믿으면 죽어도 천국 간다는 차원으로 복음의 의미를 국한시키지 않고, 현실에서 영향력을 주고 삶을 변화시키는 복음의 능력을 강조한다. 이 시기는 특히 한국 역사에서 복음 전도와 교회성장이 가장 활발한 시기였다. 민족의 대이동이라 할 만큼 많은 사람들이 도시로 모여들었기에, 그들의 낯선 생활을 끌어안고 생활의 기반을 제공하며 꿈을 실현하도록 후원해줄 영적 실체가 필요했던 시기였기 때문이다. 교회가 이러한 역할을 할 수 있었고 기독교의 메시지는 많은 경우에 번영의 복음, 치유의 복음이기는 했지만, 인생의 건설적 변화를 도모하는 이들에게 매력적이었다.

행복의 시대: 감동과 재미의 복음

한국의 현대사에서 사람들의 정신적 가치관은 대체로 1988년을 기점으로 큰 폭의 변화를 보인다. 사람들은 단순한 생활 여건의 향상을 넘어 개인의 발견과 자기 행복을 추구한다. 이러한 시대로 접어들면서 전통적 전도 방식들의 효과가 떨어지기 시작했다. 일반 마케팅 영역에서는 고객 만족, 고객 감동이라는 전략이 확산되면서 개인의 선택과 만족을 중시하는 분위기가 형성된다. 이와 같은 행복의 시대를 반영하는 대표적인 전도 모델 가운데 하나가 '고구마 전도왕'이라 볼 수 있다. 이 모델은 한 전도왕의 간증처럼 보이지만, 전도 패러다임에서는 두드러진 변화가 눈에 띤다. 일단 전도 대상자를 일률적으로 취급하지 않고, 복음을 각 사람이 수용한 정도에 따라 분류하기 시작했다는 점이 중요하다. 예를 들어, 복음에 대해서 전혀 관심도 없고 거부하는 이들은 생고구마로 분류하며, 기독교에 대해서 관심과 반응을 보이는 이들은 익은 고구마로 분류한다. 재미있는 분류이지만, 단순히 재미의 차원을 넘어서 전도 대상자를 복음 수용 정도에 따라 분류한 것은 획기적인 발전이라 할 수 있다.

또한 생고구마로 분류된 사람들에게 다짜고짜 예수 믿으라는 권면보다는 '예수 믿으면 좋습니다.'와 같이 유연하면서도 사람들의 즐거움과 접목시키는 멘트를 주문하는 점도 예사롭지 않은 변화다. 이러한 변화가 행복의 시대를 반영한다고 하면 지나친 해석일까. 나는 결코 그렇지 않다고 본다. 이는 사람들의 의식 변화가 (의도했든, 의도하지 않았든) 자연스럽게 드러난 모습이라고 본다. 일방적으로 결신을 강요하는 전도에서, 사람들의 상태를 고려하고 기다리며 일률적인 메시지가 아닌 수용단계에 따른 권면을 주는 것으로 변화가 일어난 것은, 분명 개인에 대한 고려가 반영된 것이다.

온누리교회에서 시작된 맞춤전도(customized evangelism)도 행복의 시대를 적극 반영한다. 맞춤전도는 원리에서부터 수용자 중심성을 표방한다. 그리고 전도대상자들을 연령이나 성별, 또는 직업군으로 가능한 한 세분화시키고 각 그룹에 맞는 복음의 케치 프레이즈를 작성한다. 예를 들어, 아직 20대의 낭만이 남은 채 중년이 가까워지는 30대 여성들에게는 '프로포즈'라는 분위기의 메시지를, 한창 인생의 경쟁에서 고군분투하는 40대를 위해서는 '비상구'라는 제목으로 신앙이 접목되는 의미를 다변화시켜 제시한다.

의미의 시대: 함께하는 여정으로서의 복음

탁석산은 21세기를 의미의 시대라고 불렀지만, 나는 아직도 행복의 시대에 대한 욕구가 의미의 시대에서도 상당부분 현존한다고 본다. 물론 사람에 따라서 생활의 시대에 대한 욕구나 심지어 생존의 욕구를 갖고 있는 이들도 여전히 있다. 다만 현 시대의 가장 지배적인 정신적 가치가 무엇이냐 하는 것인데, 그런 의미에서 지금 시대는 행복의 시대와 의미의 시대가 교차하는 전환기라고 볼 수 있다. 의미의 시대가 본격화되고, 복음 전도에서 의미와 가치 충족의 과제는 현재진행형으로 다가온다. 의미의 시대에서 전도의 키워드는 '공동체'와 '여정'이다. 여정이라 하면 사람들이 모색과 경험을 추구한다는 말이다. 일회성 만남이 아니라 늘 새로운 것을 모험해보고 실수와 어설픔 속에서 변화와 성숙을 이루는 과정을 중시하는 것이다 공동체라 함은 이 여정을 혼자 하는 것이 아니라 함께하기 원한다는 것이다. 다른 이들과 더불어 시간과 공간을 섞으면서 배우고 느끼고 서로 의지하는 삶을 원하는 것이다. 근래에 몇 년간 대중들에게서 가장 사랑받는 TV 프로그램들을 보라. 거의 대부분 이 두 가지 키워드를 내포하고 있을 것이다.

공동체와 여정은 불확실한 시대에서 자기 정체성과 삶의 의미를 찾게 해주는 가장 유력한 매개체다. 이를 전도에 적용한다면, 신앙에 대한 질문과 편안한 나눔이 있고 그 과정을 서로 도와주는 공동체적 환경 안에서의 전도가 될 것이다. 이러한 차원에서 새로운 전도 모델들이 모색되고 있다. 이미 미국교회에서는 영적 자서전, 영성 일기, 성독 훈련(lectio divina) 등으로 자기 수양과 내면 탐구를 중심으로 하는 수양회 전도(retreat evangelism)가 실험되고 있다. 2005년 영국 BBC 방송에서는 종교적 배경이 없는 남자 5인의 실제 수도원 생활 체험을 다큐멘터리로 방영했다. 이 방송에 참여한 모두가 의미 있는 종교체험을 하였고 그 가운데 한 사람은 자신의 진로를 바꿔 성공회 사제의 길로 갔고, 다른 한 사람은 하나님의 임재를 경험하고 원래 포르노 채팅사이트 운영자라는 직업을 완전히 바꾸고 신앙에 귀의하는 사건이 일어나서 대중의 큰 관심을 모은 적이 있다. 우리나라에서는 아직 그러한 수준의 영성적 전도는 시도되지 않았지만 소그룹 공동체 중심의 여정 전도 모델들에 관심을 가져볼 만하다. 사실, 알파코스는 공동체와 여정이라는 두 키워드를 조화시킨 전도 모델이지만, 한국의 지형에서는 성령운동과 이벤트성 감동 프로그램으로서의 효과가 더 크다는 점이 아쉽다.

    공동체 중심의 여정 전도는 전도사역에서 교회가 주체가 되어 전도와 공동체 소속을 동시에 추구하기에, 집회전도나 노방전도에서 늘 문제로 지목되는 후속양육의 부재를 해결해준다. 또한 여정전도이기에 단번의 결신을 강요하거나 유도하는 것이 아니라, 시간을 두고 함께 탐구하며 신앙에 이르는 점진적 회심의 모델을 좇는다.

알파코스는 원래 이러한 전도의 원리를 구현하도록 고안된 사역 모델이었는데, 한국에서는 영적 체험과 지극한 접대에 방점을 둔 것이 아닌가 하는 의심이 든다. 흥미롭게도, 가톨릭의 서울교구에서 최근에 새롭게 도입한 예비신자 교육교재의 제목이 '함께하는 여정'이다. 가톨릭의 함께하는 여정이라는 프로그램은 기존의 일방적인 주입식 신앙교육에서 양방향 참여적인 공동체적 성격의 교재다. 이러한 시대의 변화가 알게 모르게 서로 다른 교회들의 전통에서도 반영된 게 아닐까.

여정 전도는 사람들의 삶에서 동행하는 것이다. 앞 장에서 지적한 것처럼 이제는 기독교국가시대의 패러다임에서 생성된 교회로 사람들을 끌어모으는 전도가 아니라, 사람들의 생활 리듬 속으로 들어가 그들과 의미 있는 관계를 만들며 영적 여정의 동반자가 되는 선교적 교회의 전도로 전환되어야 할 시점이다. 수년 전 한 대학의 선교단체에서는 그동안 캠퍼스 전도를 위해서 문화나 여행의 콘셉트로 접근하던 전도사역을 중단하고(효과도 거의 없었기에), 자신들이 이 캠퍼스에서 정말로 선교적 삶을 사느냐를 고민하기 시작했다. 그러면서 자신들의 사역을 돌아보니 학교에서는 신입생 오리엔테이션을 하는 기간에, 자신들은 리더 훈련 수련회를 해왔다는 모순을 발견했다. 부름 받은 삶의 현장과 자신들의 사역이 어긋나있던 것이다! 이들은 캠퍼스로 부름 받은 선교적 공동체로서의 정체성을 자각했다. 그래서 늘 해오던 리더 수련회를 포기하고 신입생 오리엔테이션에 자원봉사로 참여하기 시작했다. 각 단과대별로 신입생 후배들의 유익한 대학생활을 위한 가이드북도 제작하여 나눠주고, 신입생들을 위한 좋은 선배 노릇을 하였다. 개강을 한 뒤, 이때 친해진 후배들이 선교단체의 선배들이 있는 동아리 방으로 찾아와 자연스레 교제하게 되었다. 그러면서 그들은 동아리 방에서 이루어지는 기도나 성경공부 모임도 어깨 너머로 보면서 관심을 갖게 되었고, 결국에는 몇 개월 뒤 마음을 열고 예수 그리스도를 영접하게 되었다고 한다!

　선교적 공동체는 세상의 리듬 속에서, 사람들의 인생 여정 속에서 동반자가 되어 새로운 의미 있는 관계를 만들어가는 전도에 헌신한다. 이러한 여정 전도 모델은 신앙과 삶을 연결해주며 깊은 내면적 필요를 이끌어 주는 전도라 할 수 있다. 따라서 단번의 결신을 요청하는 것이 아니라, 공동체의 여정에 참여하는 가운데 점진적으로, 그러나 온전하게 기독교에 동화되는 신앙의 형성(faith formation)이 일어나는 것을 목표로 삼아야 한다. 이 신앙 형성은 내 인생의 진정한 의미를 다른 이들과 더불어 나누며 서로 지원하고 협력할 때 일어난다. 함께하는 여정으로서의 전도는 인간에 대한 진정성 있는 배려와 복음의 능력에 대한 확신 아래서 시도되어야 할 것이다. 그리고 한 가지는 분명하다. 이러한 전도를 위한 인간의 이해와 역량이 비록 허술하고 부족할지라도, 이 모든 과정을 지배하시는 분께서는 성령이시라는 사실이다. 성령께 의존하고 성령님의 인도를 받아, 신실하게 복음을 전하기 위해 사람들의 영적 여정에 함께하는 이들의 발이야말로 아름답도다!

에필로그

역사는 돌고 돈다는 말이 있다. 기독교 역사에서 복음 전도의 과제는 지난 1,700년의 기독교 국가시대(Christendom)를 지나서, 탈기독교 사회에서 새롭게 모색되어야 할 시점이 되었다. 오늘날은 전도의 측면에서 오히려 기독교 국가시대 이전의 초기 기독교의 상황과 더욱 유사한 시기라 할 수 있다. 즉, 복음 전도는 기독교 국가 시대의 교회성장 패러다임에서 하나님 나라의 선교적 교회 패러다임으로 전환되어야 하는 본질적인 과제와 마주한 셈이다.

기독교 국가시대에서의 전도는 교회를 중심으로 사람들을 모으는 전도였다. 서구 문명으로 비서구인들을 동화시키는 전도였다. 이러한 기독교 국가시대의 전도 패러다임이 마지막으로 빛을 발한 모델이 교회성장형 전도라 할 수 있다. 20세기 교회성장형 전도의 대표주자는 구도자 예배와 대중 전도였다. 교회성장적 모델에서 전도는 기독교 국가시대의 향수를 간직하고 있다. 그래서 많은 사람들을 교회로 끌어모을 수 있는 편안하고 익숙한 길을 제시한다. 간결하게 정리된 핵심 교리들을 열거해주고 그에 대한 응답을 이끌어 내면서 영접 기도를 따라하게 하는 전도사역이 실행된다. 교회성장적 모델은 이러한 과정을 가장 신속하고 효과적으로 수행하기 위해서 마케팅 방식과 세일즈 기법을 적극 활용한다. 마치 상품을 판매하듯이 상대의 동의를 얻기 위한 지적, 정서적 설득 방법들이 동원되고, 실적에 대한 피드백과 통계가 수집된다. 사람들이 흥미로워할 만한 이벤트와 프로그램이 고안되고, 자기 계발에 도움이 될 만한 실용적이고 유익한 메시지가 교회와 설교를 대변해준다.

그런데 이제 우리는 기독교 국가시대를 벗어나고 있다. 정확히 말해서, 서구 교회는 탈 기독교 사회를 처절하게 경험하고 있다. 따라서 기독교 국가시대의 경험이 없는 한국 사회에 서구교회의 과거 패러다임을 적용하는 것은 시대착오적이다. 이 책에서 시종일관 강조한 주제는 하나님 나라의 전도다. 대안적이고 변혁적인 하나님 나라의 신학은 교회로 하여금 선교적 교회로서의 정체성을 일깨워준다. 이는 초대교회의 삶, 그리고 역사적으로 건전한 신앙 공동체의 고민들과 맥을 같이 한다. 하나님 나라 중심의 패러다임에서는 선교적 교회론이 등장하고, 이 선교적 교회론은 가시적인 기독교 체제의 확장보다는 교회가 세상의 한복판에서 하나님 나라의 덕목과 삶을 증거하는 데 초점을 맞춘다. 교회로 사람들을 끌어모으려는 교회성장형 전도와는 달리, 선교적 교회론은 그리스도인 한 사람 한 사람이 세상 속에서 하나님 사랑과 이웃 사랑의 제자도를 실천하도록 양육하고 후원하는 전도사역을 제시한다.

선교적 교회론은 특정한 신앙 공동체가 특정한 지역에서 구체적으로 이웃을 섬기고 진실한 관계를 맺으며 영적 여정을 함께 하도록 격려한다. 전도는 단순히 예수를 믿겠다는 결정을 신속히 내리도록 유도하는 것이 아니라, 예수를 따르는 제자의 길에 들어서도록 영적 여정을 함께하며 지속적으로 헌신하도록 돕는 사역이다. 이러한 전도사역은 길거리나 집회에서의 일회성 결신에 만족할 수 없다. 왜냐하면 하나님 나라의 복음을 믿고 따르는 삶은 총체적 변화로서의 회심을 요구하기 때문이다. 그리스도인이 되는 것과 그리스도의 제자가 되는 것은 분리되지 않는다. 선교적 교회론에 입각한 전도 모델은 영접기도를 따라하거나 관념적으로 동의하는 수준의 결신이 아니라, 하나님 나라의 가르침을 따라 전인적 변화에 들어서며 새로운 공동체에 헌신하는 과정으로서의 회심을 목표로 하게 된다.

교회성장적 전도에서 선교적 교회의 전도로 전환되어야 한다는 나의 주장에 대해 지금도 사람들을 끌어모으는 전도 방식이 현실적으로 유효하다는 반론이 제기될 수 있다. 선교적 교회론에 입각한 공동체적, 여정적 전도는 아직 막연하고 뚜렷한 결과를 예측하기 힘들지 않느냐고 말이다. 한 가지 역사적 사례를 상기해보자. 자동차가 이미 소개되었고 상용화를 앞둔 1910년대에 가장 활성화된 교통수단이 말과 마차였다. 당시에는 차가 다닐 만한 마땅한 도로도, 주유소도 충분치 않았다. 그래서 1910년대에 역사상 가장 좋은 마차가 만들어지기도 했다. 그러나 당시에 선견지명을 갖춘 제조업자라면 멋진 마차를 생산하는 데 그치지 않고, 새로운 운송수단인 자동차를 생산할 준비도 했을 것이다. 이는 시대를 분별하며 책임 있는 전도사역을 준비하는 이들에게도 적용된다. 앞서 말했듯이, 지역사회 속에서 이웃 섬김을 실천하며 의미 있는 관계를 통하여 영적 여정을 함께하는 삶은 새로운 시대의 점증하는 요청이기도 하다.

 나는 교회의 온전한 혁신은 진정한 복음 전도에 헌신하는 일에 달려 있다고 믿는다. 복음 전도를 교세 확장의 수단으로 삼으려는 목회자들의 욕심도 잘못됐지만, 복음 전도를 시대에 뒤떨어지는 행위로 보는 시각 또한 고답적인 오만한 모습이다. 복음 전도는 하나님의 선교적 비전 가운데 개인과 공동체가 구체적으로 사람에게 헌신해야 하는 일이다. 따라서 복음 전도는 그리스도인들이 하나님 앞에서 마음을 열어가는 과정을 요구한다. 우리는 전도의 과제 앞에서 기껏해야 내 자신과 가족의 안전과 이익에만 몰두하던 인생의 시선을 하나님의 관점에서 재조정할 것을 요구받는다. 복음 전도에 헌신하는 일을 통해서 그리스도인은 중생의 역사 안에서 하나님께서 자신에게 부여하신 세상을 향한 리더십과 다른 이들을 품을 수 있는 사랑의 힘을 발견한다. 복음 전도는 다른 이들에게 그리스도를 증거하고, 그들을 하나님께서 준비하신 풍성하신 삶으로 인도하는 사역이지만, 이 과정에서 전도자 자신이 하나님 앞에서 얼마나 쓸모 있고 존귀한 존재인지를 깨닫는 은혜의 계기이기도 하다. 복음 전도는 무엇보다 그리스도인 개인을 자라게 하고, 교회를 끊임없이 원초적 순수함으로 돌아가게 만든다. 단, 복음 전도가 하나님 나라 복음의 메시지에 천착하고, 주 되신 그리스도의 몸 된 공동체에 헌신할 때 그렇다.

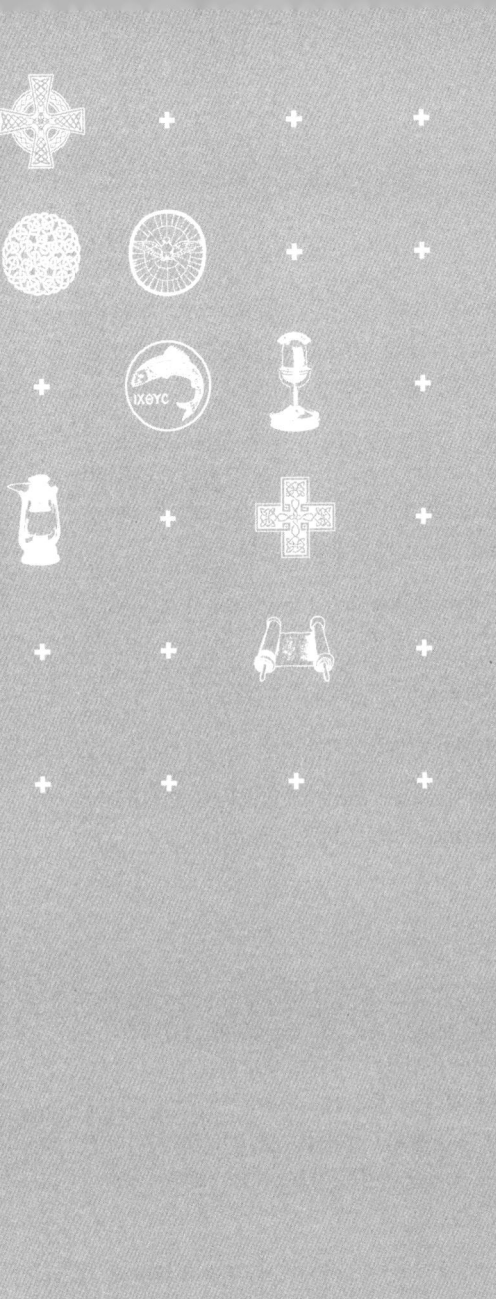

주

1장

1. '영혼'이라는 단어를 인간의 온전한 자기 정체성을 뜻하는 용어로 사용하는 대표적인 저자로 위대한 교육학자 파커 파머(Parker Palmer)를 들 수 있다. 파커 파머의 『온전한 삶으로의 여행』(해토, 2007)을 보라.

2. 물론 죽음 이후의 삶에 대해 묻는 것은 복음이 담고 있는 주된 질문 가운데 하나이며, 인류의 근본적관심사이기에 전도에 효과적일 수 있다. 그러나 문제는 이 질문이 복음의 핵심을 대표하지는 않는다는 것이다. 복음은 현세와 내세 모두를 위한 하나님의 통치 안에 있는 영원한 삶을 약속한다.

3. http://www.newsnjoy.or.kr/news/articleView.html?idxno=11494 [157호 표지] "구원 후, 어떻게 살 것인지 해답 필요".

4. David J. Bosch, *Transforming Mission* (Orbis Books, 2011), 241.

5. Ekhard Schnabel, *Paul the Missionary* (IVP, 2008), 104.

6. Timothy H. Lim, "Not in Persuasive Words of Wisdom, But in the Demonstration of the Spirit and Power" in *Novum Testamentum* XXIX 2(1987):148.

7. 크리스토퍼 라이트, 『하나님의 선교』(IVP, 2010), 72~73.

8. 『하나님의 선교』, 268.

9. 예를 들어, 문화명령에 치중하기 때문에 복음 전도의 명령에 소홀해진다는 지적은 적어도 신학적으로 성립되기 힘들다. 문화명령과 복음 전도는 어느 것이 강조되면 상대적으로 다른 것이 소홀해지는 반비례의 관계가 아니다. 왜냐하면 복음을 선포하는 행위는 언어로만 전해지는 것이 아니라 사회적 삶이 반드시 함께 수반되어 언어로 전해진 메시지를 증명하고 강화하기 때문이다.

10. Dana Robert, *Evangelism as the Heart of Mission* (General Board of UMC, 1997), 5.

2장

1. 프리에네 비문의 영문 번역은 다음의 웹사이트를 참조하라. http://www.artsci.wustl.edu/~fkflinn/Priene%20Inscription.html

2. 근래에 복음주의 진영에서도, 예수님과 바울의 가르침을 반제국적으로 읽는 경향이 부쩍 높아졌다. 이는 아마도 현대 미국을 중심으로 이루어진 자본주의와 패권주의의 어두운 영향력에 대한 지식인들의 성찰을 반영한 것으로 보인다. 그러나 신약성경의 메시지를 반제국적 읽기로 해석하려다 보면 상호 충돌을 일으키는 본문들이 많이 발생함을 유의해야 한다. 이에 대해서는 김세윤, 「그리스도와 가이사」(두란노 아카데미, 2009)의 일독을 권한다.

3. 김세윤, 『가이사를 얻으라』(노잉힘, 2008), 13~15. 김세윤은 사도행전 26장에서 바울이 아그립바를 설득하려했던 것과 마찬가지로, 가이사를 그리스도에게로 인도하려는 의도도 그의 가이사 상소에 포함됐을 것으로 추론한다.

4. 누가복음 17:21에서 예수께서 "하나님의 나라는 너희 안에 있느니라"라고 하실 때, '너희 안에'라는 말은 '너희 중에' 혹은 '너희 가운데'로도 번역될 수 있기에, 나는 하나님의 나라가 인간 내면에서부터 임해야 한다는 것과 인간의 공동체를 통해서 경험될 수 있다는 두 가지 가능성을 다 포함시킨다.

5. Thomas E. Bergler, *The Juvenilization of American Christianity* (Eerdmans, 2012). 이 책에서 청소년 사역학 전공자인 토마스 버글러는 이 책에서 시대의 문화적 욕구에 부응하기에 바쁜 복음주의 교회들이 결국 장기적이고 성숙한 신앙 공동체로 자리매김하지 못하는 현상을 분석한다.

6. Lewis Rambo, *Understanding Religious Conversion* (Yale University Press, 1993), 41~42. 종교 회심에 관한 가장 권위있는 역작이라 할 이 책에서 저자인 램보는 안정적으로 잘 정착된 토착 문화의 사람들은 새로운 종교로의 회심에 별로 반응을 보이지 않는다고 한다. 전통 문화의 권력과 지원으로부터 단절된 소외자들이 더욱 회심할 가능성이 높다는 통계가 나온다. 그러나 새로운 종교가 기존 문화와 연결될 수 있는 접촉점은 필요하다. 예수님의 사역을 보면, 구약의 틀 안에 있으면서 율법을 재해석하고 이스라엘의 언약사상을 더욱 발전시킨 차원으로 기존 문화와의 연결 고리가 있는 상태에서 새로

운 메시아 사상이 전개됐다고 볼 수 있다.

7. 스콧 맥나이트, 『예수와 제자들이 매일 암송한 것은 무엇일까?』(서울: 살림, 2010), 196ff. 신약성서학자 맥나이트는 예수 당시의 유대교 사회를 모세오경인 토라의 규정을 극단적으로 적용하여 사람들을 정결한 이들과 부정한 이들로 쉽사리 나눴던 '분류병'(classificationitis) 사회로 본다. 반면 예수께서 죄인과 병자, 여성들에게 다가가시고 그들과 식탁을 함께 하신 이야기들은 이러한 통념의 벽을 넘어서는 상징적이며, 드라마틱한 증거다.

8. 김세윤, 『신약을 어떻게 읽을 것인가』(성서유니온, 2008), 20.

9. *Paul the Missionary: Realities, Strategies, and Methods*, 102~103.

10. 이재학 목사의 하늘땅교회 이야기는 다음의 웹 사이트에 실려 있다. www.crosslow.com '이재학의 작은 교회 이야기'

11. 로날드 사이더, 『이것이 진정한 기독교다』(IVP, 1997), 7~8.

12. 로버트 뱅크스, 『바울의 공동체 사상』(IVP, 2007), 61.

13. Ibid., 98.

14. 레슬리 뉴비긴, 『다원주의 사회에서의 복음』(IVP, 2007), 409f.

15. Thomas P. O'Connor, Dean R. Hoge, and Estrelda Alexander, "The Relative Influence of Youth and Adult Experiences on Personal Spirituality and Church Involvement" in *Journal for the Scientific Study of Religion* 41:4 (2001).

3장

1. Rodney Stark, *The Rise of Christianity* (HarperCollins, 1997), 7. 로마 제국의 정확한 인구 통계는 알 수 없지만, 사회학자이자 비교종교학자인 로드니 스타크는 여러 학자들의 의견을 종합하여 1세기부터 4세기까지의 인구를 평균 6천만 명 정도로 추산한다.

2. 김세윤, 『가이사를 얻으라』(노잉힘, 2006), 10~11.

3. 마이클 그린, 『초대교회의 복음 전도』(복있는사람, 2010), 75~76.

4. 웨인 믹스, 『바울의 목회와 도시사회』(한국장로교출판사, 1993), 62.

5. 로마 제국이 처음부터 기독교를 전면 박해한 것은 아니다. 네로, 트라얀, 아우렐리우스 등과 같은 황제들에 의한 박해는 있었으나, 2세기까지는 평화롭게 믿을 수 있던 시기도 있었고, 또 박해 상황은 지역에 따라 달랐던 것으로 보인다. 그러나 3세기로 접어들면서 기독교에 대해 연속적으로 박해가 발생하는데, 이는 또한 로마 제국의 불안정성을 반영하는 것이기도 하다. 박해의 규모나 기간이 어떻든 간에, 분명한 것은 기독교 신앙은 적대적인 환경 속에서 성장했다는 사실이다.

6. 정양모 역주, 『디다케: 열두 사도들의 가르침』(분도출판사, 2006), 17.

7. 사도행전 5장의 에디오피아 간다게 여왕의 내시나, 사도행전 17장의 빌립보 간수와 같은 경우에는 즉석에서 회심을 하고 세례를 준 것으로 묘사된다. 이 두 이야기에서는 두 가지 점을 고려할 필요가 있다. 간다게 여왕의 내시는 이미 구약성경을 연구해왔다. 그러한 배경지식이 기반이 된 상태에서, 그에게는 구약의 예언이 예수 그리스도를 통해 성취되었다는 깨달음과 믿음으로 상당히 진정성 있는 신앙의 고백에 이를 수 있었다. 또한 이 두 사건의 공통점은 이동 중의 만남이었다는 사실이다. 정착된 상태에서 복음을 전하고 신앙 양육을 할 수 없는 상황에서는 좀 더 간결하고 신속한 복음 제시와 세례의식이 가능했을 것이다.

8. 이형의 편역, 『초대교회의 신앙문서: 속사도 교부들』(기독교문사, 1995), 126.

9. Eusebius, *Church History* IV 15. 스티븐 B. 베반스・로저 P. 슈레더, 『예언자적 대화의 선교』(크리스천 헤럴드, 2007), 205에서 재인용.

10. Eckhard J. Schnabel, *Early Christian Mission* Vol. II (IVP, 2004), 1559. 비록 로마의 철학자들이나 지식인들이 순교까지 불사하는 그리스도인들의 신앙을 어리석은 완고함으로 폄하하긴 했으나, 청중에게는 의아한 고민거리를 던져 주었을 것이다.

11. 『초대교회의 복음 전도』, 310.

12. 『바울의 목회와 도시사회』, 161.

13. Ibid., 71.

14. Rodney Stark, *Cities of God: The Real Story of How Christianity Became an Urban Movement and Conquered Rome* (HarperOne, 2006), 95, 113. 로드니 스타크의 연구에 의하면, 1, 2세기경 키벨레 신전이 있던 도시들의 80퍼센트에 교회들이 설립된 반면 키벨레 신전이 없는 도시들 가운데서는 24퍼센트에만 교회가 세워졌다. 이시스 신전이 있던 도시들도 삼분의 이가 교회가 있었지만, 이시스 신전이 없던 도시들에서는 7개 가운데 1개 정도만이 교회가 존재했다.

15. *The Rise of Christianity*, 97. 이하에 나오는 초기 기독교의 성장 원인에 대해서는 같은 책의 97쪽에서 110쪽까지의 내용을 요약 정리한다.

16. *Cities of God*, 30-31.

17. *The Rise of Christianity*, 189.

18. Ibid., 254-258.

19. D. H. Williams, *Evangelicals and Tradition* (Baker Academic, 2005), 29.

20. Ibid., 30.

21. 알렌 크라이더, 『회심의 변질』(대장간, 2012), 36.

22. Ibid., 63.

23. 이하에 기술할 초대교회의 회심 여정은 위에서 인용한 알렌 크라이더의 「회심의 변질」 3장과 4장을 토대로 한다.

24. 히뽈리투스, 『사도전승』(분도출판사, 2010), 115~117.

4장

1. Ian Bradly, *The Celtic Way* (D. L. T., 1993), 35.

2. Ibid., 34.

3. Ibid., 44.

4. John Finney, *Recovering the Past: Celtic and Roman Mission* (London: Darton, Longman and Todd, 1996), 126.

5. George G. Hunter III, *The Celtic Way of Evangelism: How Christianity Can Reach the West...Again* (Nashville: Abingdon, 2000), 72.

6. Ibid., 49.

7. Ibid., 34.

8. Ray Simpson, *Celtic Blessings for Everyday Life: Prayers for Every Occasion* (Hodder and Stoughton, 1998), 5. The Celtic Way of Evangelism, 35에서 재인용.

9. The Celtic Way, 91.

10. Richard Fletcher, *The Barbarian Conversion: From Paganism to Christianity* (Berkeley: University of California Press, 1999), 87.

11. *Recovering the Past*, 60.

12. 삐에르 바뱅, 『종교 커뮤니케이션의 새시대』(분도출판사, 1993), 148.

13. 이하 분석은 *The Celtic Way of Evangelism*, 88-89에 근거한다.

14. 이러한 역사적 평가를 내리는 이들로 모리스 보먼(『미국문화의 몰락』, 황금가지, 2002)과 Thomas Cahill (*How the Irish Saved Civilization Anchor*, 1996)이 대표적이다.

15. The Celtic Way of Evangelism, 23.

16. Ibid., 53f. 켈트 교회와 로마 교회의 전도사역 비교는 원래 John Finney의 *Recovering the Past* 4장과 8장에서 처음 분석하였으나, James Hunter의 *The Celtic Way of Evangelism*에서 더욱 명료하게 정리되었다.

5장

1. 대릴 구더, 『교회의 선교적 사명에 대한 신선한 통찰』(미션툴, 2005), 287.

2. Milton L. Rudnick, *Speaking the Gospel Through the Ages* (Concordia, 1984), 78.

3. Andrew Pettegree, *Reformation and the Culture of Persuasion* (Cambridge, 2005), 13. 이하의 내용은 같은 책 16쪽에서 35쪽까지를 발췌 요약하기에 미주 표기를 생략한다.

4. Thom. S. Rainer, *Surprising Insights from the Churched and Proven Ways to Reach Them* (Zondervan, 2001).

5. Luther's Works. American edition, ed. Jarislave Pelikan (54 vols., Philadelphia, 955-86), vol. LII: *Liturgy and Hymns*, pp. 323-4. *Reformation and the Culture of Persuasion*, 44에서 재인용

6. Ibid.

7. Ibid., 53.

8. Ibid., 87.

9. William Dyrness, *Visual Faith: Art, theology, and Worship in Dialogue* (Baker, 2001), 54.

10. Ibid., 53.

11. Mark A. Noll, *Turning Points: Decisive Moments in the History of Christianity* (Baker, 1997), 200.

12. *Speaking the Gospel through the Ages*, 100.

13. *Turning Points: Decisive Moments in the History of Christianity*, 202.

14. Lewis W. Spitz, *The Renaissance and Reformation Movements* Vol. II: The Reformation (Concordia, 1987), 578.

15. Robert Wuthnow, *All in Sync: How Music and Art Are Revitalizing American*

Religion (University of California Press, 2003), 70. 같은 페이지에서 우쓰노우는 특히 어린 시절에 종교와 예술을 함께 경험한 이들일수록 더욱 더 종교적 영향력 아래 놓이게 된다고 주장한다.

16. 데이비드 보쉬, 『변화하고 있는 선교』(CLC, 2006), 383.

17. *Reformation and the Culture of Persuasion*, 214.

18. 『변화하고 있는 선교』, 380.

19. 스티븐 B. 베반스·로저 P. 슈레더, 『예언자적 대화의 선교』(크리스천 헤럴드, 2007), 272.

20. 이들의 활동에 관해서는 다음의 책들을 참조하라. 「행동하는 기도」(IVP, 2010) 「믿음은 행동이 증명한다」(아바서원, 2013)

21. 「변화하고 있는 선교」, 379.

22. Randall C. Zachman, *John Calvin as Teacher, Pastor, and Theologian* (Baker, 206), 133f. 자크만은 칼뱅이 로마 가톨릭을 떠나서 개신교회로 온 이들에게 신앙의 바른 기초를 세우는 양육적 고려에서 기독교 강요 등을 저술했다고 본다.

23. Joel R. Beeke, "Cavin's Evangelism" in *Mid-America Journal of Theology* 15 (2004): 74. 개혁주의 신학자 조엘 비키는 칼뱅의 사역과 신학에서 전도적 잠재력을 발견하는 귀중한 통찰력을 제공해준다. 그의 또 다른 글로는 "John Calvin: Teacher and Practitioner of Evangelism" in Reformation and Revival 10 No. 4 (Fall 2001): 107-130을 보라.

6장

1. Robert G. Tuttle Jr, *The Story of Evangelism* (Abingdon, 2006), 321.

2. William G. McLoughlin, *The American Evangelicals*, 1800-1900 (Harper & Row, 1968), 120-121.

3. *Speaking the Gospel Through the Ages*, 172.

4. Charles G. Finney, Garth Rosell, and Richard A. G. Dupuis, *The Memoirs of Charles G. Finney* (Academie Books, 1989), 18.

5. Ibid.

6. Charles G. Finney, *Memoirs of Rev. Charles G. Finney* (Fleming H. Revell, 1903), 33.

7. Ibid.

8. *Speaking the Gosepl Through the Ages*, 182.

9. William G. McLoughlin, *The American Evangelicals*, 1800-1900 (Harper & Row, 1968), 166.

10. Lyle W. Dorsett, "D.L.Moody: More than an Eangelist" in *Mr. Moody and the Evangelical Tradition*, ed. by Timothy Georege (T&T Clark International, 2004), 33.

11. Ibid., 34.

12. Lewis Drummond, *The Canvas Cathedral* (Thomas Nelson, 2004), 99.

13. Martin E. Marty, "Reflections on Graham by a Former Grump," *Christianity Today* 32 (No. 15, 1988): 27.

14. Timo Pokki, *America's Preacher and His Message* (New York University, 1999), 140.

15. William G. McLoughlin, *Billy Graham, Revivalist in a Secular Age* (Ronald Press, 1960), 10.

16. Ibid., 17.

17. *America's Preacher and His Message*, 77. 이하 내용은 요약해서 기술한 것이기에 미주 표기를 생략한다.

18. Clarence M. Loucks, *Mass Evangelistic Methodology: Charles Grandison Finney and William Franklin Graham* (Fuller Theological Seminary, 1973),

78ff.

19. John Finney, *Emerging Evangelism* (D.L.T., 2004), 76.
20. Stephen K. Pickard, "Evangelism and the Character of Christian Theology" in *the Study of Evangelism: Exploring a Missional Practice of the Church*, ed. by Paul W. Chilcote and Laceye C. Warner (Eerdmans, 2008), 138-139.
21. Robert Webber, *The Younger Evangelicals* (Grand Rapids: Baker, 2003).
22. Marva Dawn, *Reaching Out without Dumbing Down* (Eerdmans, 1995), 171.

7장

1. 이 방송 내용은 'Witnessing to Your Family' 라는 오디오 테입으로 발간되었다.
2. 안종학 목사의 사연은 각종 기독교 매체에서 많이 소개되었고, 개인 블로그들에도 안목사의 사역에 관한 이야기들을 찾아볼 수 있다. 인터넷을 검색해보면, 안종학 목사는 비그리스도인들에게서 대체로 긍정적인 이미지의 전도자로 평가받고 있음을 확인할 수 있다.
3. 레슬리 뉴비긴, 『다원주의 사회에서의 복음』, 홍병룡 역(IVP, 2007), 409.
4. "서울대에 '종교 전도 거부 카드' 등장" 연합뉴스 2013년 9월 8일자 보도.
5. "Matters of Moment," *Bible in the World*, Mar.1907.p.70. 이만열, 「한국 교회성장과 성경 기독교」에서 재인용.
6. 이덕주, 『새로 쓴 개종 이야기』(한국기독교역사연구소, 2003), 67~68. 한국의 초기 기독교 신앙 형성에 성경의 번역(매서인의 활동)과 연구(사경회 운동)가 매우 지대한 영향을 주었다고 볼 수 있다. 예를 들어, 초기 개종자인 김종섭은 성경을 묵상하면서 특별한 신비적 체험이나 극적인 사건 없이 점진적으로 견고한 기독교 신앙에 이르게 된 대표적인 예다.
7. 조재국, 「초기 기독교수용의 성격에 관한 한일 비교연구」(한국실천신학회 44

차 정기학술회, 2012년 6월), 18~21.

8. Ibid. 13.

9. 생존-생활-행복-의미라는 네 가지 시대에 대한 이하의 논의는 탁석산의 다음 저서를 기초로 한다. 탁석산, 『한국인은 무엇으로 사는가』(창비, 2009), 34~44.

10. 고미숙, 『한국의 근대성, 그 기원을 찾아서』(책세상, 2004), 151쪽 이하.

11. 위의 책, 151~152에서 재인용.

12. 김흥수, 『한국전쟁과 기복신앙확산연구』(한국기독교역사연구소, 1999), 17.

13. 위의 책, 96.

14. 노영상, 「한국 교회의 대사회적 이미지와 신뢰성 실추 원인에 대한 분석과 이미지 제고 및 교회의 임파워먼트에 대한 방안」(기독교윤리연구소, 2009년 6월), 13쪽.